中国政法大学青年教师学术创新团队支持计划资助
（项目编号：20CXTD08）

中国政法大学科研创新项目资助
（项目编号：25KYGH016）

我国财税法治重要问题研究

Research on Important Issues
Concerning Fiscal Rule of Law in China

翁武耀◎著

中国政法大学出版社

2025·北京

图书在版编目（CIP）数据

我国财税法治重要问题研究 / 翁武耀著. -- 北京 ： 中国政法大学出版社，2025. 5. -- ISBN 978-7-5764-2101-9

Ⅰ. D922.204

中国国家版本馆 CIP 数据核字第 20250VS723 号

出 版 者	中国政法大学出版社
地　　址	北京市海淀区西土城路 25 号
邮寄地址	北京 100088 信箱 8034 分箱　邮编 100088
网　　址	http://www.cuplpress.com (网络实名：中国政法大学出版社)
电　　话	010-58908586(编辑部) 58908334(邮购部)
编辑邮箱	zhengfadch@126.com
承　　印	固安华明印业有限公司
开　　本	720mm×960mm　　1/16
印　　张	17
字　　数	290 千字
版　　次	2025 年 5 月第 1 版
印　　次	2025 年 5 月第 1 次印刷
定　　价	76.00 元

前　言

从 2013 年党的十八届三中全会，伴随财税是国家治理基础和重要支柱的新定位，开启一轮财税体制改革，到 2024 年党的二十届三中全会提出新一轮财税体制改革的目标和原则，我国财税制度改革已经取得了丰硕的制度建设成果，同时，也预示着我国还将不断深化改革，以早日建立健全与中国式现代化相适应的现代财税制度。

当然，法治是中国式现代化的重要保障，在全面依法治国的背景下，财税体制改革需要在法治轨道上继续深化。而财税法治建设在过去的十多年里，也是成果丰硕。仅以 2024 年为例，就有《增值税法》[1]颁布，《关税法》颁布，最高人民法院、最高人民检察院《关于办理危害税收征管刑事案件适用法律若干问题的解释》（以下简称"两高"《解释》）出台，《互联网平台企业涉税信息报送规定（征求意见稿）》公开征求意见，《国家税务总局北京市税务局税收事先裁定工作办法（试行）》施行等重要成果。此外，在 2024年，新修订《公司法》的生效、《公平竞争审查条例》的颁布等法治成果对推进财税法治建设也具有重要的影响。为此，不仅从总结我国财税法治建设成果，还是分析我国财税法治建设还存在的不足，以及探索我国财税法治建设未来完善之路，都极具研究的价值和意义，本书也应运而生。本书从理论、立法和实践层面对我国财税法治的重要问题进行了体系性的深入研究，具体包括以下十三项：

财税法学科的独立性和统一性。作为财税法治建设的理论基础，本书提

---

[1] 为论述方便，本书所涉我国法律法规名称全部使用简称，省略"中华人民共和国"字样，全书统一，下不赘述。

出相对于财政（税收）学等其他相关非法学学科以及行政法等其他法律部门，虽然财税法与之存在千丝万缕的关系，但正确的法学方法论在财税法中的应用以及财税法固有的制度和原则已经使其已经发展成为一项具有独立性的法学学科，当然，财税法研究需要关注其他相关非法学学科和其他法律部门，同时，财税法学科内容丰富、体系完整，税法、非税收入法、财政支出法等财税法内部组成部门统一于财税法之中，相互之间存在紧密关联。

税收法定原则的落实。伴随合宪性及合法性审查不断加强、税收司法改革不断推进以及央地财政关系制度、现代预算制度等相关基本制度不断完善，为推动我国税收法治建设，并以此为切入点，推动我国法治建设以及财税治理、国家治理的现代化，本书提出全面落实税收法定原则包括尽快完成全部税种的立法、提高税种法的明确性、实现非税强制性财产给付的法定、税法法典化并细化税收法定原则的适用规则、强化依法征税以及税收司法等。

量能课税原则指导下的税制改革。鉴于量能课税原则是税法的基本原则，对维护实质税收正义至关重要，本书提出量能课税原则是我国新一轮税收制度改革的指导原则之一，在该原则指导下，在税制结构改革中提高直接税的比重，在个人所得税改革中完善综合与分类相结合的征税制度，在房地产税改革中扭转重流转环节、轻保有环节的征税局面，在遗产税开征中采取分遗产税模式，在增值税改革中进一步贯彻对私人消费征税的增值税属性，在消费税改革、资源税改革和环保税改革中合理实施再分配征税功能，以及在税收征管改革中以维护负税能力自有性、真实性和现实性三项特征为基本目标。

税法法典化的开启。鉴于税法法典化需要完成的首要任务就是将课税的基本原则和一般原则成文法化，本书提出我国可以先行制定《纳税人权利保护法》，作为税法法典化的开启，规定税收法定原则、量能课税原则及其具体化规则，同时包括法律规则清晰与明确、溯及既往禁止原则、诚信与信赖利益保护原则、权利滥用禁止原则、正当程序原则、比例原则、一事不再理原则等一般法律原则以及税收债务关系理论在税法中的应用、税务专业司法审判机构建设等内容，同时，为未来制定包括基本/一般原则编（或总则编）、税收征管程序编和税收实体法编为内容的《税法典》奠定基础。

地方财政自主的法治化。为解决地方财政自主规范碎片化、不足与过强并存的困局等问题，本书提出我国需要通过法治路径体系化建构地方财政自主权，从宪法顶层设计出发，主要围绕财政事权、立法权、收益权、预算

（支出）权的划分，构建起从地方自主到地方财政自主的权力体系，并以国家（包含经济、市场等）统一性、基本公共服务均等化、财税制度协调、预算收支平衡以及量能课税、税收法定等宪法原则构筑地方财政自主实施的边界，进而实现对自主权的限制以形式性限制为主向实质性限制为主转变。

税费优惠政策的法治化。鉴于为全面落实税收法定原则，税费优惠政策需要进一步清理和规范，本书提出，一方面，从近期的角度，我国需要重新部署地方税费优惠政策清理工作、对税费优惠政策实施评估和公平竞争审查、贯彻落实税费优惠政策、做好优惠政策汇编工作等，另一方面，从长期的角度，我国需要完善税收优惠授权条款、在一些领域降低税费负担水平、通过引入最低税负制度、建立税（费）式支出预算制度等优化财税制度、成文法化规范税费优惠政策的实质性法治原则、明确税收优惠政策制定本身的法治要求等。

税法与其他法律的协调。鉴于税法与其他法律部门存在紧密的关联，为实现税法与这些部门法的协调以及促进税收良法善治，本书提出《民法典》在一些方面对税收立法具有示范意义，新修订的《公司法》有助于积极倡导诚信纳税，同时两法的诸多新规则在纳税义务的确定和税收征管两个方面对税法有重要的影响，税法需要与之协调，同时，《税收征收管理法》修订还需要与《行政强制法》《行政处罚法》《电子商务法》《网络安全法》《数据安全法》《刑法修正案（七）》和"两高"《解释》相关新规则协调。

增值税抵扣权制度的完善。鉴于抵扣制度完善对实现增值税良法善治至关重要，本书提出未来我国增值税法引入"抵扣权"概念，并从抵扣权的产生、范围和行使三个方面进行进一步完善，具体而言，规定抵扣权应当在可以抵扣的增值税具有"可征收性"时产生，根据抵扣立即性、完整性和全面性的特征对基于应税交易目的的使用这一抵扣条件以及相关性原则进行解释，以年度企业自有活动的交易额为比例抵扣的计算依据，以拥有发票为形式条件的抵扣，合法性取决于实质条件的满足，但肯定纳税人善意取得虚开发票下的抵扣权，赋予纳税人就剩余可抵扣税额选择与其他税收债务抵销的权利。

企业所得税不征税、免税收入的规范。鉴于不征税收入和免税收入存在性质上的重要差异，表现为前者本身不构成应税所得，也并非一种税收优惠，而后者则是一种应税所得但基于税收优惠政策而予以征税豁免，本书提出从企业所得税的角度看，不征税收入的范围应当是有限的，同时也应当严格限制，除独立核算外，需要具备特殊的公益性、收入不超过公共服务提供所需的成本、政府收入代收或实质的收益性缺乏等特征，并据此完善国务院规定其他不征税收入的授权条款，同时，免税收入项目需要进一步具体化，切实保证各项免税收入规定背后的政策目的能有效实现。

个人所得税综合计征制度改革。考虑到实现共同富裕既要推动更多低收入人群迈入中等收入行列又要规范和调节过高收入，本书认为我国个税综合计征制度还存在完善的空间，并提出完善应当优先保护生存权，再着重保护私有财产权，在生存权得到保障、私有财产权受合理限制的前提下，最后落实平等权的保护，同时在自然人税收征管不断加强的背景下，综合计征制度主要从以下几个方面完善：综合所得应当以量的区别课税为原则、以质的区别课税为例外进行扩围，逐步实现大综合所得税制，降低税率方面的累进性，同时优化专项附加扣除，提高特定弱势群体生存权保障的力度，引入家庭纳税单位制度和通货膨胀调整机制。

避税、逃骗税的新近治理。鉴于开展国家间行政合作和税法协调是应对跨境逃避税最有效的治理手段，本书提出，一方面，我国需要通过双边或多边的涉税信息自动交换合作机制这一更务实的路径来加强打击跨境逃税行为，另一方面，以实施税基侵蚀和利润转移行动计划为契机，更好实现反避税立法的协调，有效打击跨境避税行为，同时，鉴于刑事处罚精准打击税收犯罪是应对国内逃骗税行为基本而有效的治理手段，本书提出逃税罪、逃避追缴欠税罪、骗取出口退税罪、虚开增值税专用发票罪、虚开普通发票罪、非法出售和非法购买增值税专用发票罪在"两高"《解释》新规则下还要准确适用。

税收行政执法与刑事司法的衔接。考虑到税收行政执法和刑事司法两项程序在目的、处罚的理由和种类、行政和犯罪违法行为构成条件、证据、违法行为认定的结果方面存在差异，本书提出我国可以确立明确两项程序相互独立的双轨制，而为完善税收行刑衔接立法，增加法的确定性和明确性，《税收征收管理法》修改应确立双轨制并在此基础上处理好两项程序的关联，包括优先考虑以报告义务替换移交义务、确保实体的一事不二罚和特定情况下的行刑并罚以及在必要的方面提高税收违法行为行刑界定、处罚范围的一致性，同时，通过税收案件的法院集中管辖制度改革配合双轨制的实施。

隐匿或销毁会计资料罪立法的完善。鉴于隐匿或销毁会计资料与税收违法行为具有紧密的关联，本书认为隐匿或销毁会计资料罪立法也是一项与财税法治有关的重要问题，并提出在大数据应用和信息时代下，我国隐匿或销毁会计资料罪立法需要基于刑法谦抑性原则和罪刑相适应原则进行修正，该罪保护的法益也应当理解为国家有效掌握、监督企业等组织的活动信息和经营状况，从刑事处罚上特别考量以逃骗税为目的的隐匿或销毁会计资料行为，明确为目的犯，以会计资料的不可支配性或不可查寻性来界定犯罪客观行为的特征，摒弃行为犯的认定，严重情节统一界定，内容包含"致使相关经济活动及成果情况无法重构"。

目 录

第一章

财税法学科的独立性和统一性

2013 年党的十八届三中全会提出了"财政是国家治理的基础和重要支柱，科学的财税体制是优化资源配置、维护市场统一、促进社会公平、实现国家长治久安的制度保障""建立现代财政制度"等要求，伴随着财政在国家治理中作用的重新定位，诸多以财政现象为研究客体的学科迎来了重要的革新时机和发展机遇，学术界对财政相关学科的认知进行了重新阐释，尤其是经济学界和法学界。这引发了在新时代下我国财税法学科发展以及科研方法、教学改革的新一轮广泛探讨。这一探讨涉及财税法学科的分类、关系、定位以及研究内容、方法等基本问题，不仅有助于全面、准确认识财税法学科，推动财税法学科的学术发展，还有助于为当前我国财税法治建设和完善构建正确的理论基础。

一、财税法学科发展简述

我国财税法学产生于 20 世纪 80 年代初期，[1]至今已有 40 年多的发展历史。在这 40 多年间，我国财税法学从发展成形，到学科独立性得到初步论证，再到学科独立性得到强化，目前财税法学科已经走向成熟。

（一）学科独立性的初步论证

经过 20 年左右的发展，伴随建设现代市场经济、社会法治国家以及在此基础之上的现代财政，我国财政法学成为相对独立的法律部门和法律分支学科已经成为可能。[2]此时，我国财税法学研究队伍不断壮大并趋于稳定，财

---

〔1〕 参见刘剑文：《二十年来中国财政法学研究的回顾与展望》，载刘剑文主编：《财税法论丛》（第 4 卷），法律出版社 2004 年版，第 311 页。

〔2〕 参见朱大旗：《从财政法（学）的演进论其独立性》，载《法学家》2006 年第 5 期，第 96 页。

税法研究成果不断丰富，形成了一套较为完整的理论体系，例如财政法治、财政立宪指明了财政法发展的基本方向，税收法定、量能课税、实质课税等构成了财税法立法、执法的基本依据，由此推动了财税法治的进步，我国财税法学界已经普遍认同财税法学为一门独立学科。[1]其中，财税法学理论研究的广度和深度决定了财税法学能否在我国成为一门独立的法学学科。[2]也正是这一点，使得财税法研究可以有着不同于财政学或财税政策学研究的独到见解。[3]同时，为了论证独立性，财税法学界也开始提出财税法研究应当创造出自己独特研究方法的要求。[4]不过，在初步论证财税法学科独立性的同时，我国财税法学界也对这一学科的特殊性进行了准确剖析。具体而言，一方面，财税法必须借鉴经济学、政治学、社会学的成果才能不断发展和完善，财税法是一个融法学、经济学、政治学和社会学于一体的综合性学科。[5]另一方面，在法学内部，财税法与宪法、行政法、民法、刑法、经济法、国际法等其他法律部门的交叉与融合也十分明显，财税法是这些其他法律部门中涉及财税问题的法律规范的综合体，财税法是一个综合性法律部门，是与现有部门法相并列的相对独立的法律领域。[6]

（二）学科独立性的强化

又经过 20 年左右的发展，尤其是在十八届三中全会对财政进行重新定位以后，我国财税法学科的发展已经进入了新的时代。此时，伴随财税法学界对财税法属性的全新定位，财税法学科的独立性得到了强化。这一全新定位体现为财税法属于公共财产法和领域法学。领域法学不同于部门法学这一狭隘范畴，是以统合各方面知识并解决问题为导向，财税法属于运用不同法律

〔1〕参见刘剑文、熊伟：《财税法学近十年发展之回顾与反思》，载刘剑文主编：《财税法论丛》（第 10 卷），法律出版社 2009 年版，第 2~4 页。

〔2〕参见刘剑文：《二十年来中国财政法学研究的回顾与展望》，载刘剑文主编：《财税法论丛》（第 4 卷），法律出版社 2004 年版，第 332 页。

〔3〕参见刘剑文、熊伟：《财税法学近十年发展之回顾与反思》，载刘剑文主编：《财税法论丛》（第 10 卷），法律出版社 2009 年版，第 5 页。

〔4〕参见刘剑文：《二十年来中国财政法学研究的回顾与展望》，载刘剑文主编：《财税法论丛》（第 4 卷），法律出版社 2004 年版，第 333 页。该作者指出，通常的研究方法包括规范分析法、价值分析法、经济分析法、历史分析法和比较分析法等。

〔5〕参见刘剑文：《二十年来中国财政法学研究的回顾与展望》，载刘剑文主编：《财税法论丛》（第 4 卷），法律出版社 2004 年版，第 333 页。

〔6〕参见刘剑文：《走向财税法治——信念与追求》，法律出版社 2009 年版，第 6~12 页。

学科的思路和研究成果，形成一种以研究对象为核心而非以部门法为藩篱的领域法学，进一步而言，财税法以公共财产法为主线，内容外跨宪法、行政法、民法、国际法等法学学科以及经济学等其他社会科学学科，以法学视角研究财税领域问题的综合性法律学科。[1]领域法学的提出，使得我国财税法学界对于财税法学科的认识突出了知识融合的特点，即指出需要加强与宪法、行政法、民商法、经济法、诉讼法的合作，并更多地汲取财政学、税收学、政治学和史学的研究成果，让财税法学更具广度和深度。[2]除了公共财产法和领域法学理论，财税法学界还提出了理财治国观和财税债务关系说，更加丰富了体现财税法自身特质的理论学说。[3]同时，正是由于公共财产法和领域法学所蕴含的新的、综合的目标和价值，在这一时期，面对财税法依然隶属于经济法的现实，我国财税法学界特别对财税法与经济法的差异进行了论证，认为虽然有交叉，但是财税法的主体部分绝非经济调控法，[4]可以从经济法中独立出来，[5]这也强化了财税法学科的独立性。在2018年，教育部发布《普通高等学校法学类本科专业教学质量国家标准》，法学专业核心课程采取"10+X"分类设置模式，其中，"10"指法学专业学生必须完成的10门专业必修课，"X"指各院校根据办学特色开设的其他专业必修课，财税法位列其中。

（三）财政法与税法的关系

我国财税法学界普遍认同税法被包含于财政法之中，两者并非并列关系，而是包容关系，[6]本书便遵循这一逻辑关系展开论述。不过，在借鉴其他国

---

　　[1]　参见刘剑文、陈立诚：《财税法总论论纲》，载《当代法学》2015年第3期，第122页。

　　[2]　参见刘剑文：《域外财税法学发展及其对中国的启示》，载《科技与法律》2014年第5期，第810页。

　　[3]　参见施正文：《迈向繁荣成熟的财税法：四十年的回顾与前瞻》，载《税务研究》2018年第10期，第24页。

　　[4]　参见刘剑文：《域外财税法学发展及其对中国的启示》，载《科技与法律》2014年第5期，第804页。

　　[5]　当然，目前作为经济法下的法学三级学科，财税法学科的发展也是不错的，而如果能成为法学二级学科，财税法学科的发展会更好。

　　[6]　参见刘剑文、熊伟：《财税法学近十年发展之回顾与反思》，载刘剑文主编：《财税法论丛》（第10卷），法律出版社2009年版，第12页。

家区分财政法与税法并将财政法和税法相对分立的基础上,[1]我国财税法学界也同时提出了狭义财政法的概念,即将税法从财政法中排除出去,将税法独立出来,对其与狭义财政法作为两个相对独立的对象加以研究。[2]为此,有学者进一步指出,税法具有自己独立的调整对象（税收关系）,税法在法律体系中具有独立的、不可替代的地位;[3]税法有其特殊之处,一些方面已与传统财政法有渐趋分离之势,因此可以把税法独立出来,对法治建设和法学研究都有益处。[4]不过,基于上述狭义财政法概念以及对税法独立性的认识,在我国产生了"财税一体化"的研究观点,[5]以系统性的视角观瞻财税全局,以防止税法与财政法分立以及收入法、支出法和管理法隔离。[6]"财税一体化"理念使税法与财政法得以结合起来,并使得规范征税与监督用税相结合,进而促进财税法学科结构获得平衡发展。[7]综上,当前我国在学科命名上就采用了"财税法"这一概念,进而决定了在相关研究会、课程、教材等名称上普遍沿用了这一概念。

二、财税法学科的独立性阐释

财税法,作为法学学科,其发展主要围绕法学方法论的演变以及相伴随的与财政学、行政法等相关学科、法律部门关系的变化。事实上,意大利等欧洲大陆法系国家财政法学家们在长达两个多世纪的漫长时间里付出了很大努力,利用法的经济解释之利剑,将财税法的研究从法律形式主义方法论的枷锁中解放出来,尽管发展历程亦有曲折,例如完整主义方法论的过犹不及,

---

[1] 参见刘剑文:《域外财税法学发展及其对中国的启示》,载《科技与法律》2014年第5期,第811页。

[2] 参见张莹:《论财政法与税法的差异性与统一性》,载刘剑文主编:《财税法论丛》（第13卷）,法律出版社2013年版,第173页;参见刘剑文:《域外财税法学发展及其对中国的启示》,载《科技与法律》2014年第5期,第811页。

[3] 参见张莹:《论财政法与税法的差异性与统一性》,载刘剑文主编:《财税法论丛》（第13卷）,法律出版社2013年版,第174页。

[4] 参见张守文:《财税法学》（第3版）,中国人民大学出版社2011年版,第31页。

[5] 参见刘剑文、陈立诚:《财税法总论论纲》,载《当代法学》2015年第3期,第122页。

[6] 参见刘剑文:《域外财税法学发展及其对中国的启示》,载《科技与法律》2014年第5期,第811页。

[7] 参见李大庆:《整体主义观念下的中国财税法学——从概念到体系》,载刘剑文主编:《财税法论丛》（第13卷）,法律出版社2013年版,第158页。

但最终发展出目前被普遍认同的实质和统一方法论，并正确处理了财税法与财政学、行政法等相关学科、法律部门复杂而微妙的关系。[1]相对于财政学等财政其他相关学科以及行政法等其他法律部门，虽然财税法与之存在千丝万缕的关系，但正确法学方法论在财税法中的应用以及财税法固有的制度和原则已经使其发展成为一项具有绝对独立性的法学学科。同时，财税法学科内容丰富、体系完整，税法等财税法内部组成部门统一于财税法之中，体现相对独立性的特征。虽然我国财税法学科的发展时间相对较短，但当前财税法学界对财税法学科属性进行的重新思考，例如交叉学科、领域法学的提出，事实上与意大利等国财税法学界已经历过的讨论是一致的，在很大程度上也是契合的。为此，在新时代建构中国特色哲学社会学科下，我国财税法学科的发展以及财税法教学的完善需要学习他国财税法学科发展的经验，在此基础上实现财税法理论和方法论的有益创新，推动我国现代财税法律制度的早日建成。

在财税法学科独立性这一核心论点上，我国财税法学界已经达成共识，显然，这与意大利等欧洲大陆法系国家财税法学科发展经验是一致的、相契合的。欧陆国家在处理研究财税活动的经济学、社会学、政治学、法学等多学科视角间的关系时，进一步而言，在处理财政学与财税法间的关系时，遵循了正确的研究方法，即实质和统一方法论，并在遵循该方法论下财税法具有独立性与统一性。事实上，相比于财税法学科的统一性，欧陆国家经验对我国的镜鉴更大程度上在于有关财税法学科独立性论证方法的镜鉴。同时，意大利等国家财税法学科发展，正是我国目前在国外财税法研究上不足的部分，甚至是被忽略的国别经验。这样，欧陆国家经验镜鉴的价值主要就体现在有助于进一步强化对我国财税法学科独立性的认识。

（一）财税法与财政学等其他财政相关学科的关系

这一关系涉及财税法学科独立性的第一个方面，即针对财政学等其他财政相关学科而言。伴随财政作为国家治理基础和重要支柱的重新定位，我国对于财政职能的认识终于回归到财政作为一项复杂现象所应有的认识，财政具有经济、政治、社会和法律等方面的内容，并非简单的经济工具，这一点

----

[1]　关于意大利等欧洲大陆法系国家财政法学科发展，详见翁武耀：《欧洲大陆法系国家财政法学科的发展与中国镜鉴》，载《财政研究》2018 年第 6 期，第 101～111 页。

欧陆国家学者也早已指出。不过，财政在我国的这一重新定位，使得论证财税法相对于财政学等其他财政相关学科的独立性以及财税法与这些相关学科的正确关系变得尤为必要。而我国目前对这方面的独立性论证尚不完整，更多地从财税法借助传统公法学研究方法来区别于财政学等相关学科，在处理与财政学等相关学科的关系上尚未论证专门的研究方法。

事实上，对于财政税收这一复杂现象，显然不能通过一项单一的学科来研究，具体而言，一项融合经济学、政治学、社会学和法学等学科研究视角于一体的学科无法被创制出来。鉴于这些学科研究视角的不同，需要形成不同的学科在各自研究视角下对同一研究客体——财政税收现象进行研究，换言之，需要认可法学视角的财税法、经济学视角的财政学等学科的独立性，并在此基础上创建自身的研究方法。因此，对财税法学科而言，需要遵循一项正确的研究方法，鉴于财政税收所具有的经济、政治和社会等方面的内容，这一研究方法不能是基于法律形式主义的研究方法，完全不考虑财政学等学科研究的内容，也不能是基于完整主义的研究方式，过分强调财税法与财政学等学科之间的紧密关联，将财税法与财政学等学科研究融为一体。后者可能是我国当前财税法学科发展需要特别避免的，谨慎使用学科融合一词，在财政领域法学家同时是经济学家（或者经济学家同时是法学家）是不现实也是不合理的。根据欧陆国家经验，财税法研究正确的方式应当是实质和统一的方法，即在认识财税法与财政学等学科存在紧密关联的基础上，将经济学、政治学和社会学等学科研究财政税收的成果作为财税法研究（包括财税法的基本制度和基本原则）的基础和前提，同时，财税法律规则亦需要遵循法的经济解释标准。

（二）财税法与行政法、经济法等其他法律部门的关系

这一关系涉及财税法学科独立性的第二个方面，即针对宪法、行政法、经济法等其他基础法律部门而言。这方面财税法学科独立性论证的必要性源自财税法与其他基础法律部门存在交叉，例如，财税法与宪法、行政法都使用传统公法学的研究方法，财税法与经济法都有宏观调控法的内容。目前我国在这方面的论证已经比较充分了，例如，公共财产法、领域法学的提出，都有力地论证了财税法学科这方面的独立性。不过，还是有以下内容需要根据欧陆国家经验予以明确：

首先，根据欧陆国家经验，财税法经历了从母法——宪法、行政法中独

立出来，主要还是源自财税法在研究财政活动时存在与财政学等相关财政学科紧密的关联，需要遵循实质和统一的研究方法，尽量避免使用法律形式主义的研究方法，因此在研究方法上与宪法、行政法以及在我国的经济法存在明显不同。而这一不同的研究方法正是我国财税法学界需要借鉴和研究的。此外，我国虽然未将财税法置于宪法和行政法中，但是当前依然将财税法置于经济法之下，属于经济法的一个组成部分，划归为宏观调控法的类别，为此有必要再着力阐述财税法这一定位的不合理性，至少是过时的。源于从宪法和行政法中的独立，财税法具有显著的公法属性，规范和制约财政领域中的权力运行是财税法固有的功能，并不随着财税法从母法中脱离而丢失。虽然，财税法与财政学具有紧密的关联，同时在国家干预主义思想下，财政学赋予财政宏观调控的功能，但是财政宏观调控这部分内容，在财税法的研究中是作为基础和前提的，财税法并不对这部分内容进行本位的研究，进一步而言，也是重点规范、制约宏观调控中的权力运行，如在税收加重、减轻措施、加大或减少对特定部门、地区的财政开支以及政府采购等实施中的公权力。[1]因此，不应再将财税法视为经济法中的一个部门，财税法作为独立的法律部门，不宜再称为是相对独立，即其独立性是绝对的。

其次，税法因为具有自身固有的制度和原则以及亦适用财政法正确的研究方法，相比于宪法、刑法、行政法（包括行政诉讼法）、国际法等法律部门，税法亦具有独立性，与这些法律部门交叉的内容统一于税法之中更为合适，因而作为税法的组成部分。因此，关于交叉的内容，例如，具有宪法意义的税法基本原则、涉税犯罪行为处罚和救济、税收行政查定、征收和救济、跨境征税（反国际双重征税和反国际逃避税）等，与其说是税收宪法、税收刑法、税收行政法、税收国际法等，倒不如说是宪税法、刑税法、行政税法、国际税法等。令人遗憾的是，目前只有国际税法的表述是恰当的。之所以在这个问题上特别围绕税法，乃是因为税法与宪法等法律部门的交叉更为突出，事实上，税法除外的财政法也存在这一问题。例如，我国学界提出的财政宪法这一概念，[2]如果对宪法上的财政问题进行研究，该交叉内容应当作为财

---

〔1〕　参见熊伟：《走出宏观调控法误区的财税法学》，载刘剑文主编：《财税法论丛》（第13卷），法律出版社2013年版，第77页。

〔2〕　参见王世涛：《财政宪法学的学科定位与体系建构》，载《财经法学》2018年第2期，第50~59页。

政法的组成部分，因而称为宪财政法更为恰当。

（三）税法的特别阐释

1. 征税功能与税法学科独立性

虽然国家为筹集用于公共开支的收入可以向公民的所得、消费以及财产征税，但同时这种征税并不是没有限制，其中最重要的也是实质的限制来自公民依据其纳税能力的大小进行纳税的原则，或者说国家依据公民的纳税能力大小来向公民分摊公共开支的费用，而其他限制诸如法律保留，可以说更是一种形式保障。量能课税原则其实是税收两大基本原则之一的公平原则的具体体现。根据公平原则，同等福利水平的纳税人应同等纳税，不同福利水平的纳税人应不同纳税。而量能课税原则在征税中的应用，比如所得征税中的累进课税、消费征税中对奢侈品消费征收高税负以及财产征税中对第一套居住房免税、多房多纳税等，必然产生公民收入分配的效果，从而实现了本书开始提到的国家征税的分配职能。这里所要强调的是，所谓征税的分配职能，从一定角度来看，可以被视为是征税的筹集收入功能基于量能课税原则的限制来产生的派生功能，虽然该功能也是必然的或必要的，由于该功能，征税也成了分配正义的工具。至于调控功能，作为征税的一项衍生功能（征税仅仅是国家实施调控的一个工具之一），严格意义上来说，特别是从税法研究的角度，其相关措施的实施是违反公平原则的，因为不管是激励还是抑制，前者比如减免税、后者比如加重课税，本质上就是赋予一类应税行为不同于其他同类相关应税行为的税收待遇，而这种区别的税收待遇与纳税人的纳税能力大小无关，而仅仅是基于一定的政治、经济或社会目的，虽然这也是税收调控措施的重要合法性理由。此外，国家在征税中实施一定的调控职能，客观上也会妨碍税收效率原则的实现。效率原则要求征税保持中性，防止对经济活动产生干预，对纳税人只产生收入效应，即只有资源从私人手中转移到政府手中，而不产生替代效应，防止造成对纳税人行为的扭曲。而关于调控功能中的再生功能，其包含绿色税收之意，事实上，仍可以被理解为是一种以筹集收入为目的的征税功能，这是因为这种功能实质在于将从特定自然资源的使用或环境介质的消耗中征税的收入用于专门的资源再生或环保，而后者其实可以被视为是一种公共服务的提供。

综上，筹集用于公共开支的收入作为征税的原初和本质功能应当予以确认，但同时也不能否认征税具有其他一些诸如分配和调控等功能。此外，需要看到的是，在大部分税种或主要税种的征收上，比如所得税、增值税等消费税以及财产税，可以很好地体现上述关于征税的筹集收入功能和其他一些功能的关系，而一些小税种的征收上，比如若干行为税，可能会更突出一些调控功能。但总体上，这并不影响筹集收入作为征税的原初和本质功能。也正基于此，在我国税法学科的定位上，可以确认税法就是一门规范国家税收征收之法，可以从对经济活动的干预、管理和调控进行规范的经济法中独立出来。

2. 税法学科独立性的进一步论证

首先，财税法学科的独立性，尤其是税法学科的独立性，必须从自身的特有原则和解释方法两个方面去论证，因为这是一门学科是否具有独立性的两个标准。具体来讲，前者，除了税收法定主义原则之外，主要是涉及量能课税原则，后者主要是涉及经济实质标准的解释、目的解释等与反避税相关的解释以及类推的可行性问题。这可以说这是体现税法独立性价值的两个核心领域。关于量能课税原则，事实上与社会连带性原则一道，决定了税法是一门分配之法，即税法在规定应税行为、税基、税率时，更多涉及的是纳税人跟纳税人之间的关于税/公共负担的分配。

其次，税法基本原则的入宪，特别是税法量能课税原则的入宪应该说是未来我国财税法学界最重要的任务之一。撇开对于纳税人权利保护的力度不说，税法的独立，在很大程度上与自身的原则是否能在宪法中找到渊源有很大的关系。退一步来看，推动规范税法基本原则、一般原则以及税的结构和运行的基本规则的总领性法律，例如《税法总则》（《税法典》的重要组成部分）、《税法通则》或《纳税人权利保护法》，对于保障税法学科的独立性，也是很有必要的。这也是我国财税法学界目前正在努力推进的一项重要任务。

最后，税法自身研究内容的体系化，虽然说税法的独立实质上是税收实体法的独立，税法学者更应关注税的系统性制定和重构的问题，推动制定理性的税收制度，但是从税法研究内容以及教学的角度出发，税法不断充实自己的研究内容，以达成体系化，这也是一门法律学科作为独立的学科所不可或缺的。财税法学界仍需不断在税收程序法领域加强新的理论问题的研究，来充实税法研究。尤其需要强调的是税务诉讼领域，更需要加强研究，例如，取消清税前置，使纳税人的司法救济权能得到更好的保障。对此，特别值得一提的是，《关税法》第66条已经在关税领域取消了清税前置，纳税人对征税事项有异议的，可以直接提起行政复议，后提起行政诉讼。事实上，一部法律在司法领域是否活跃，对于这一学科的发展具有重要的影响。当前，在我国司法领域，已经有法院开始设立税务审判庭，例如，上海铁路运输法院，[1] 财税法学界还需要继续推动税务司法化，在条件成熟时推动设立更多的税务法庭乃至税务法院和专门的税务诉讼法。

三、财税法学科的统一性阐释

财税法学科的统一性涉及财政法与税法等公共收入法、公共开支法和收支管理法的关系。事实上，我国财政学界提出的财税一体化的观点与欧陆国家关于财税法学统一性的论点基本上是一致的，即税法的研究要考虑财政法的其他组成部门，反之亦然，以全局观审视财税法问题。不过，我国提出狭义财政法概念似无必要，在财政法通常概念理解下，显然更利于全局观的论证以及财税一体化观点的提出，同时，考虑到税法的特殊重要性，亦可以将财政法这个学科的命名称为财税法，以在科研、教学过程中突出税法在财政法中的地位。此外，根据欧陆国家经验，以下内容还需要明确：

除了财政体制——政府间财政关系以外，一国财政活动包括公共收入、开支以及收支管理等多方面的内容，因此，在我国财税法可以进一步划分为政府间财政关系法、税法、行政事业收费法、政府性基金法、公债法等公共收入法，转移支付法、政府采购法等公共开支法，以及预算法、国库管理法等收支管理法。尽管这些法律部门数量众多，研究客体也各不相同，但根据财税法的统一性，都属于财税法的内部法律部门，统一于财税法之下，共同适用财税法的一般研究方法和原则，包括税法在内的财税法内部法律部门与财税法的关系属于子法与母法的关系，同时这些法律部门仅具有相对的独立性。因此，研究这些法律部门的任何一个部门，除了需要遵循财税法的一般研究方法和原则外，也要考虑其他法律部门。例如，减免税与行政事业性收费、政府性基金征收规模过大存在关联，税收法律保留相对性的强度与预算法是否有效制约政府开支、地方财政自主性大小存在关联，地方税立法与政府间财政关系法对地方财政收益权规定存在关联，公债立法与其他公共收入规模、开支使用存在关联，以及国库管理权在央行和财政部之间的分配与预

---

〔1〕 参见孟歆迪：《全国首家专门税务审判庭在上海设立》，载《光明日报》2024 年 2 月 25 日。

算法、政府采购法是否有效制约政府收入使用存在关联等。

四、财税法在高校法学院中的教学

考察我国主要法学院校法学本科培养方案发现，当前高校对财税法本身教学的安排可以分为五种模式：第一种模式为分别开设《财政法》和《税法》两门选修课程，都是 2 学分，前者被安排在后者的前一学期，如中国政法大学；[1]第二种模式为开设《财税法》一门选修课程，有 2 学分的，如吉林大学、[2]中南财经政法大学、[3]和华东政法大学（民商法专业），[4]有 3 学分的，如北京大学、[5]清华大学、[6]武汉大学；[7]第三种模式为单独开设《税法》选修课程，2 学分，未开设《财政法》课程，如中国人民大学、[8]华东政法大学（经济法专业）；[9]第四种模式为开设《财税法》一门必修课程，2 学分，如西北政法大学；[10]第五种模式为未开设单独的财税法课程，但加大经济法必修课讲授财税法的课时，如西南政法大学，开设 3 个学分的《经济法学（二）》（金融法、财税法），仅讲授金融法（20 课时）和财税法（28 课时）。据此，鉴于财税法课程总体上还是选修课程以及部分院校尚未实

---

〔1〕　参见《中国政法大学本科培养方案（2022）》，载 http://jwc.cupl.edu.cn/info/1055/9127.htm，最后访问日期：2024 年 11 月 3 日。

〔2〕　参见《吉林大学法学专业培养方案（2018 版）》，载 http://law.jlu.edu.cn/rcpy/bksjy/py-fa.htm?_refluxos=a10，最后访问日期：2024 年 11 月 4 日。

〔3〕　参见《中南财经政法大学本科专业全程培养方案（2020 年版）》，载 http://jwc.zuel.edu.cn/2021/0329/c5749a266927/page.htm，最后访问日期：2024 年 11 月 4 日。

〔4〕　参见《华东政法大学 2021 级全日制本科专业学习指南》，载 https://jwc.ecupl.edu.cn/2023/0909/c4052a203703/page.htm，最后访问日期：2024 年 11 月 3 日。

〔5〕　参见《北京大学本科培养方案（2024）文科卷》，载 https://dean.pku.edu.cn/web/download.php，最后访问日期：2024 年 11 月 3 日。

〔6〕　参见《清华大学 2016 级法学专业本科培养方案》，载 https://www.law.tsinghua.edu.cn/info/1056/7009.htm，最后访问日期：2024 年 11 月 3 日。

〔7〕　参见《武汉大学法学院 2018 版培养方案》，载 https://mp.weixin.qq.com/s/YrXtk28YSQmZeBRahuhtPg，最后访问日期：2024 年 11 月 4 日

〔8〕　参见《中国人民大学法学院本科法学专业培养方案》，载 http://www.law.ruc.edu.cn/home/t/?id=44443，最后访问日期：2024 年 11 月 3 日。

〔9〕　参见《华东政法大学 2021 级全日制本科专业学习指南》，载 https://jwc.ecupl.edu.cn/2023/0909/c4052a203703/page.htm，最后访问日期：2024 年 11 月 3 日。

〔10〕　参见《西北政法大学本科各专业人才培养方案（2021 年适用）》，载 https://nwsil.nwupl.edu.cn/bkjh/pyfa/92172.htm，最后访问日期：2024 年 11 月 4 日。

施财政法教学，我国还需要进一步加强财税法的教学，尤其是财政法的教学。不过，目前教育部已将财税法纳入法学本科核心课程，无疑体现出教育主管部门对加强财税法教学的认可，为此，需要从以下两个方面来落实：

第一，法学院应当开设两个课程：一个是《财政法》；另一个是《税法》，前者作为后者的先修课程。《财政法》作为基础课程，内容全面，以体系性的视角讲授整个财政法律制度。除财政法总论以外，涉及财政法的宗旨、基本制度和原则、体系和法律渊源以及财政法规则的效力等，《财政法》还需要讲授财政基本法（政府间财政关系法）、预算法、国库管理法、税收以外的公共收入法、政府采购法等公共开支法。《税法》作为财税法的专业课程，以体系性的视角讲授整个税收法律制度。除税法总论以外，涉及税收法律关系属性、税法的基本原则、税法的分类和法律渊源、税法的解释以及税法规则的效力等，《税法》还需要讲授所得税法、增值税等消费税法、财产税法等实体税法，税的申报、查定、征收等程序税法以及税收处罚法和救济法等。需要指出的是，在大学本科税法教学中，不管是否作为必修课，应注重税法理论的教授，即一些基本原则或理念（结合这些方面的实证法规则）的讲授，比如税收法定主义原则、量能课税原则、体现为简易和快速地实现税收收入的国库利益维护、纳税人权利保护、税务机关征税活动受制约等。专业性更强的、实务性的税法课程，如《国际税法》《欧洲税法与比较税法》《增值税法》《税法实务》《税法案例研习》《税收筹划与法律》《税务代理实务》《税法诊所》等，需要放在后大学阶段，比如硕士研究生阶段，为此，财税法或税法专业硕士的设立和建设是非常必要的。[1] 不过，这不排除在大学本科高年级阶段，以选修课的形式开设少量上述税法课程。当然，如果不能将分别是 2 学分的《财政法》和《税法》都列入本科法学的必修课程，作为替代方式，可以将两个课程合并为一个 3 学分的《财税法》，在讲授内容比重分配上尽量同等对待作为先修内容的财政法和作为更为专业内容的税法。此外，为避免讲授内容的压缩，亦可以考虑将《财税法》单一课程学分增加至 4 学分。

第二，考虑到财政学与财税法的紧密关联，为确保财税法讲授内容的正确认识，讲授者和受教者需要知晓作为财政法律制度基础和前提的财政经济、政治和社会等方面的内容，例如公共产品、准公共产品、市场经济、国家干

---

〔1〕 从 2016 年起，中国政法大学民商经济法学院开始培养财税法方向法律（法学）硕士研究生。

预、收入分配、财政联邦主义、经常性预算、资本预算、最优税制、购买性支出和转移性支出等。为此，财政学的内容也应该被讲授，需要开设 2 个学分的《财政学》课程，讲授财政学的基本概念和制度，并由经济学教师来讲授。虽然这一课程对于法学院的学生只能作为选修课，但是作为先修课程应当安排在《财政法》和《税法》或《财税法》课程之前。当然，如果在经济学院或商学院已经开设《财政学》课程的前提下，为节省教学资源，可以鼓励法学院学生跨专业选修该课程。此外，在法学专业研究生阶段，可以将财税法与财政学合并在一门课程中讲授，考虑增设《财政学与财税法》选修课，并增加到 3 个学分，可由财政学和财税法老师一同讲授。显然，在财税法教学过程中补充财政学的教学，或者在财政学教学过程中补充财税法的教学，这样一种跨学科的教学有助于财税法与财政学两个学科的交流和互动以及培养复合型人才。

第二章

税收法定原则的落实

　　国家课税权是对公民财产无偿剥夺的强制性权力，如何防止国家课税权对公民财产权的非法侵害，已经成为全社会共同关注的一项重要议题。作为对这项议题的有力回应，党的十八届三中全会首次在党的纲领性文件中提出了"落实税收法定原则"，而 2015 年 3 月 15 日十二届全国人大三次会议修改通过的《立法法》，更是将第 8 条原先规定实行法律保留的"税收基本制度"单列为一项，并细化为"税种的设立、税率的确定和税收征收管理等税收基本制度"。通过落实税收法定原则，来对国家课税权进行限制，已经成为全社会的共识，而接下来需要解决的问题是如何落实税收法定原则。2015 年初各地社保部门纷纷上浮社保缴费基数标准，从 2014 年底到 2015 年初财政部、国家税务总局连续三次提高消费税（税率），2015 年 6 月公布的《环境保护税法（征求意见稿）》将税额标准增减、应税污染物种类增加授权给省级政府决定，而 2016 年 12 月 25 日全国人大常委会审议通过的《环境保护税法》又改为由省级人大常务委员会决定，2023 年 8 月财政部、国家税务总局颁布适用到 2027 年的增值税小规模纳税人减免增值税政策，2023 年 12 月上海市税务局发布《上海市税务局税收事先裁定工作管理办法（试行）》，等等，这些现象在社会上都引起过广泛争议和讨论，反映的问题事实上与税收法定原则的落实紧密相关。例如，需要法律保留的仅仅是税收吗？是否所有税收规则都需要由法律来规定？政府为什么可以以及如何制定税收规则？如何制定地方税的税收规则？如何制定有利于纳税人的税收优惠和征管程序规则？显然我国税收法定原则的落实并不是简单地将规范税种法的行政法规上升为法律。伴随《增值税法》（自 2026 年 1 月 1 日起施行）的颁布，截至 2024 年底，仅剩下消费税等 4 个税种尚未制定法律，同时，《增值税法》也在纳税义务法定性、明确性、规范授权立法等诸多方面进一步贯彻了税收法定原则。

而2024年党的二十届三中全会进一步提出了"全面落实税收法定原则"。换言之，关于如何全面落实税收法定原则，在诸多问题上，仍然需要做进一步的深入探讨，并且可以肯定的是，这种探讨的结论将助推重构税收法定原则的相关立法。为此，基于意大利在税收法定原则适用方面的成熟经验，[1]并结合我国现有国情，在立足现实需要的前提下，以下笔者将分别就相关问题进行阐述，以探寻我国全面落实税收法定原则的应有路径。

一、从税收法定到强制性财产给付法定

税收法定原则适用的目的实质在于保护公民的财产权不受国家强制性财产给付课征权的非法侵害，而在现代社会，公民需要缴纳的强制性财产给付早已不局限于税收这种形式。为此，对适用法定原则的客体必须做扩大解释，即除了税收以外，其他任何强制性财产给付的课征都应当有法律的基础。这样，对我国而言，在落实税收法定原则的时候，不应当局限于那些名义上的"税"。换言之，除了《立法法》第8条第4项和第7项已经规定的罚金和征收、征用以外，需要由法律规定的不仅仅是税，社会保险费、行政事业性收费、政府性基金、罚款等强制性财产给付，甚至那些实质上的强制性财产给付，如水电费、汽车强制保险费等，课征的基本内容也都应当通过法律来规定。换言之，我国需要落实的应当是强制性财产给付法定原则，这是有效保护公民财产权的必然结果，否则，政府将有可能通过课征非税的强制性财产给付来规避课税法定所带来的制约，这也将使税收法定原则的落实打折扣。以下分别以我国最重要的两类非税强制性财产给付为例作进一步阐述。

（一）*行政事业性收费法定*

行政事业性收费是公民享受某项具体公共服务的对价，属于实质上的强制性财产给付。具体而言，公民享受公共服务的选择自由仅仅是抽象的，即要么选择放弃享受，要么选择接受已经确定的义务和条件来享受，而这类公共服务通常只有相关公共机构才能提供。目前，我国尚未制定关于规范行政事业性收费的法律，主要由国务院相关职能部门通过制定部门规章予以规范，

---

〔1〕　关于意大利税收法定原则立法及其适用，详见翁武耀：《意大利税法研究》，人民出版社2024年版，第25~50页。

例如，根据《行政事业性收费项目审批管理暂行办法》（财综〔2004〕100号）和《行政事业性收费标准管理办法》（发改价格规〔2018〕988号）的规定，财政部、国家发改委审批中央单位申请设立的收费项目和收费标准，重要的收费项目由国务院批准，省级财政、价格主管部门审批省级以及省以下单位申请设立的收费项目和收费标准，重要的收费项目由省级政府批准。与此相关的是，目前行政事业性收费的依据也以部门规章、政府规章等规范性文件为主。这样，行政事业性收费课征的权力就由包括地方政府在内的政府享有，人大很难进行干预，缺乏外在的有效制约，政府不必要、不合理收费以及乱收费等会侵害公民的财产权，尤其是地方政府，这是因为中央、地方财权事权没有完全合理划分，地方政府承担的事权及支出责任也大于其财权很多。为此，基于税收法定原则，通过制定专门的《行政事业性收费法》，将批准设立收费项目和收费标准的权力赋予全国或省级人大及其常委会，并明确政府收取行政事业性收费需要有法律的依据或基于人大授权制定行政法规、部门规章或政府规章。此外，在落实法定原则的同时，取消一些不必要、不合理收费项目，取缔乱收费现象。

（二）政府性基金法定

为履行经济建设职能的需要，我国目前开征了许多不同形式的政府性基金，例如铁路建设基金、文化事业建设费、地方教育附加、农网还贷资金等。由于政府性基金的课征也不具有直接的对价性，强制性更接近于税收的强制性，因此政府性基金也被称为准税收，对公民财产权造成侵害的潜在风险也不容小觑。目前，我国对政府性基金也尚未统一立法，而根据《政府性基金管理暂行办法》（财综〔2010〕80号）的规定，政府性基金的设立审批权由国务院和财政部享有。尽管与行政事业性收费相比，审批权限规定得更为严格，特别是该暂行办法第11条规定申请征收政府性基金必须以法律、行政法规和中共中央、国务院文件明确规定征收政府性基金为前提，否则一律不予审批，但依然没有改变政府可以自行决定课征政府性基金的本质，只不过将审批门槛提升到中央政府而已，与税收法定原则的要求还存在一定的距离。根据财政部发布的《全国政府性基金目录清单》，在现有20种政府性基金中，只有7种具有法律依据。[1]为此，对政府性基金也需要统一立法，制定专门的

---

〔1〕 分别是水利建设基金（《防洪法》）、森林植被恢复费（《森林法》）、可再生能源发展基

《政府性基金管理法》，将批准设立政府性基金的权力赋予全国人大及其常委会，并明确规定政府收取政府性基金需要有法律的依据或基于全国人大授权制定行政法规。需要特别指出的是，在制定相关法律和行政法规时，考虑到政府性基金开征的特殊目的性，必须明确征收的期限。此外，在落实法定原则的同时，可以考虑取消部分政府性基金（考虑相关事业的发展状况），例如水利建设基金，以及那些具有税收性质或以税收附加形式征收的政府性基金，如文化事业建设费、教育费附加。当然亦可以考虑将其并入现有的相关税收中或加入附加税之中。

二、相对法律保留的税收规则

落实税收法定原则必须明确哪些税收规则需要由法律来规定，对此，2015年修正的《立法法》第8条将实行法律保留的"税收基本制度"细化为"税种的设立、税率的确定和税收征收管理等税收基本制度"。当然，"等税收基本制度"属于列举之外的概括，[1]根据目前我国学界的一些观点，除税种设定、税率确定和税收征管以外，税收基本制度还包括纳税主体、课税客体、税基和税收优惠。[2]基于这样的观点，在法律保留范围内的税收规则涉及纳税主体、课税客体、税基、税率、税收优惠和税收征管。显然，这与意大利在税收法定原则适用中表现出来的税收法律保留的相对性有所出入，而这些出入也是我国在落实税收法定原则的时候需要特别注意的，具体表现在以下几个方面：

（一）税收定性规则

在决定某一主体是否以及承担怎样的税负方面，即相关的税收定性规则，在法律保留范围内的不仅包括关于纳税主体和应税客体的规则，还包括关于决

（接上页）金（《可再生能源法》）、船舶油污损害赔偿基金（《海洋环境保护法》）、核电站乏燃料处理处置基金（《核安全法》）、教育费附加（《教育法》）和地方教育附加（《教育法》）。参见财政部：《全国政府性基金目录清单》，载财政部税政司网：http://szs. mof. gov. cn/zt/mlqd_ 8464/mlqd/zyzfxjjmlqd/201706/t20170620_ 2626929. htm，最后访问日期：2024年11月4日。

〔1〕 熊伟：《税收法定原则与地方财政自主——关于地方税纵向授权立法的断想》，载《中国法律评论》2016年第1期，第39页。

〔2〕 参见张守文：《论税收法定主义》，载《法学研究》1996年第6期，第59页；施正文：《落实税收法定原则 加快完善税收制度》，载《国际税收》2014年第3期，第22页；刘剑文：《落实税收法定原则的现实路径》，载《政法论坛》2015年第3期，第16页。

定纳税义务产生时间的规则，如所得税法中按次（每次取得一项所得）、按月或按年（在一个时间周期内累积不同所得）产生纳税义务规则和增值税法中应税交易发生时间规则，以及关于决定纳税义务在哪里产生的规则，如所得税法中所得来源地规则和增值税法中交易发生地（在我国境内销售）规则。事实上，只有包括主体、客体、时间和空间四个方面的内容才构成一项完整的应税行为，而作为定性规则的应税行为规则必须由法律规定。需要特别一提的是，相比于《增值税暂行条例》，2024年《增值税法》第3条关于应税行为的规定更加明确，例如，明确规定个人包括个体工商户、销售货物是指有偿转让货物所有权等，即不再由下位阶的法院或政府来界定，贯彻了税收法定原则所要求的明确性。同时，《增值税法》第4条直接规定应税交易发生地的确定，第5条直接规定视同应税交易，并没有关于授权国务院制定其他视同应税交易的规定，应税行为的法定性得到了更全面地落实。

（二）税收定量规则

在决定纳税人承担多少税负方面，即相关的税收定量规则，尽管需要由法律来规定，但这并不意味着具体适用的规则必须由法律来确定。事实上，对于定量规则，由法律规定一个最高限值（例如最高税率、最高罚款数额）或者规定确定税基的客观因素，基于程序便利，政府在制定行政法规、部门规章或政府规章时，在最高限值以下或根据客观因素规定具体的税率或税基，公民财产权并不会受到侵害，同时，还有助于政府实施相关的宏观调控和贯彻地方财政自主。[1]为此，目前《消费税暂行条例》将税率的调整权赋予国务院，本身具有合理之处，例如，为应对成品油价格的波动，以环保的目的对成品油消费税税率进行调整，[2]但由于该条例没有规定税率的最高限值，对国务院的调整权没有进行有效限制，并不符合税收法定原则的要求。需要特别一提的是，《增值税法》第10条删除了《增值税暂行条例》第2条关于国务院可以调整税率的规定，第11条关于简易计税方法下征收率统一规定为

---

〔1〕 分别参见下文关于政府在税收规则方面的规范权和地方税规则制定的分析。

〔2〕 针对国内成品油价格连续下降，财政部和国家税务总局曾分别在2014年11月29日、2014年12月12日和2015年1月12日发文提高成品油消费税，其中1元/升的汽油等消费税税额分别提高到1.12元/升、1.4元/升和1.52元/升，0.8元/升的柴油等消费税税额分别提高到0.94元/升、1.1元/升和1.2元/升。参见财政部、国家税务总局《关于提高成品油消费税的通知》（财税〔2014〕94号）、财政部、国家税务总局《关于进一步提高成品油消费税的通知》（财税〔2014〕106号）、财政部、国家税务总局《关于继续提高成品油消费税的通知》（财税〔2015〕11号）。

3%，不像《增值税暂行条例》第 12 条那样（没有最高限值的限制）再授权国务院可以制定与之不同的征收率，贯彻了税收法定原则。此外，《增值税法》第 9 条明确规定了小规模纳税人的认定标准（销售额未超过 500 万元），虽然授权国务院可以调整，但增加了全国人大常委会备案的要求，在法定原则贯彻方面也更进一步。再如，属于强制性财产给付的社会保险费，也是与税收很接近，目前在《社会保险法》中有法律依据。不过，与法定原则不符的是，对于缴纳的具体比例，《社会保险法》并没有规定，而是由国务院规范性文件予以确定，[1]同时，对于基本医疗保险费，《社会保险法》也没有规定计费依据（职工工资总额或本人工资收入），也是由国务院规范性文件予以确定。[2]综上，未来要制定的《消费税法》需要规定税率的最高限值，《社会保险法》也要规定社会保险费缴纳比例的区间和基本医疗保险费的计费依据或其确定的客观因素。此外，针对个体工商户和灵活就业人员参加企业职工基本养老保险，缴费基数（城镇单位就业人员平均工资的 60% 至 300% 之间选择）也适合由《社会保险法》规定。事实上，社保缴费基数标准具体数额由各地按照实际情况来确定，本身是合理的，毕竟不同地区收入水平有差异，[3]但法律还是要规定初始、作为基准的社保缴费基数标准（上限和下限）区间。不可忽视的是，针对低收入人群，目前社保缴费基数标准和缴纳比例可能存在过高的问题。[4]

（三）税收优惠规则

税收优惠的给予并不造成对纳税人财产的侵害，相反是有利于纳税人的。因此，基于税收法定原则在于防止公民财产权受到非法侵害的本意，同时，鉴于税收优惠通常具有暂时性的特点，故税收优惠规则无需在法律保留的范围内，相应的，政府享有决定税收优惠的权力有利于其履行宏观调控（包括

---

[1] 参见国务院《关于完善企业职工基本养老保险制度的决定》（国发〔2005〕38 号）和国务院办公厅《关于印发降低社会保险费率综合方案的通知》（国办发〔2019〕13 号）。

[2] 参见国务院《关于建立城镇职工基本医疗保险制度的决定》（国发〔1998〕44 号）。

[3] 例如，天津市人力资源和社会保障局 2021 年公布，2021 年度天津用人单位和职工缴纳城镇职工基本养老、城镇职工基本医疗、失业、工伤和生育保险费基数的最低和最高标准分别为 3930 元和 20 331 元。参见天津市人社局、天津市医保局、天津市税务局《关于 2021 年度社会保险缴费基数标准有关问题的通知》（津人社局发〔2021〕24 号）。

[4] 参见宋承翰：《全国人大执法检查：部分低收入人群社保缴费负担重，致使断保》，载《南方都市报》2024 年 11 月 9 日。

区域经济发展）的职能。不过，在没有限制的情况下，政府极有可能滥用这项权力，尤其是地方政府，例如，为维护地方利益，地方政府会滥用税收优惠政策，破坏税负的公平分摊并损害市场公平竞争。事实上，对这种公平课税违背的限制，不是来自税收法定原则，而是来自其他税法基本原则，例如平等原则或量能课税原则。在意大利，正是后两项原则对政府的税收优惠决定权给予了有效限制，鉴于这两项原则也是宪法性原则，税收优惠的给予还必须具有宪法上的基础，同时，法院在具体案件审理中提供至关重要的司法维护以纠正违背这两项原则的税收优惠。这样，对于我国而言，在税收立法（尤其是宪法）尚未明确确立上述两项原则以及缺乏司法对政府税收规则规范权有效制约的情况下，将税收优惠规则纳入法律保留的范围实属权宜之计，毕竟通过法律（指各个税种法）来规定税收优惠可以更好地确保税赋公平分摊免受不当损害。不过，对于税收优惠调整比较频繁或暂时性更强的领域，更为合理的方式应当是法律授权政府决定税收优惠的采用，这样也可以避免税收优惠政策对上位法的背离。例如，我国《个人所得税法》第12条将储蓄存款利息所得减免税待遇授权国务院决定，而国务院基于宏观调控的目的对这一所得作出过征税、减征和免征的决定，[1]并不违背税收法定原则。不同的是，《增值税暂行条例》第15条将其他减免税项目授权国务院决定，而财政部、国家税务总局基于宏观调控的目的对增值税小规模纳税人作出减免税政策，[2]是否符合授权规定存疑。

就如何在税收法定原则下制定税收优惠规则，这里笔者再以奥运会税收优惠政策为例作进一步说明。鉴于举办奥运会的特殊重要意义，举办国通常都会颁布特别的税收优惠政策以聚集更多、更好的资源来为奥运会的举办服务。我国曾分别为2008年北京夏季奥运会和2022年北京冬季奥运会举办颁

---

〔1〕 参见2007年国务院《关于修改〈对储蓄存款利息所得征收个人所得税的实施办法〉的决定》（国务院令第502号）和财政部、国家税务总局《关于储蓄存款利息所得有关个人所得税政策的通知》（财税〔2008〕132号）。

〔2〕 参见财政部、税务总局《关于明确增值税小规模纳税人免征增值税政策的公告》（财政部、税务总局公告2021年第11号，已失效）、财政部、税务总局《关于增值税小规模纳税人减免增值税政策的公告》（财政部、税务总局公告2023年第19号）。

布大范围的税收优惠政策。[1]对此，首先，基于前文所述，税收优惠规则不属于法律绝对保留的事项，政府可以通过行政法规等法律以下的法源来制定税收优惠政策。尤其是考虑到实施奥运会税收优惠政策，具有暂时性的特点，同时税收优惠政策的调整又具有频繁性的特点，由政府享有制定税收优惠政策的权力有利于其履行宏观调控的职能，同时有利于发挥政府行事便利、灵活的特点，也可以避免法律的频繁修改。其次，一方面，税收优惠政策的实施可能造成的损害是课税的公平性。例如，对举办其他相同的活动是否也需要像举办奥运会一样给予税收扶持？再如，为扶持奥运，免征增值税或关税等优惠待遇是否适用于所有相同的服务或商品？因此，为了可以更好地确保公平课税免受不当损害，由全国人大通过制定法律或颁布决定来规范税收优惠规则会更好。另一方面，税收优惠规则适用的对象本身都是应税的，税收优惠规则适用本身就构成对一般课税规则的背离。而为落实税收法定原则，在相关税种法制定为法律的情形下，政府制定的税收优惠政策就可能会构成对法律的背离。例如，《企业所得税法》第 9 条和第 10 条分别规定公益性捐赠支出只能扣除年度利润总额 12%以内的部分和赞助支出不得扣除，而 2008 年北京夏季奥运会税收优惠政策中包括捐赠、赞助的支出可以全额扣除。为此，由法律来规范税收优惠规则可以避免这类背离。最后，为在上述相左的两点中寻求一个平衡点，即做到兼顾，需要明确在满足什么条件下政府可以制定税收优惠政策。根据税收法定原则的要求，这一条件即为全国人大或法律授权，而问题便转化为这种授权需要满足什么条件。《企业所得税法》第 36 条规定国务院可以根据国民经济和社会发展的需要制定专项优惠政策，报全国人民代表大会常务委员会备案即可，《增值税暂行条例》第 15 条规定其他减免税项目由国务院规定。那么，这样的空白授权，即没有关于优惠措施类型、标准、适用对象、条件以及适用期限等的任何内容，能否正当化国务院制定奥运会相关税收优惠政策？需要特别一提的是，2024 年《增值税法》删去了上述减免税项目授权国务院决定的规定，像《企业所得税法》第 36 条那样，增加第 25 条关于授权国务院制定专项优惠政策、报全国人大常委会备

---

[1]　参见财政部、国家税务总局、海关总署《关于第 29 届奥运会税收政策问题的通知》（财税〔2003〕10 号，已失效）和财政部、税务总局、海关总署《关于北京 2022 年冬奥会和冬残奥会税收优惠政策的公告》（财政部、税务总局、海关总署公告 2019 年第 92 号）。

案的规定，同时对优惠政策适用情形作了不完全的列举，[1]授权规定有所完善。事实上，如果基于税收优惠规则不是法律绝对保留事项，这种空白授权是可以的，但鉴于目前我国对政府制定税收相关规则的限制还有待完善，授权还是应更明确化。具体而言，我国在实施相关税种立法或法律修订时，可以就奥运相关事项明确授权国务院制定优惠待遇。但从实践考虑，尤其是奥运税收优惠政策往往涉及大量不同的税种，由全国人大常委会另行单独作出一项决定，明确授权国务院制定相关的税收优惠规则，更为合理和科学。

（四）税收程序规则

关于税收征管的程序规则，即关于税的实现规则，这些规则内容多样、复杂，并与其他行政程序法交错，法律保留并非绝对，同时需要保留的依据也非当然源自税收法定原则。这是因为税收征管的程序规则并不必然侵害公民的财产权，例如，征税机关管理体制、纳税申报、税款缴纳的方式和期限、税务代理制度等，相关规则完全可以由政府来规范，如果由法律来规定，更多地也是源自法律确定性原则。此外，有些税收征管的程序规则是有利于纳税人的，例如，税收事前裁定制度，即使目前《税收征收管理法》没有规定这一制度，只要不违反上位法，不应妨碍政府出台相关制度。[2]这是因为税收法定原则的核心要义是避免纳税人因政府任意制定限制纳税人财产权的课税规则而受不当侵害，而政府出台保护纳税人财产权等有利于纳税人的规则与之并不相符。何况，不同于税收优惠规则，税收事前裁定制度也不涉及纳税人之间的公平问题。而对于可能对公民财产权等基本权益造成损害的税收征管规则，例如税务稽查、税收强制执行，无疑需要由法律来规定，但也并非源自税收法定原则，而是源自行政法中的依法行政原则或其他保护公民基本权利的宪法条款（例如关于公民住宅不受侵害、人权保障等）。事实上，税收法定原则的起源并不涉及税的实现阶段或课税方式，而在现代法治国家，不宜也没有必要以税务机关需要依法征收或依法稽征将税收征管纳入税收法定原则的适用范围内。当然，鉴于目前我国在征税领域法治水平还存在一定的提升空间，如果取广义的税收法定原则之意，将税收征管纳入进来也未尝不可，从限制税务机关征收权而言，亦属权宜之计。

---

〔1〕 包括支持小微企业发展、扶持重点产业、鼓励创新创业就业、公益事业捐赠等情形。

〔2〕 参见《上海市税务局税收事先裁定工作管理办法（试行）》（沪税办发〔2023〕33号）。

三、人大税收立法权与授权立法

在阐述法律保留下的税收规则之后，人大的税收立法权应当说已经明确，不过，这并不意味着所有相关税收规则都将由人大来立法。基于税收法律保留的相对性，我国在落实税收法定原则的过程中，依然需要处理好人大税收立法权与政府税收规则制定权的关系。

（一）人大税收立法权的加强

首先，进一步加强全国人大及其常委会的税收立法能力，并由全国人大常委会预算工作委员会专门研究制定有关税收、行政事业性收费、政府性基金等强制性财产给付（包括实质性的强制性财产给付）方面的法律，包括税收法律的起草。当然，对于立法难度大、技术性强的税收法律，在全国人大牵头的情况下，政府参与起草是必要的，同时，提高税法等相关学科学者、专家的参与程度。此外，为更好地反映公民的意愿，应当在立法程序中延续公布税收法律草案向全社会征求修改意见，视情况增加听证会等环节。

其次，加快完成所有税种的立法。一方面，对于现仍由行政法规规范的税种，包括消费税等 4 个税种，加快相关的立法研究、制定工作，尽快完成立法，这也是我国落实税收法定原则的当务之急。另一方面，未来新设税种由全国人大直接立法，如房地产税。事实上，该税种的设立将伴随现行房产税、城镇土地使用税的取消。当然，基于法律规范一般性的特点，这些税收立法仅需规定基本内容的规则即可。此外，我国人大从政府收回税收立法权之后，根据《立法法》第 72 条和第 93 条的规定，[1] 政府依然享有应然的税收规则制定权，这主要表现在对人大制定的税法实施执行性立法，即制定执行规则。

再次，提高税收法律的明确性。税收法定原则不仅要求课税基本内容由法律规定，还要求法律的规定需要明确，即基本内容的规则还要明确，以避免征税机关滥用立法补全权和解释权侵害公民的财产权。为此，关于应税行为的内容，法律需要在可能的前提下尽量规定详实，避免仅规定一些原则性

---

〔1〕 分别规定行政法规可以就"为执行法律的规定需要制定行政法规的事项"作出规定和地方政府规章可以就"执行法律、行政法规、地方性法规的规定需要制定规章的事项"作出规定。

的框架，[1]而这也是我国现有税收立法（包括授权立法）一项不足之处。例如，《个人所得税法》目前只有22条，3600多字。事实上，诸多在《个人所得税法实施条例》以及财政部、国家税务总局发布的规范性文件规定的内容，都应当在《个人所得税法》中规定。例如，《个人所得税法实施条例》第3条关于不同所得来源地（是否在我国境内）和第14条关于什么是"每次"取得收入的规定，鉴于这些内容涉及应税行为空间和时间方面的内容，直接决定纳税人的纳税义务，都应当规定在《个人所得税法》中。

最后，限制政府在税额确定方面的裁量权。当然，这是建立在法律对税收定性规则进行明确规定，同时认可政府具有对税收定量规则进行规范的权力的基础之上。事实上，基于税收法律保留的相对性，政府在定量规则确定方面具有一定的裁量权是合理的，而问题在于如何限制政府的这项裁量权。对此，在法律中规定最高限值的税率、确定税基的客观因素都是有效的方式，足以限制政府的裁量权。类似地，法律中规定税基构成因素价值的最高和（或）最低限值，如《房产税暂行条例》第3条规定税基为房产原值一次减除10%至30%后的余值（具体减幅由省级政府确定），亦为有效方式。这里需要讨论的是，基于意大利的经验，法律规定政府为特定公共服务提供进行融资的需求来确定课征标准是否可以为我国借鉴采用。对此，需要明确这类限制政府裁量权的方式主要针对非税的强制性财产给付，例如行政事业性收费或政府性基金。这类方式的实质在于以服务提供所需资金作为课征的最高限额，具体可以表述为"提供服务而实际承担的成本""满足因管理所需的必要费用"或"满足受益机构的预算要求"等为上限。为此，相关成本、必要费用或预算要求的确定是否受到有效监督成为是否可以采用的关键。而在现代预算制度下，某一公共服务的提供者（即政府或公共机构）提出服务提供所需财政资金的详细支出计划，由代议制机构进行审批或提出修改、否决，并对该项服务财政资金支出使用进行监督和绩效管理，并可能对政府问责，同时还有公民和司法机关对财政支出行为进行有效监督。换言之，如果预算制度以及其他相关监督机制能有效制约政府的支出行为，此类限制政府裁量权的方式可以采用，但也应慎用，最好与其他方式一起采用。为此，鉴于当前我国对政府财政支出行为的制约有效性还有待提升，应当避免采用此类方式。

---

〔1〕　参见熊伟：《重申税收法定主义》，载《法学杂志》2014年第2期，第25页。

需要指出的是，针对实质性的强制性财产给付，法律规定技术机构来确定课征标准，亦可以考虑，但前提是确保相关技术机构的独立性。

（二）授权立法的规范和限制

政府除对人大制定的法律实施执行性立法以外，还可以根据人大或法律的授权对课税进行规范，包括课税基本内容和补全性两类授权立法。授权立法源于税收法律保留的相对性，但需要满足相关的要求，否则依然与税收法定原则相悖。为此，我国在落实税收法定原则时，必须规范政府的授权立法，并限制授权立法的使用。

首先，在规范授权立法方面，主要是针对课税基本内容的授权立法。人大在作出授权时，根据《立法法》第 13 条第 1 款的规定，必须明确授权目的、事项、范围、期限以及授权立法应当遵循的原则，尤其是授权决定中必须针对具体税种规定课征原则和指导标准。换言之，基于税收法定原则的本意，为有效限制政府的税收规则规范权，禁止人大对政府的空白授权。为此，需要在时机成熟的时候，例如在消费税立法等相关税收立法完成之后，鉴于在税收立法上有空白授权之嫌，1985 年全国人大授权国务院在经济体制改革和对外开放方面可以制定暂行的规定或者条例的决定不宜在税收领域再继续有效。此外，根据《立法法》第 15 条关于被授权机关不得转授权的规定，也是公认的法律原则，我国目前许多税收暂行条例（由国务院基于授权立法制定）中的课税基本内容由财政部或国家税务总局来确定是违背税收法定原则的，需要禁止。[1] 例如，《消费税暂行条例》第 2 条规定税目的调整由国务院决定，而财政部和国家税务总局基于国务院的批准，在 2006 年发布通知，[2] 调整了税目，其中新增高尔夫球及球具、高档手表、游艇等税目，这有国务院转授权之疑。

其次，在限制政府授权立法方面，总体而言，需要将征税授权立法尽量局限于对现有税收立法的补全性授权立法。这类授权立法仅针对课税部分事项，同时源于这部分事项的技术性、复杂性或需要频繁调整。例如，《企业所得税法》第 2 章第 5 条至第 19 条规定了收入、扣除的基本内容之后，第 20 条规定"本章规定的收入、扣除的具体范围、标准和资产的税务处理的具体

---

[1] 参见张守文：《论税收法定主义》，载《法学研究》1996 年第 6 期，第 62 页。

[2] 参见财政部、国家税务总局《关于调整和完善消费税政策的通知》（财税〔2006〕33 号）。

办法，由国务院财政、税务主管部门规定"，即属于补全性授权立法。而关于课税基本内容的授权立法，如果需要，也仅用于税制改革中尚需要对课税制度进行探索以试点名义实施的试验性立法，并在试行成熟后，转化为法律。虽然意大利这类授权立法使用得非常频繁，但原因在于政府据此而制定的立法令属于具有法律效力的规范性文件，属于税收法定原则要求的法律，而我国政府基于授权立法只能制定行政法规，并不具有法律效力，因此不宜频繁使用。基于上述要求，我国"房产税"试点（针对个人住房），对这样一类涉及课税的基本内容、重大影响公民和企业纳税义务的税制改革，在缺乏人大授权的情况下，基于国务院的会议精神，上海市政府和重庆市政府通过发布政府规章就决定实施，[1]并不符合税收法定原则的精神。与此不同，2021年全国人民代表大会常务委员会授权国务院在部分地区开展房地产税改革试点工作是符合的，其中的相关授权决定还规定了应税行为的基本内容。

四、地方财政自主下的地方税规则制定

财政分权，即在确保中央宏观调控主导地位的基础上赋予地方一定的事权和财权（主要是税权），使地方能自由选择自身所需要的政策，以便向当地公民提供更好、更符合当地公民需求的公共服务。目前，从全球范围来看，不管是联邦制国家，还是单一制国家，都在不同程度上实施财政分权。对于我国而言，由于不同地区在人口数量与构成、经济发展与收入水平、自然资源与环境状况等方面都存在巨大的差异，实施财政分权，换言之，确保地方财政自主权的必要性不言而喻。不过，我国《宪法》尚未明确规定这一点，仅在第 3 条规定充分发挥地方的主动性和积极性。为此，虽然在我国现行的分税制下，地方拥有房产税、城镇土地使用税、车船税、土地增值税等许多地方税，[2]但仅仅对这些地方税拥有收益权，而没有立法权，这与意大利大区拥有一定的税收立法权形成差异。这是因为根据《立法法》第 82 条的规定，地方只可能制定第 8 条规定以外的事项，而税收属于第 11 条规定的法律保留的事项，且目前只有全国人大才能制定《立法法》所规定的法律。这样，

---

〔1〕 参见《上海市开展对部分个人住房征收房产税试点的暂行办法》（沪府发〔2011〕3 号）和《重庆市关于开展对部分个人住房征收房产税改革试点的暂行办法》（渝府令〔2011〕247 号）。

〔2〕 参见国务院《关于实行分税制财政管理体制的决定》（国发〔1993〕85 号）。

由于缺失作为税权核心的税收立法权，地方无法通过税种设立、应税行为设定和税额调整等来贯彻满足地方特殊需求的政策意图，仅仅依靠《立法法》第 82 条的规定，基于"需要根据本行政区域的实际情况作具体规定的事项"就法律和行政法规制定执行性地方性法规，是不足以有效确保地方的财政自主的。

无疑，在现有制度下，我国地方在确保财政自主方面只能寻求课税授权。虽然《立法法》没有规定全国人大向地方的纵向授权立法，但这并不妨碍具体的税种法规定对地方的授权。例如，《车船税法》第 2 条规定车辆的具体适用税额由省级政府依照本法所附《车船税税目税额表》规定的税额幅度（即法律规定最低和最高的税额区间）和国务院的规定确定。该法第 5 条还规定省级政府根据当地实际情况，可以对公共交通车船、农村居民拥有并主要在农村地区使用的摩托车、三轮汽车和低速载货汽车定期减征或者免征车船税；再如，《城镇土地使用税暂行条例》第 5 条第 1 款规定省级政府应当在该条例第 4 条规定的税额幅度内，根据市政建设状况、经济繁荣程度等条件，确定所辖地区的适用税额幅度。这里需要注意的是，省级政府也仅仅是确定适用税额幅度而适用的具体税额被进一步授权给市、县政府决定。这里以浙江为例，《浙江省城镇土地使用税实施办法》（浙政发〔2007〕50 号）第 6 条规定，各市、县政府根据当地区位条件、公用设施建设状况、经济社会发展程度等综合因素，确定土地等级级数和范围，选择相应的适用税额标准，并可依据本地区经济社会发展变化，适时调整土地等级划分级数、范围和适用税额标准；[1]又如，《环境保护税法（征求意见稿）》第 4 条规定省级政府可以统筹考虑本地区环境承载能力、污染排放现状和经济社会生态发展目标要求，在规定的税额标准上适当上浮适用税额，第 7 条规定省级人民政府可以根据本地区污染物减排的特殊需要，增加同一排放口的应税污染物种类数。而通过的《环境保护税法》第 6 条和第 9 条已经分别改为由省级人大常务委员会决定。综观上述，不难发现我国现有关于地方税的立法基于财政自主对地方的课税授权并不少，内容也涉及课税客体、税率等定性和定量规则。不

---

〔1〕　事实上，城镇土地使用税有关土地等级、范围和适用的具体税额的规定可由县级政府直接确定。参见余姚市人民政府《关于调整城镇土地使用税适用税额和征收范围的公告》（余政发〔2008〕23 号）。

过，从落实税收法定原则的要求来看，还需要明确以下三个方面的问题：

首先，不管是税收定性规则，还是税收定量规则，课税授权的对象最初都是地方政府。事实上，授予地方政府决定上述这些税收规则并非绝对与税收法定原则相悖。税基、税率等定量规则在满足特定的条件下可以由政府决定，这一点不再赘述，这样，地方政府也可以享有这方面的决定权，只要法律在赋予地方政府这项权力时规定能有效限制地方政府自由裁量权的内容。因此，《环境保护税法（征求意见稿）》第4条没有规定相关的内容，有违税收法定原则，而《环境保护税法》第6条增加了省级政府"在本法所附《环境保护税税目税额表》规定的税额幅度内提出"的规定，[1]可以有效限制地方政府的自由裁量权，符合税收法定原则。这样，《环境保护税法》第6条将税额确定和调整改为由省级人大常务委员会决定，并非必要，当然修改后更好。

其次，税收定性规则需要由地方人大决定，例如，《环境保护税法》就应税污染物项目数的增加改为由省级人大常务委员会决定。由当地纳税人代表组成的地方人大决定与地方税相关的课税事项，与税收法定原则本质在于纳税人同意相符。基于此，如果作进一步引申的话，地方人大对地方税制定的规范性文件（如地方性法规）对当地纳税人而言也应当具有"法律"的效力，例如意大利的大区法律。当然，在我国现有制度下，地方性法规并不具有"法律"的效力，或不属于《立法法》所规定的"法律"，但完全可以允许全国人大向地方人大纵向授权立法。这样，基于强化地方自主的考虑，在对《立法法》进行完善之后，全国人大规定地方税制定的原则和指导标准，或者视情况，规定相对具体的课税规则，授权地方人大结合本地区情况决定是否开征以及（在开征的情况下）制定或补全地方税的基本内容。此时，地方政府确定定量规则授权也可以源自地方性法规。这里需要特别一提的是，对于仅仅适用于特定地区的税种，如将在海南自贸区征收的销售税，[2]既可以由全国人大制定《海南自由贸易港销售税法》，也可以由全国人大通过纵向授权给海南省人大制定地方性法规《海南自由贸易港销售税条例》，后者也符

---

〔1〕 例如，大气污染物每污染当量税额在1.2元至12元之间；水污染物每污染当量税额在1.4元至14元之间。

〔2〕 参见《海南自由贸易港法》第27条。

合税收法定原则的精神。

最后，在授权纵深方面，鉴于市、县人大的选民基础过窄，通常情况下，授权对象限于省级人大或者省级政府。在极少数的情况下，对于在省级地区内部依然存在明显地区差异的，可以再授权给市、县人大或政府，不过宜限于税收定量规则，避免税收定性规则的再授权。事实上，严格意义上，《浙江省城镇土地使用税实施办法》第6条并不构成再授权，毕竟《城镇土地使用税暂行条例》第5条仅规定省级政府确定适用税额幅度，不是适用的具体税额。当然，为避免再授权，法律可以直接授权给市、县人大或政府。

五、税收法定原则条款立法完善

在阐述税收法定原则在我国落实的相关问题后，不难发现，《立法法》第11条关于税收法定原则的条款规定并不完善，有必要进行重构。首先，根据第11条第6项的规定，法律保留并没有覆盖税收以外的强制性财产给付。其次，在单独将税收列为一项需要法律保留的事项后，没有必要再单独列举税种设立、税率确定和税收征管。尚且不论在法律规定最高限值后，具体适用的税率可以由非法律的规范性文件来确定，其他课税内容，例如纳税主体、应税客体、应税行为发生地和发生时间以及税基，比税率更为重要或同等重要。为此，在《立法法》第11条的框架下，可将第6项"税种的设立、税率的确定和税收征收管理等税收基本制度"改为"税收等强制性财产给付基本制度"。当然，鉴于国家课税权的限制与纳税人财产权的保护具有宪法上的重要性，同时为使税收法定原则的落实得到更高的保障，税收法定原则需要上升为宪法基本原则，相关条款在宪法中予以明确规定。未来我国实施宪法修正时，建议明确地引入税收法定原则条款，可以表述为"税收等强制性财产给付只能依据法律进行课征"。此外，税收法定原则的进一步落实还包括税法的法典化，核心内容是制定一部能总领各类税收法律的法律，例如，《税法总则》《税法通则》或《纳税人权利保护法》。[1]事实上，如果上述税收法定原则条款未在宪法中规定，可以在上述税收总领性法律中规定"税收只能依据法律进行课征"，并细化税收法定原则的适用规则。

综上，税收法定原则由自我课征原则演变而来，属于强制性财产给付法

---

〔1〕　关于税法的法典化，详见本书第四章。

定原则，是现代国家宪法的构架要素。在现代社会，税收法定原则在解释上不仅应当保护私人利益，还应当保护国家共同体的一般利益。为此，税收法定原则的适用应当与代议制民主、政府职能扩张、地方财政分权等相适应，并体现出税收法律保留相对性的特征。不过，总体上，税收法定原则当前在我国的落实应当遵循的路径为税收规则更多由全国人大及其常委会来制定。这是因为当前在我国实质意义上限制课税权的量能课税原则在立法中尚未确立，税收司法化和对包括税收法定原则在内的税法司法解释相对薄弱，对税收法律、行政法规等规范性文件的合宪性及合法性审查还有待进一步加强，[1]依法行政制度、中央地方财政关系制度、现代预算制度等基本制度还需进一步完善。总之，对政府制定税收规则的其他制约还需要进一步落实。为此，可以肯定的是，伴随相关基本制度的进一步完善，全面落实税收法定原则，包括尽快完成全部税种的立法、提高税种法的明确性、实现非税强制性财产给付的法定、税法法典化并细化税收法定原则的适用规则、强化依法征税以及税收司法等，不仅将推动我国税收法治建设，以此为切入点，还将推动我国法治建设以及财税治理、国家治理的现代化。

---

〔1〕 当然，目前全国人大常委会对规范性文件的合宪性、合法性审查已经有效开展起来。参见蒲晓磊：《2024 年备案审查报告提请全国人大常委会会议审议 公布多起案例回应社会关切》，载 ht-tps：//mp. weixin. qq. com/s/mlPSm7lXu-4W6-R2BhkGwg，最后访问日期：2024 年 12 月 23 日。

第三章

量能课税原则指导下的税制改革

　　在 2013 年党的十八届三中全会部署财税改革之后，2014 年 6 月 30 日中央政治局会议通过《深化财税体制改革总体方案》，提出财税体制改革的目标是建立现代财税制度。伴随着这一目标的确立，包括个人所得税改革、营业税改增值税、消费税改革、资源税改革、房地产税改革、环保税改革、税收征管改革等在内的我国新一轮税制改革启动。在经过近十年改革之后，2023 年 12 月中央经济工作会议提出要谋划新一轮财税体制改革，2024 年党的二十届三中全会审议通过的《关于进一步全面深化改革　推进中国式现代化的决定》提出深化财税体制改革，并作出了具体部署，有关税收制度的改革主要包括：健全有利于高质量发展、社会公平、市场统一的税收制度，优化税制结构。研究同新业态相适应的税收制度。健全直接税体系，完善综合和分类相结合的个人所得税制度，规范经营所得、资本所得、财产所得税收政策，实行劳动性所得统一征税。深化税收征管改革。鉴于法治是现代国家治理的基本方式和内在要求，作为国家治理现代化的基础、支柱和制度保障，现代财税制度必须通过法治的手段加以建立。良法和善治构成了现代法治的核心要义，这就决定了财税的基本领域不仅要制定法律，更要制定良法和达成善治。而税收法定原则下的法律保留仅仅是一种相对的保留，即只有基本的税收规则才必须由立法机关通过制定法律来规范，这些基本规则在满足特定条件下还可以通过授权的方式由行政机关来制定，现代税收法治建设仅仅依靠税收法定原则显然是不够的。也就是说，基于遵循多数人意见的规则而制定的法律并不能确保是良法，而依法治税本身也并不等同于税收领域的善治。具体而言，对税负的分配应当基于什么标准、在维护国家税收利益的同时如何来限制国家课税权以保护纳税人利益，税收法定原则本身并不能给予全面、有效的答案。事实上，就税法基本原则而言，现代税收法治的实现不仅需要落实侧重形式正义的税收法定原则，还需要遵循侧重实质正义的税法基本原则，即作为公平原则在税法中具体化的量能课税原则。量能课税原则应当确立为我国税法的基本原则，因为它体现了特定社会经济、政治、历史环境条件下的税赋原则；体现了税法自身的应有价值标准和价值取向，如正义、公平等；贯穿于实体法和程序（诉讼）法等全部税收法规，对税收立法、执法和司法活动等都具有指导作用；（应）以宪法或税收基本法为依据。[1]毫无疑问，量能课税原则作为基本准则贯穿于税法的制定和实施全过程，是对税法所调整的税收关系的本质与规律的抽象和概括，内容具有根本性，体现税法的价值追求。[2]为此，作为税法的基本原则，进一步而言，作为税法宪法性的基本原则，量能课税原则应当成为我国税收制度改革的指导原则，以满足现代税收法治关于税收良法和善治的要求。换言之，中央部署新一轮税制改革的许多要求可以从量能课税原则中获得税法理论支持。以下笔者将详细论述量能课税原则如何确保税收良法之制定和善治之实现，并以量能课税原则为指导对我国未来税制改革提出建议。

一、税制结构改革

由于时代发展的客观影响，我国税收立法以往很长一段时间以国库主义维护为首要目标，偏重征税效率的追求而弱化税负的公平分摊，使得我国现有税制结构以增值税、消费税等间接税为主，与发达国家以所得税、财产税等直接税为主的税制结构形成鲜明的差异。以 2014 年我国税收收入情况为例，仅增值税、营业税和消费税三项主要的间接税收入就占全部税收收入总额的 60.4%。[3]再以 2023 年我国税收收入情况为例，在营改增之中，增值税、和消费税两项主要的间接税收入就占全部税收收入总额的 57.9%。[4]虽然相比于 2014 年，得益于 2014 年以来的税制改革，2023 年间接税的比重有所下降，但并没有改变以间接税为主的税制结构。当然，以间接税为主的税制结构也有合理的

---

〔1〕 关于税法基本原则确立的四大条件，参见朱大旗：《论税法的基本原则》，载《湖南财经高等专科学校学报》1999 年第 4 期，第 30 页。

〔2〕 关于税法基本原则的概念，参见施正文：《税法要论》，中国税务出版社 2007 年版，第 2 页。

〔3〕 参见财政部国库司：《2014 年财政收支情况》，载 http://gks.mof.gov.cn/zhengfuxinxi/tongjishuju/201501/t20150130_1186487.html，最后访问日期：2015 年 12 月 13 日。

〔4〕 参见财政部国库司：《2023 年财政收支情况》，载 http://gks.mof.gov.cn/tongjishuju/202402/t20240201_3928009.htm，最后访问日期：2024 年 11 月 19 日。

一面，毕竟一开始国家发展的重点是要先创造、积累财富，需要效率优先。

不过，面对社会财富的快速增长，目前的税制结构虽然在保障税收收入方面体现出明显的优势，但在调节我国日益扩大的贫富差距方面还体现出较大的不足。根据量能课税原则，直接税以所得、财产等直接体现负税能力的经济因素作为课税对象，而间接税以消费或销售、特定经济行为等间接体现负税能力的经济因素作为课税对象，因此，在贯彻量能课税原则方面，相比于间接税，直接税更为适合。进一步而言，直接税能更好地体现征税的个体化，考虑纳税人不同的情况，并在征税中给予不同的对待，同时也适合采取累进征税，可以更有效地调节贫富差距，这无疑更符合量能课税原则关于区别课税的核心要求。而间接税更容易导致征税的客观化，[1]间接税通常属于对物税，忽略纳税人的不同情形，同时也不适合采取累进征税，因而往往具有累退性，无法对贫富差距进行有效调节。可以确定的是，一个公平的税制必然是以直接税为主、在整体上突显出累进性的税制。因此，为更好地实现税收的再分配功能以解决我国当前的贫富差距问题，也是为更好地实现共同富裕，我国需要改变以间接税为主的税制结构，而向以直接税为主的税制结构转变，将适用客观化的负税能力概念或客观化征税局限于作为间接税的非主体税种，以更好地贯彻量能课税原则。

基于上述，我国未来税制改革一方面需要不断提高来自直接税的税收收入比重，尤其是来自个人所得税的税收收入比重。以 2014 年为例，我国个人所得税收入仅占全部税收收入总额的 6.2%，[2]远远低于发达国家的相关水平。[3]再以 2023 年为例，个人所得税收入比重有所提高，但也还仅是 8.2%。[4]为

---

〔1〕 征税的客观化是指征税不结合主体的认定或考量，对应负税能力的客观化。参见翁武耀：《意大利税法研究》，人民出版社 2024 年版，第 63~64 页。

〔2〕 参见财政部国库司：《2014 年财政收支情况》，载 http://gks. mof. gov. cn/zhengfuxinxi/tongjishuju/201501/t20150130_ 1186487. html，最后访问日期：2015 年 12 月 13 日。

〔3〕 以 OECD（经济合作与发展组织）国家为例，在 2013 年，OECD 国家个人所得税占所有税收的比重，平均值为 24.78%，其中，德国为 26.09%，法国为 18.57%，意大利为 26.55%，英国为 27.7%，美国为 38.7%，加拿大为 36.57%，日本为 19.22%。在 2021 年，平均值为 23.74%，其中，德国为 26.64%，法国为 20.97%，意大利为 25.91%，英国为 29.16%，美国为 42.9%，加拿大为 36.32%，日本为 18.86%。参见 https://data. oecd. org/tax/tax-on-personal-income. htm，最后访问日期：2024 年 11 月 9 日。

〔4〕 参见财政部国库司：《2023 年财政收支情况》，载 http://gks. mof. gov. cn/tongjishuju/202402/t20240201_ 3928009. htm，最后访问日期：2024 年 11 月 19 日。

此，为提高来自直接税的税收收入的比重，首先，个人所得税还需要进一步改革，提高所得税税收收入。其次，还需要加快房地产税改革并适时推进房地产税立法，提高财产税税收收入。不过，与此同时，目前作为直接税（财产税）的房产税和城镇土地增值税就需要取消，为进一步优化改革，未来还是需要择机开征遗产税和赠与税。而具有所得税属性的土地增值税可暂时不用取消，未来在直接税比重提高、地方财政收入有保障之后，鉴于本税与所得税具有重复性，可以考虑取消。当然，考虑到直接税征管要求的提高，作为配套措施，需要通过修改《税收征收管理法》来加大对个人所得税等直接税的征管力度。再者，为避免纳税人税负增加，我国税制改革另一方面还需要逐步降低来自间接税的税收收入比重。为此，需要实施结构性减税，减少企业、个人的增值税等间接税税负，还应当考虑将房地产相关的间接税税负吸收到房地产税或所得税中，例如，非经营者的自然人转让住房不应再征收增值税，但是加强个人所得税的征收和提高税负。最后，总体上，通过立法完善和法律解释，数字经济以及数据这一新的生产要素和资产可以纳入现行税制中予以课税。事实上，如果开征新的税种，例如国外开征过的数字服务税等，由于新税种的开征往往出于征管效率，会弱化净所得课税，从而使得这一税种的间接税属性提高，不利于以直接税为主的税制改革，故应慎重考虑。

二、直接税改革

（一）个人所得税改革

在 2019 年以前，我国施行的个人所得税征税制度属于分类所得税制，在1980 年我国制定个人所得税法时就已确立，主要是基于当时我国征管能力的不足与征管便利的考虑。根据分类所得税制，我国曾对工资薪金、劳务报酬、生产经营所得、股息、利息、财产转让所得等十一类所得分别适用于不同的扣除标准和税率，除生产经营所得以外，均以取得所得时按次（月）分别计算最终性的应纳税额。其中，生计费用或成本扣除标准采取固定标准模式，比如针对工资薪金所得，全国统一的扣除额为 3500 元/月，针对劳务报酬等所得，全国统一的扣除额为 800 元或取得所得的 20%，针对股息等所得，则没有成本、费用扣除。关于税率，适用累进税率的只有工资薪金、劳务报酬和生产经营所得，[1]其余所得都适用 20% 的比例税率。显然，这样的分类所得税制严重违背了量能课税原则，同时也无法发挥收入再分配的功能，具体包括以下几个方面：（1）某一类所得的生产成本或损失无法在一个纳税期内与另一类所得收益进行抵扣，据以征税的应税所得并不体现纳税人这个纳税期的真实负税能力；（2）如果两个取得同样数额所得的纳税人，负税能力相同，一个全部是工资薪金，另一个由工资薪金、劳务报酬、稿酬等多种类型所得构成，由于后者比前者享受更多的费用扣除，以致于承担的税负更低；（3）成本费用扣除采用"一刀切"做法，不考虑不同地区纳税人或不同家庭情况纳税人在负税能力方面的差异，同时，扣除额的计算基于推测，应纳税额不代表纳税人真实的负税能力，体现为推定课税未实现个体化征税；（4）由于不同的所得税负差异明显，逃避税空间巨大，尤其是对于取得利息、股息等消极所得的高收入者而言，以致于税收效果不理想。[2]

基于上述，个人所得税改革不能仅仅停留在提高所谓的起征点问题上，需要进行一次制度性改革，而将分类所得税制改为综合与分类相结合的所得税制是我国个税改革的最佳选择。[3]为此，需要先将工资薪金、劳务报酬、稿酬、生产经营所得等经常性、连续性劳动所得或积极所得合并为综合所得，适用统一的累进税率，这也符合劳动性所得统一征税的要求。此外，长远来看，利息、股息、财产转让所得、偶然所得等其他所得或消极所得也需要逐步纳入到综合所得。不过，对于特定的收入，包括上述生产经营所得、财产转让所得中的特定收入，可能因为资本所得或利得的属性，基于效率考虑，仍需要作为分类所得，适用单一的比例税率。此外，对于资本利得，可能是源于多年增值的积累，加上通货膨胀产生的虚假增值，一次性适用累进税率也不符合量能课税原则。当然，未来分类所得征税应当是作为例外。在综合所得合并的基础上，对成本费用扣除规则进行完善，即扣除相关所得生产的成本后，比如购买提供劳务的材料成本、交通费用等，以纳税人及其家庭基

---

〔1〕　对劳务报酬适用加成征收，可以视为累进征税，尽管只有三级。

〔2〕　消极所得是指包括支付给权利人报酬在内的收益产生不是由权利人创造的所得。积极所得是指权利人自身创造收益产生的所得。

〔3〕　事实上，与分类所得税制相对应的是综合所得税制。在综合所得税制下，就像企业所得税实施的那样，纳税人的各类所得都将汇总，视为一个所得，再适用统一的宽免和扣除规定，按照统一的税率计算应纳税额。不过，个人所得税实施综合所得税制难度太大，目前世界上真正实施这一税制的国家也非常少。

本生活保障为目的，并考虑不同地区纳税人或不同家庭情况，增加赡养老人支出、子女抚养支出、医疗支出、住房贷款利息支出等专项扣除项目。这是实现量能课税下个体化征税的重要路径。这样，可以赋予纳税人以家庭为单位进行申报的权利，以家庭人口数量来确定纳税人在赡养老人支出、子女抚养支出等项目上的扣除额大小。当然，考虑到是对基本生活保障收入的不征税，这些费用的扣除必须在一定的限额或标准以内，比如，住房贷款利息，只能是纳税人首套住房且在标准人均面积以内的住房，贷款利息才可以扣除。这里，需要特别强调的是，为反映纳税人真实的负税能力，同时也为减少立法修改成本，参照英国、美国和法国等发达国家的经验，[1]我国个人所得税也需要实施指数化，即对各类扣除额或累进税率每一级对应的应税所得额每年按照通货膨胀率进行调整，防止扣除额实际价值的下降，即低于实际的基本生活保障成本，或仅仅是名义所得的上升而适用更高的边际税率。最后，与综合所得征税相配套，我国个人所得税也需要像企业所得税那样引入按月（季）预缴和按年申报缴纳制度，以一年为纳税周期确定应纳税所得，这样能更好地反映纳税人的负税能力，同时在年终申报缴纳时对预缴税款实施多退少补，以激励纳税人积极主动申报纳税。

顺应上述个人所得税改革的需要，2018 年 8 月 31 日我国对个人所得税法进行了第七次修正，也是迄今最大的一次修正，主要内容就是引入了综合所得计征制度，将工资薪金、劳务报酬、稿酬和特许权使用费四项收入合并计税，同时增加子女教育、继续教育、大病医疗、住房贷款利息或住房租金以及赡养老人支出五项专项附加扣除。随后，在 2022 年，又增加了 3 岁以下婴幼儿照护专项附加扣除，[2]在 2023 年，提高了与子女、老人相关的附加扣除标准。[3]不难发现，为贯彻量能课税原则，结合上述个人所得税改革的要求，目前我国施行的综合所得计征制度还存在进一步完善的空间，这也是为何需要完善综合和分类相结合的个人所得税制度。对此，详见本书第十章。

---

〔1〕 参见［美］休·奥尔特等：《比较所得税法——结构性分析》（第 3 版），丁一、崔威译，北京大学出版社 2013 年版，第 46 页、第 141 页和 173 页。

〔2〕 参见国务院《关于设立 3 岁以下婴幼儿照护个人所得税专项附加扣除的通知》（国发〔2022〕8 号）。

〔3〕 参见国务院《关于提高个人所得税有关专项附加扣除标准的通知》（国发〔2023〕13 号）。

（二）房地产税改革

对于房地产征税，目前我国主要集中于流转环节，比如增值税（针对不动产转让和租赁）、契税、耕地占用税、印花税、土地增值税和所得税，其中，除了土地增值税和所得税以外，都属于间接税。而在保有环节，只有房产税（针对经营性房产）和城镇土地使用税，房地产征税形成了重流转环节、轻保有环节的局面。与所得一样，以不动产为典型的财产（拥有）也是一种直接体现纳税人经济能力的因素，因此，根据量能课税原则，作为直接税的财产税在我国并没有在收入再分配方面发挥应有的作用，同时也导致我国税制结构中直接税比重过低。

房地产税改革担负着扭转房地产征税重流转环节、轻保有环节局面的重任。首先，关于征收范围，鉴于我国"房随地走、地随房走"的民事法律规定，[1]以及为避免重复征税，[2]合并现有房产税和城镇土地使用税，将土地使用权和房产作为不动产统一纳入到房地产税的征收范围，同时扩大征收范围，覆盖非经营性房地产以及农村住房。这贯彻了量能课税原则关于公平课税的要求，尤其体现在房地产税亦适用于违法建筑物的拥有，毕竟负税能力仅仅是一种经济能力，本身并不内含合法性。当然，根据负税能力仅仅是经济能力中减去用于保障基本生活的那部分经济能力余下的部分，为保障基本生活的需要，对非经营性房地产，首套且人均面积一定标准以内的住房不征房地产税。此外，对于农村房屋和居住用出租房，可以考虑减税优惠待遇。其次，关于税基，考虑到负税能力体现为市场中具有潜在的可交换性、可以用货币计算的经济因素，为更好地贯彻量能课税原则，需要改变目前以房产原值（加租金收入）或土地面积为税基的做法，规定以每年特定时点（比如意大利每年1月1日）的市场评估价值为税基。这是因为现有房产税计税依据，不管是房产原值还是房屋租金收入（当租期比较长时），都无法反映房产的"时间价值"。[3]再次，关于税率，房地产税作为直接税，可以考虑采用累进税率，但级次不宜过多，3级或4级即可，这样豪宅将承担更高的税负。同时，

---

〔1〕　参见《民法典》第356条和第367条的规定。

〔2〕　由于现有房产税税基为企业保有的自用房产原值总额和出租房屋的租金收入总额，其中必然包括土地使用权的一部分价值，因此，与城镇土地使用税一道，形成了重复征税。

〔3〕　参见杨小强：《保有环节房地产税改革与量能课税原则》，载《政法论丛》2015年第2期，第58页。

对不同的房地产，比如经营性房地产和非经营性房地产，适用不同的税率，前者适用更高的税率。复次，考虑到房地产税将作为地方的主体税种，在立法上只需要对不征税面积、税率等规定一个浮动区间，具体税率或不征税面积等由地方结合自身发展状况在区间内进行选择。最后，需要注意的是，在房地产税立法增加房地产保有环节的直接税税负的同时，需要降低房地产流转环节的间接税税负。例如，除了非经营者的自然人转让住房不征收增值税外，还可以参照欧盟增值税的经验，[1]对不动产交易免征增值税，以避免与不动产相关的税负过高，毕竟针对纳税人的负税能力，量能课税也不是没有上限，即课税的量不能高到产生没收的效果或妨碍正常交易（经济）的存续和发展。再如，通过修改相关税收立法，降低契税、印花税、城市建设维护税等税负。

（三）遗产税的开征

尽管我国至今尚未开征遗产税，但是关于开征遗产税的提议从新中国成立之初就已经出现。当然，从不同角度审视，开征遗产税存在诸多利弊，是否开征取决于在特定时期下对利与弊的权衡。而遗产税开征的主要功能在于缩小社会贫富差距和避免财富代际延续，为此，随着我国贫富差距的不断扩大、社会对分配正义和公平课税的要求不断提高，考虑到需要通过提高直接税比重以优化税制结构，在未来税制改革下，当社会财富积累充足时，亦可以在时机成熟时推出遗产税立法，这无疑也与量能课税原则相符合。

关于遗产税的征收模式，目前世界上主要分为两类：一类是总遗产税模式；另一类是分遗产税模式。比较这两类遗产税征收模式，事实上，在属性上可以分别归类为对被继承人遗产征收的财产税和对继承人继承财产征收的所得税。虽然从征收便利来看，前者要优于后者，但后者在与其他税种协调和贯彻量能课税原则方面优于前者。首先，考虑到作为征税客体的遗产包括各类财产，总遗产税模式将突破财产税仅对不动产等特定财产征收的特点。分遗产税模式将继承人继承的遗产视为其获得的所得，而所得形式多样，包括货币或非货币性资产，覆盖作为征税客体的遗产。此外，继承人通过继承获得所得与通过赠与获得所得在性质上是一致的，而赠与所得，全部纳入企业所得税的征收范围，其中企业赠与的部分或赠与不动产，也纳入我国个人

---

〔1〕 参见翁武耀：《欧盟增值税：追求更简化更稳健更高效》，载《中国税务报》2011年4月20日。

所得税的征收范围。因此，分遗产税模式与个人所得税在征税上是一致的，我国民众也就更容易接受这类遗产税的开征。其次，在分遗产税模式下，由于征税是针对不同的继承人，考虑不同的继承人的不同情况分别课征，无疑能更好地贯彻量能课税原则所要求的个体化征税或差别征税。值得注意的是，目前采用分遗产税模式的国家以更注重量能课税原则的大陆法系国家居多。[1]

基于上述，我国未来开征遗产税宜采用分遗产税模式，在设计时需要注意以下几个问题：首先，既然在属性上属于所得税，那么就应当确保作为征税客体的遗产是一种净所得。对此，需要先从总遗产中扣除与被继承人相关的一些费用，比如其生前债务、医疗费用以及生后的葬礼费。在继承人取得各自遗产后，还需要根据他们对所继承的财产（生产）贡献程度，通常表现为继承人与被继承人血缘关系的密切程度（血缘关系越紧密，对遗产取得有更大的合理预期，视为贡献程度更大），做进一步的费用扣除。为了课征简便，这种费用扣除就表现为起征点的规定，以意大利遗产税为例，对于配偶和直系亲属，起征点为 100 万欧元，对于兄弟姐妹，起征点为 10 万欧元，对于其他亲属和继承人，没有起征点。[2]其次，基于实质差异，对于特定的遗产或继承人（或受遗赠人），给予减免税待遇。比如，对作为公债债券的遗产给予免税，对满足特定条件的企业或企业股份等继承给予免税，[3]对公共机构获得遗产给予免税，残疾人作为继承人可以额外再提高起征点（150 万欧元）等。最后，关于税率，对不同的继承人，可以按照血缘关系亲疏，适用不同的税率，例如，4%、6%、8%等。

三、间接税改革

（一）增值税改革

2011 年我国启动了营业税改增值税试点，在 2016 年全面推行了这一试

---

〔1〕　比如，传统大陆法系国家德国、法国、意大利就采用分遗产税模式。参见付伯颖编著：《外国税制教程》，北京大学出版社 2010 年版，第 314 页。

〔2〕　Cfr. Agenzia delle Entrate, *Aliquote e franchigie*, in *Agenziaentrate. gov. it*, disponibile nel seguente sito：https://www. agenziaentrate. gov. it/portale/web/guest/schede/pagamenti/imposta - di - successione/aliquote-e-franchigie.

〔3〕　比如，企业继承后继续经营一定年限以上，控股地位股份的继承。显然，在这样的情形下，免税可以保证企业经营的持续性，避免因经济活跃性降低而影响经济发展。

点，营业税不再征收。不过，从经济的角度，增值税是一种仅对私人消费课税的间接税，我国现有增值税制度并没有很好地反映或承认这点，也就是说，不仅私人消费者在承担增值税税负，作为纳税人的厂家、商家等经营者也在承担增值税税负。虽然，从法律的角度，增值税是对销售的课税，经营者也承担税负，实践中税负并不能完全转嫁给消费者，但是应尽可能去实现仅对私人消费课税这一理想目标。为此，我国增值税立法可以参照欧盟《2006年增值税指令》的规定，[1]确立增值税是一种对区别于生产性消费的私人消费征收的税。因为，根据量能课税原则，消费也体现负税能力，尽管是间接体现，增值税作为典型的间接税，与直接税一样，增值税也能担负起收入再分配的功能，尽管较弱。如果经营者承担税负，就需要通过负税能力概念的客观化来解释量能课税原则在增值税中的适用，即课征于经营者通过利用相关公共服务在市场中实施活动或在经济上获得收益的可能性（也可能亏损）之上，但这将导致客观化征税，与个体化征税不符，而增值税作为主要税种，显然需尽可能避免其征税的客观化。毕竟，对于增值税而言，相比于销售（从事经营活动）体现负税能力，消费更容易被接受是一项负税能力体现的因素。与此相关，经营者承担税负也与增值税中性原则相违背。[2]为此，总体上，根据量能课税原则，增值税需要作减税的改革，这也符合前文税制结构改革的需要。

首先，基于消费体现负税能力，为落实对私人消费课税的间接税属性并贯彻中性原则，未来的增值税立法无疑应当以避免或尽可能减少经营者在从事经济活动中承担增值税税负。为此，需要在以下几个方面进行修改或完善：

---

〔1〕 See the art. 1 (2) of EU Directive 2006/112/EC. 关于本书提到的欧盟《2006年增值税指令》，法源出处都为"EU Directive 2006/112/EC"，下文不再赘述。

〔2〕 根据中性原则，不管产品在生产分配链中经历几个环节，对（最终）价格相同的该产品征收相同的增值税税负，因为增值税在正常情况下避免了由将产品置于生产或分配链中的厂商承担税负，其主要目的是确保增值税课于消费并不在前一个环节形成会转移至该消费的待遇差异。增值税中性的这一内容又被称为内部中性。Cfr. Franco Gallo, *Profili di una teoria dell' imposta sul valore aggiunto*, Roma. 1974, p. 32. 此外，增值税中性的其他类型还包括：法律中性，指相同的人需要同等对待，不同的人需要不同的对待；竞争中性，指增值税总是基于支付的价格的一定比例而征收，因此不同的货物或服务提供承担一个同一比例的税负，反过来导致不同的消费替代或生产替代的中性；外部中性，指在出口到其他成员国的货物和在当地销售的货物之间的税负要保持中性。See Oskar Henkow, *Financial Activities in European VAT: a Theoretical and Legal Research of the European VAT System and Preferred Treatment of Financial Activities*, Alphen aan den Rijn: Kluwer law international, 2008, p. 59.

（1）为减少扭曲，目前增值税 13%、9%、6% 三档税率还可以减并为两档税率，即标准税率和低税率，同时不以销售货物和销售服务本身作为大类来区分税率。（2）对基本生活需要消费，比如水、食品、公共交通、医药产品等消费，在理论上，根据量能课税原则，其中最低生活保障消费部分不应当承担增值税税负。不过，购买水、食品也不一定是为最低生活保障，统一对基本生活消费适用低税率是可行的，并降低低税率的水平。此外，考虑到免税不利于宽税基、公平税赋并限制纳税人的抵扣权，严格限制免税业务的适用，将免税局限于体现公共利益且具有宪法性基础的活动（比如教育、文化活动），减少免税的适用范围，同时，尽可能在最终消费环节免税，不在生产、流通环节免税则最为妥当。否则，因为不得抵扣的增值税会转嫁到价格中，最终消费者可能会承担更重的税负。2024 年《增值税法》第 24 条对之前的免税项目作了一定的删减，[1]保留的免税项目较好地体现了上述要求，尤其是大多数免税项目是通常用于最终消费的服务。（3）从保护纳税人抵扣权的角度完善增值税抵扣机制。对此，详见本书第八章。

其次，基于销售（从事经营活动）体现负税能力，销售方作为纳税人原则上应当局限于经营者。据此，在法律上，增值税应税行为的构成要件需要限缩，除了纳税人是经营者以外，还包括界定应税交易的客体，核心是应当限于那些能构成商品的货物、不动产和无形资产，即具有市场流通性。[2]这是因为销售不构成商品的财产，无法形成经营活动。

（二）消费税改革

由于增值税立法要求对所有商品和服务适用单一的比例税率，而这将造成消费课税的税负随着税负承担者收入的增加而相对减少（即税负占收入的比重），形成所谓的消费课税累退性，与量能课税所要求的累进性相左，因此不利于对收入进行有效的再分配。为此，在对基本生活消费适用低税率的同时，还需要对不必要的高档消费课以额外的税负，而这正是消费税所要承担的主要功能。

为此，消费税改革首先需要完成征收范围的调整，也就是说将目前尚未

---

〔1〕　例如，避孕药品和用具。

〔2〕　参见翁武耀：《论增值税非应税交易的界定、体系化分类与立法完善》，载《江西社会科学》2024 年第 3 期，第 117 页。

纳入征收范围的高档消费品或奢侈消费品纳入征收范围，同时将已经成为生活必需品或大众消费品的现有应税消费品排除出征收范围。关于前者，比如私人飞机、高档皮具、高档家具、高档时尚产品等，尤其是考虑到"营改增"有效解决了服务行业重复征税问题，使得将娱乐消费、高档桑拿、洗浴服务、高档餐饮服务、高档休闲度假服务等服务行业纳入消费税征收范围成为可能。关于后者，比如小汽车和化妆品，需要将大部分这类商品排除在征收范围之外，只保留其中的高档汽车和高档化妆品。这里需要注意的是，小汽车消费以及附带的亦成为大众消费品的成品油消费会对环境造成污染，同时也消耗着不可再生资源，消费税也为此承担了一部分环保和促进资源节约、集约使用的功能。因此，在将小汽车排除在消费税征收范围之外以后，消费税的这部分功能可以分别拆分给环保税和资源税，比如对汽车排放废气征环保税、提高原油销售资源税。相应地，如同煤炭，将来甚至可以考虑将成品油排除在消费税征收范围之外。其次，关于计税依据，为更好反映市场价值进行量能课税，对目前适用从量定额征税的成品油、啤酒、黄酒等引入从价征税的方式，对成品油，亦可与资源税建立价格联动机制。再次，关于税率，在保持差别税率的同时，对部分应税品的税率进行调整，提高高档消费品的税率至30%—50%，比如高尔夫球、高档手表和游艇，目前这三类应税品税率都低于化妆品（30%），而对已经作为大众或基本消费品的应税产品，比如成品油，由于环保和减少能耗而征收的，考虑到将来纳入环保税或提高相关资源税，保持现有税率水平或调低，以保护基本消费的需求，同时也避免间接税税负的提高。最后，基于消费体现负税能力，消费税由普通消费者承担，以对收入进行再分配，为了更好地发挥消费税这一主要功能，同时增加普通消费者对消费税转嫁到自身并承受的税负感，需要改变目前消费税以生产或进口环节为主要征收环节，而向批发或零售环节作为主要征收环节转变。

（三）资源税改革

开征资源税主要有两个方面的功能，一方面是对资源开采企业因储量、品位、开采成本等客观条件的差异而获得的级差收入进行调节，另一方面是保护国家不可再生、可耗竭资源、促进资源的节约、集约利用。为更好地发挥资源税这两项主要功能，根据量能课税原则，资源税改革需要在诸多方面完善现有资源税制度。事实上，2019年颁布的《资源税法》对税率已经作了到位的改革，即从从量定额计征为主向从价定率计征为主的转变。这是因为从量征收无法及时反映资源在市场中的交换价值，与资源价格的变动相脱离，不符合量能课税原则，资源税无法有效调节级差收入。同时，从量计征更不与企业盈利与否相关，涉嫌客观化征税过度的问题，也会变相鼓励资源的低效开采而造成资源浪费。不过，未来资源税还需要在以下几个方面进行进一步改革。

首先，需要理清税费关系。由于资源属于国家所有，企业因开采国有资源而受益，国家基于受益标准而获得强制性收入，应当属于收费的属性，我国目前向开采企业也征收着诸多费用，比如矿区使用费、探矿权使用费、采矿权使用费等。为此，资源税本不应当承担向开采企业收取因其受益而缴纳的地租的功能，为避免重复征收，资源税税额中应当排除上述费用。不过，考虑到受益标准亦可以统一于量能课税原则之中，即开采企业因开采资源而受益亦体现为其作为纳税人负税能力的增加，基于负税能力的客观化，资源税也可以承担起上述收取地租的功能。我国目前资源税事实上包括或部分包括这部分税额，因此，资源税改革需要取消或降低诸多基于受益而收取的费用，而企业承担的费用减少，也为资源税改革涉及税负增加的内容提供空间。其次，根据量能课税原则横向公平的要求，同时为配合消费税改革，需要扩展资源税的征收范围。尽管目前资源税已经覆盖原油、煤炭、天然气等非金属矿原矿、金属矿原矿、盐和部分水气矿产，但征收范围依然狭窄。其中，伴随先行的水资源费改税试点，水气矿产是在 2019 年《资源税法》颁布后纳入的。不过，林场、草场等同样属于可耗竭、需要节约、集约利用的自然资源尚未纳入资源税税目中。再次，资源税作为间接税，不宜采用累进税率，但为有效调节级差收入，对同一税目按照不同地区、品种等因素，适用不同的比例税率。同时，结合消费税改革，可以适当提高税率水平，以提高资源在进入市场后的使用成本，对最终消费发挥一定的调节作用。[1]最后，需要明确的是，由于资源税的开征，自然资源得到了节约、集约利用，同时因资源消耗减少，特别是伴随着的废气、废物和废水排放的减少，环境也得到了一定程度的保护。不过，考虑到专门承担环保功能的环保税已经开征，不应当过于强调资源税的环保功能，以防止不必要的税负增加或重复征税。

---

〔1〕　参见计金标：《略论我国资源税的定位及其在税制改革中的地位》，载《税务研究》2007 年第 11 期，第 39 页。

（四）环保税改革

这里所说的环保税，又称环境税，特指专门针对污染、破坏环境的行为课征的新税种，比如法国开征的一般污染行为税、航空噪声污染税，荷兰开征的水污染税，瑞典开征的硫税、垃圾税，丹麦开征的购物袋税、氮税、农药税等。[1]而亦承担部分环保职能的消费税和资源税以及其他现有税种与这里所说的环保税一同构成了广义上的环保税。[2]面对我国日益恶化的环境，根据2016年颁布的《环境保护税法》，环保税已经从2018年起开征，排污费也已经取消。事实上，从历史来看，为解决污染外部性问题，根据污染者负担原则，国家首先是通过收费的方式使污染者承担监控污染行为和治理的成本，随后，征税再逐步替代收费方式，成为各国环境保护的主要手段。与收费相比，征税在统一性、确定性、规范性等方面体现明显的优势，更为重要的是，费改税也使得征收基础可以从收益标准向量能课税转变。从量能课税的角度来理解环保税的话，[3]无疑国家在征收数额上可以不再受成本补偿的限制、实施区别对待并考量公民基本生活保障问题等。不过，未来环保税还需要在以下几个方面进一步改革。

首先，关于纳税人，根据污染者负担原则，环保税纳税人应为包括所有实施污染、破坏环境行为的主体。因此，不应当将个人排除在外，如果当消费税改革减少一部分环保职能的话，那么对一般小汽车不应再征收额外的消费税。将个人也纳入到环保税的纳税人范围，也符合量能课税原则，毕竟从污染行为来看，企业和个人处于相同的情形。目前《环境保护税法》第2条规定的纳税人为企业事业单位和其他生产经营者，在环保税开征初期，纳税人主要先限定于"污染大头"的企业是合理的，未来伴随征收范围的扩围，纳税人再逐步扩围。不过，对于特定的主体可以给予免税待遇，比如污染物减排达标的企业或能源密集型企业（针对排放特定污染物），体现环保税鼓励企业减排的调节作用或扶持特定经济产业的目的。

---

〔1〕 参见黄玉林等：《OECD国家环境税改革比较分析》，载《税务研究》2014年第10期，第85~86页。

〔2〕 关于其他承担部分环保功能的现有税种，比如增值税，我国对废旧物资回收经营单位销售其收购的废旧物资免征增值税，再比如企业所得税，我国对企业利用废水、废气、废渣等废弃物为主要原料进行生产的，可在5年内减征或者免征所得税。

〔3〕 根据客观化的负税能力，污染者因污染行为（相关经济活动）的实施间接体现负税能力，或因实施污染行为而受益，而受益亦可理解为负税能力的增加。

其次，关于征收范围，也需要采取分步实施方案，目前《环境保护税法》按照原来排污费的征收范围进行征收，然后再明确将大气污染物、水污染物、固体废物和噪声以外的污染物纳入征收范围，比如光化学污染物等。同时，逐步将排放污染物以外的行为纳入环保税的征收范围，比如二氧化碳排放，开征所谓的碳税，[1]以作为我国履行碳减排承诺的一个重要举措。[2]此外，将来可以考虑将消费或利用一次性筷子、电池、涂料、煤炭等产品纳入环保税的征收范围，同时取消消费税、资源税相关税目，使环保税法成为规范广义的环保税的法律。

最后，关于税率，以纳税人负税能力作为考量依据，并维持在污染治理成本以上，因此，总体上可以在现有税率水平的基础上适当提高。同时，针对不同的污染物和不同的排污主体，实施差别税率，污染物排放严重的，适用高税率，对超标排放企业适用高税率，对涉及基本民生公用事业的企业适用低税率等。对此，目前《环境保护税法》规定的税目税额表已经有所体现，未来还可以进一步完善。此外，不同地区根据经济发展水平、环境质量再对税率进行微调。

四、税收征管改革

前文所述税制改革的有效实现离不开有效税收征管的保障，尤其是其中个人所得税、房地产税等直接税改革，都对税务机关征管能力和力度提出了更高的要求。因此，税收征管的改革无疑也是未来税制改革的重要内容。那么，在这样的背景下，税收征管的改革应当基于什么样的基本目标？这同样可以从量能课税原则中寻求答案和理论基础。简而言之，税收征管改革需要以维护负税能力自有性、真实性和现实性三项特征为基本目标。为此，税收征管改革需要从以下两个方面展开。

（一）基于税收利益维护

首先，完善纳税人识别号制度和建立第三方涉税信息提供制度。为实现对税源的有效控管，需要将纳税人识别号制度覆盖所有纳税人，包括非从事

---

〔1〕　关于碳税开征，参见陈诗一：《边际减排成本与中国环境税改革》，载《中国社会科学》2011 年第 3 期，第 85~100 页。

〔2〕　参见张晓翀：《发改委：坚定不移履行碳达峰碳中和承诺，坚持自主行动》，载 https://www.bjnews.com.cn/detail/1703728556169256.html，最后访问日期：2024 年 11 月 13 日。

生产经营活动的自然人。通过识别号，税务机关能将纳税人收入、财产等所有涉税事项归集在一起，并对纳税人不同时间、地点、不同税种的涉税记录对比分析，以实现与第三方机构间的信息传递与共享。为此，正在修订的《税收征收管理法》还需要规定纳税人在开立账户、签订合同协议、缴纳社会保险、不动产登记时需要注明纳税人识别号，不按规定使用纳税人识别号则不能享受政府福利以及相关税收优惠等，以推广识别号的使用。此外，纳税人识别号制度的完善也有助于第三方涉税信息提供制度的建立。在该制度下，包括所得支付单位、金融机构、数字平台等第三方机构都将有义务提供给税务机关其掌握的纳税人涉税信息。其中，涉税信息包括交易主体信息、经营或交易信息、金融机构账户信息、雇员以及薪金信息等。可以肯定，不管是纳税人识别号，还是第三方提供的纳税人涉税信息，都将确保税务机关及时、准确掌握纳税人自有、真实的负税能力。需要特别一提的是，2025年6月，国务院公布了《互联网平台企业涉税信息报送规定》。该规定要求互联网平台企业向主管税务机关报送平台内的经营者和从业人员的涉税信息，并明确涉税信息的种类和具体内容以及报送的程序和相关责任，这无疑是落实第三方涉税信息提供制度的重要一步。

其次，强化数字平台在平台经济中的征纳税义务。为有效应对平台经济的税收征管难题，同时，也为完善与新业态相适应的税收制度，确保平台经济中的纳税人根据其真实的负税能力纳税，需要强化数字平台作为第三方的征纳税义务。这是因为即便并未作为交易方参与平台内的交易，平台对交易中的资金、信息也有着很强的控制力，甚至很多数字平台能决定交易相关的基本内容。为此，一方面，《税收征收管理法》修订强化这类特定的数字平台的协助义务，包括在代扣（收）代缴、对平台内经营者税收违法的监管、对平台交易主动收集、管理与披露涉税信息等方面。当然，在这方面，《互联网平台企业涉税信息报送规定》的出台已经迈出了重要一步。另一方面，《税收征收管理法》修订还可以考虑增加平台的纳税义务，例如，未履行好协助义务，税务机关发现基础供应商在过去未申报纳税，且属于平台具有合理预期的情况下，承认连带纳税义务。此外，在增值税法中，对于平台内跨境交易中销售方难以界定的数字服务销售，可以推定平台为"以自己的名义代表实际供货商行事"的纳税人，履行交易的纳税义务。当然，允许平台对平台间接代理人的身份推定进行反证。

最后，完善反逃避税制度。通过实施逃避税行为，纳税人得以按照低于真实的负税能力纳税，同时与诚信纳税的纳税人相比，形成不公平课税，为此，《税收征收管理法》修订需要完善反逃避税的规则，主要包括：为与刑法逃税罪规定相协调，将偷税概念改为逃税，并以概括方式界定逃税概念，替代现在的列举方式；考虑到税款征收制度改革方向确定为以纳税人自行申报纳税为主，需要建立起严格的纳税评定制度，在该制度下，为确定纳税人应纳税额，税务机关将利用相关涉税信息，对纳税人自行申报的真实性、合法性和准确性进行分析、审核和评价；强化税务机关的税收检查权，尤其是，在互联网时代背景下，需要赋予税务机关到因特网域名注册机构、电子认证服务提供者进行检查的权力；[1]避税问题日益严重，而目前只有所得税法引入了一般反避税规则，因此，《税收征收管理法》修订需要引入一般反避税规则，以有效打击涉及房地产税、增值税等各类税种的避税行为。而在反避税理论方面，宜采用大陆法系国家的权利滥用禁止理论，即以权利滥用理论来界定一般反避税规则中的避税行为。[2]

（二）基于纳税人权利保护

首先，限制税务机关征税权任意性行使。为此，考虑到减免税等税收优惠措施的适用涉嫌违背量能课税原则，需要其他政策目的来正当化，除了放弃征收、少征税款，《税收征收管理法》修改还需要明确规定税务机关不得任意延迟征收税款。此外，根据负税能力现实性的特征，即不能对过去或未来的负税能力征税，《税收征收管理法》修订还需要明确规定税务机关不得溯及既往征税和提前征税（或征过头税），避免税务机关按指标或任务征税。据此，对税务机关征税权任意性行使的限制，显然不仅仅是为了维护税收法定原则，更为重要的是，还是为了维护量能课税原则。此外，作为配套制度，《税收征收管理法》修订可以规定在税务机关征管手段不断加强的前提下，在纳税人对征税决定有异议时，税务机关只能强制执行一部分税款，只有等到税务机关最终胜诉后，才能对纳税人强制执行全部税款。例如，在法院一审结束前，税务机关只能执行三分之一的税款，一审胜诉但在二审结束前，可

---

〔1〕参见施正文：《论〈税收征管法〉修订需要重点解决的立法问题》，载《税务研究》2012年第10期，第60页。

〔2〕详见翁武耀：《避税概念的法律分析》，载《中外法学》2015年第3期，第785~808页。

执行三分之二的税款，二审胜诉，才能执行全部的税款。

其次，赋予或完善纳税人相关权利，避免纳税人承担与其真实负税能力不符的税赋。为此，《税收征收管理法》修订的相关内容主要包括以下几个方面：在现有核定征税的规定下，赋予纳税人反证的权利，证明核定征税（基于假想的负税能力）超过其真实的负税能力时不适用核定征税，即限制绝对推定在征税中的适用；赋予纳税人仅支付正确税额的权利，以此确保纳税人应有的扣除权、抵扣权、退税权、抵销权等权利正确适用；贯彻量能课税的税制改革会使税制和税收规则变得更为复杂，为此需要赋予纳税人事前裁定权，这样，为认知一项税收规则（包括一般反避税规则）的正确解释并且在具体案件中的相关适用，纳税人有权在具体实施交易方案前向税务机关提出告知请求，税务机关则需要以书面形式向纳税人提供确定的适用意见。目前，仅少数地方税务局颁布了税收事前裁定政策，例如，2024 年 4 月 18 日，国家税务总局北京市税务局办公室发布《国家税务总局北京市税务局税收事先裁定工作办法（试行）》；完善纳税人对征税决定不服的救济权利，在《关税法》取消清税前置的基础上，对其他税种，以取消缴纳税款及滞纳金或者提供担保作为行政复议的前置条件，尤其是考虑到具体行政行为本身具有公定力。[1]

---

〔1〕 也就是说，在复议或诉讼时，税务机关依然可以实施税收强制执行。不过，基于当前税收利益维护，可以先行规定缴纳一半的税款及滞纳金作为前置条件，随着条件的成熟，逐步取消。

第四章

税法法典化的开启

　　从财政收入来源的角度来看，现代国家都属于税收国家。税收对于一国取得充足财政收入以提供良好公共服务至关重要，公民纳税义务也因此往往属于一国的宪法性义务，我国亦不例外。《宪法》第 56 条明确规定："中华人民共和国公民有依照法律纳税的义务。"同时我国《宪法》第 13 条、第 33 条、第 35 条、第 37 条还分别就财产权、平等权、自由权等基本权利保护进行了规定。这表明，从纳税人义务和权利平衡的角度，国家对纳税人的课税并非一项绝对的权力，国家在行使课税权时还必须保护公民依法享有的纳税人权利。

　　改革开放以来，伴随宪法的修改，我国虽然先后经历"1984 年税改""1994 年税改"和"2004 年税改"，[1]但不管是从税法制定的形式方面，还是从税法内容的实质方面，对纳税人权利的保护总体上都还存在一些不足。尽管 2004 年《宪法》修改首次规定私有财产权并予以保护以及保障基本人权，2018 年《宪法》修改规定国家倡导社会主义核心价值观，对于"2004 年税改"以及当前正在实施的税制改革及相关税收立法、税法修改及解释更多注重纳税人权利保护有着积极的推动作用，但是由于《宪法》尚未规定有关纳税人权利保护的税法基本原则，同时由于税法尚未开启法典化，依然存在与纳税人权利保护不足相关的诸多有违税收正义的问题。当前，我国已经开展新一轮税制改革，纳税人权利保护也迎来了一个重要的发展机遇，并将贯彻于新一轮的税制改革之中。这是因为税收已成为国家治理的工具，税改还需要特别满足民主政治、社会公平、环境保护等非经济工具方面的要求，而

---

　　〔1〕 参见张守文：《税制变迁与税收法治现代化》，载《中国社会科学》2015 年第 2 期，第 86 页。

这些要求无疑与纳税人权利保护有着紧密的关联。事实上，从 2016 年《环境保护税法》制定到 2024 年《关税法》《增值税法》制定，2018 年《个人所得税法》修改和房地产税改革方案以调节社会财富分配为主要导向，以及 2015 年《税收征收管理法修订草案（征求意见稿）》增加或完善纳税人税法制定（修改）参与权、事先裁定权、延期（分期）纳税权等程序性权利，反映出纳税人权利保护在税制改革中的地位越发重要。但需要指出的是，这种税收立法上的进步，源于对税收立法具有约束力的基本法律的遵循。实际上，目前我国还仅仅在《立法法》中明确税收法定原则来约束、规范税收立法、执法等涉税活动，对于促进纳税人权利保护质的进步相对不足。因此，在新时期纳税人权利保护发展迎来重要机遇和挑战的背景下，尤其是 2024 年党的二十届三中全会提出"全面落实税收法定原则"之后，有必要论证这样一项重要议题：我国是否需要和其他许多国家一样对税法实施法典化，同时，基于纳税人权利保护，我国税法法典化的路径如何选择。为此，本章将围绕我国为什么要实施税法法典化、为何以制定《纳税人权利保护法》为税法法典化的开启以及该法应当规定哪些重要内容等问题进行系统阐述。

一、税法法典化的必要性

实现纳税人权利保护质的提升，是开启税法法典化的主要原因。而税法法典化不仅体现在税收法律形式法治内容上的完善，还体现在税收法律实质法治内容上的完善。为此，税法法典化不仅旨在解决纳税人权利保护在税法形式法治上的问题，更要解决在税法实质法治上的问题。

（一）税法形式法治的问题

这里所指的税法形式法治的问题主要涉及税法制定、解释等权力的行使以及由此形成的税收法律体系和规则本身的问题，不涉及税法具体的实质内容。

1. 税法操作性不强、政府立法权过大

税收实体法目前已经有 14 个税种完成了立法，剩下的税种基本规则都是由国务院制定的行政法规，且大部分都是基于全国人大的授权。同时，这些法规"大多是抽象宽松的原则性规定，缺乏必要的定义性条款，且常常运用'有必要''有理由'等不确定的法律概念"。[1]例如，《个人所得税法》第 2

---

〔1〕 刘剑文：《落实税收法定原则的现实路径》，载《政法论坛》2015 年第 3 期，第 19 页。

条对何谓工资、薪金等所得类别、《消费税暂行条例》第 1 条和第 4 条对何谓个人和何谓销售都未作规定。为此，这些法律又授权给国务院或财税主管部门进行立法解释制定行政法规或部门规章，例如，《个人所得税法实施条例》和《增值税暂行条例实施细则》。同时，这些行政法规或部门规章甚至还规定了一些税收定性规则，如应税行为之空间要件、视同应税交易等。此外，在实施税制改革试点时，颁布的部分税收法源也没有法律或全国人大授权的基础，例如，2011 年开始的"房产税"试点和"营改增"试点，前者仅仅基于国务院的会议精神，上海市政府和重庆市政府通过发布政府规章就决定实施，[1]后者仅仅基于国务院的同意，财政部和国家税务总局通过发布通知就实施。[2]以上内容，本书第二章有详细阐述，在此不再赘述。

2. 税收立法赋予政府过大的自由裁量权

政府在课税权行使中拥有一定的自由裁量权是必要的，不过我国现有税收立法在许多方面赋予了政府过大的自由裁量权。例如，《消费税暂行条例》第 2 条将税率的调整权赋予国务院本身具有合理之处，为应对成品油价格的波动，国务院以环保为目的对成品油消费税税率进行及时调整，有助于政府实施相关的调控职能。不过，《消费税暂行条例》对于国务院调整税率的权力没有规定约束条件，诸如调整参考的客观标准、幅度或最高限值，这使得政府规则修正的自由裁量权缺乏必要限制。又如，与我国税收法律、行政法规存在大量课税不明问题相关，财政部和国家税务总局据此颁布了大量的税收规范性文件，对相关问题进行解释以具体确定纳税人的纳税义务，这使得我国财税主管部门在税法行政解释方面拥有着较大的自由裁量空间。[3]再如，我国税收法律、行政法规还赋予了基层税务机关在执法时的大量自由裁量权，[4]表现在课税权力行使方式的可选择性、行使时限的不确定性、行使标准的难认定性等方面。[5]

---

〔1〕 参见《上海市开展对部分个人住房征收房产税试点的暂行办法》（沪府发〔2011〕3 号）和《重庆市关于开展对部分个人住房征收房产税改革试点的暂行办法》（渝府令〔2011〕247 号）。

〔2〕 参见财政部、国家税务总局《关于印发〈营业税改征增值税试点方案〉的通知》（财税〔2011〕110 号）和财政部、国家税务总局《关于在全国开展交通运输业和部分现代服务业营业税改征增值税试点税收政策的通知》（财税〔2013〕37 号）。

〔3〕 参见刘剑文：《落实税收法定原则的现实路径》，载《政法论坛》2015 年第 3 期，第 19 页。

〔4〕 参见崔威：《中国税务行政诉讼实证研究》，载《清华法学》2015 年第 3 期，第 155 页。

〔5〕 参见张原：《税务机关自由裁量权不应"太自由"》，载《人民政协报》2016 年 4 月 18 日。

3. 税法碎片化和稳定性、协调性有待提升

我国没有统一的税法典，也尚未制定税收基本法（或税收通则法），欠缺对税法中的基本问题、共同问题和综合问题的体系性规定，[1]而有关具体税种的税收实体法内容散见于各税种法中，尤其是在实践中发挥主要作用、数量庞大的税收通告。在 2015 年，我国税收法律体系主要由约 30 部税收行政法规、约 50 部税收行政规章、超过 5500 部税收规范性文件所组成。[2]目前，这一总体情况并不会有所变化，税法碎片化问题较严重。以 2016 年我国全面推行"营改增"试点为例，相关的规范性文件就有近 80 份，涉及综合规定、行业规定（包括建筑业、房地产业、金融业、生活服务业等）、征收管理、纳税服务、发票管理、委托代征和其他规定。需要特别一提的是，在税法以外的法律规范税的内容的情形，尤其是修改税法中的相关内容，容易导致同位阶法源之间涉税内容的不协调，而这也加深了税法的碎片化程度。例如，2016 年制定的《慈善法》与原《企业所得税法》关于公益性捐赠支出税前扣除的不同规定。[3]再如，对同一笔交易（如服务提供），所得税法规定的所得来源地为劳务发生地，增值税法规定的交易发生地为销售方或购买方所在地，税收管辖权的规则不一致。又如，各税种法的内容重复规定，包括在增值税、消费税、土地增值税、契税、车船购置税等税种法中，都存在交易价格明显偏低、缺乏合理理由的情况下税务机关有权合理调整的规定，[4]《个人所得税法》和《企业所得税法》都规定了同样的针对不具有合理商业目的的交易安排的一般反避税规则。2024 年制定的《关税法》第 54 条也引入了这样的一般反避税规则。此外，我国经济社会发展长期处于变革之中，相应的税制改革或税法修订也在持续进行，为此，税法相关原则、制度、规则、概念一直处于不断的变化之中，可以认为我国税法体制尚未定型，税法具有高度的不稳定性。也正是在上述背景下，我国税法存在溯及既往适用的现象，例如，规范性文件的生效时间早于该文件的发布时间、将发生在规范性文件

---

〔1〕 参见施正文：《中国税法通则立法的问题与构想》，载《法律科学（西北政法大学学报）》2006 年第 5 期，第 155 页。

〔2〕 参见刘剑文：《落实税收法定原则的现实路径》，载《政法论坛》2015 年第 3 期，第 18 页。

〔3〕 即《慈善法》规定捐赠支出超过年度利润总额 12% 的部分结转以后 3 年内在计算应纳税所得额时扣除。所幸，为与《慈善法》保持一致，2017 年 2 月 24 日《企业所得税法》作出了相应修改。

〔4〕 参见熊伟：《体系化视角下税法总则的结构安排与法际协调》，载《交大法学》2023 年第 3 期，第 21 页。

生效时间之前的行为适用新规定等。[1]税法溯及既往适用进一步损害了税法的稳定性。

4. 税法规则的不清晰和不明确

我国税法规则在一些方面存在不清晰、不明确的问题，不利于纳税人完整、准确认识自身行为的纳税义务：（1）相关税收法律、行政法规的规定过于原则性，条文数量不多、篇幅过小。例如，《个人所得税法》，本书第二章已有提及。再如，虽然《税收征收管理法》规定了纳税人享有延期申报的权利，但有关延期申报的条件、时间、税务机关不予核准或答复的法律后果等均未有相应规定，[2]使得该权利缺乏可操作性。本应对《税收征收管理法》中纳税人权利进行更为详尽化规定的《税收征收管理法实施细则》对此几乎未作任何规定。[3]（2）在税法内部结构上，条文数量少的税法，例如《个人所得税法》及其实施条例、《消费税暂行条例》及其实施细则，没有章、节的划分。而对于条文数量较多的税法，例如《企业所得税法》及其实施条例和《税收征收管理法》，虽然有章、节的划分，章、节有标题指出本章或本节的规范对象，但与条文数量少的税法一样，条文都没有标题以指出规范对象。（3）在使用参见其他税收条款的立法技术时，通常仅仅指出该条款的一些识别要点（所在税法的名称、编号等），而未引述该条款文本内容。例如国家税务总局《网络发票管理办法》（已失效）第14条规定："开具发票的单位和个人违反本办法规定的，按照《中华人民共和国发票管理办法》有关规定处理。"

5. 拟制性规范大量使用

我国在税法解释上价值取向偏向国库主义，以下以拟制性规范为例予以说明。拟制是指法律规定将不同的两项行为等同处理，产生同样的法律效果。例如，《企业所得税法实施条例》第25条将货物、财产、劳务用于捐赠、偿债、赞助、集资、广告、样品、职工福利或者利润分配等用途的视同销售行为。再如，《增值税法》第5条将自产或者委托加工的货物用于集体福利或者个人消费、无偿转让商品视同应税交易。事实上，拟制性规范在我国税法解

---

〔1〕　参见翟继光：《论税法中的溯及既往原则》，载《税务研究》2010年第2期，第69页。

〔2〕　参见刘蓉、杜剑：《纳税人权利保护与我国税收司法改革》，载《税务研究》2007年第1期，第53页。

〔3〕　参见许多奇：《落实税收法定原则的有效路径——建立我国纳税人权利保护官制度》，载《法学论坛》2014年第4期，第59页。

释中被大量使用，不仅在实体法中，也在程序法中，同时，不仅存在于立法解释中，也存在于行政解释中。虽然拟制性规范可以扩大纳税人、税基等课税要件的范围、填补税法漏洞以及便利税收征管，进而提高税收收入，但是大量使用拟制性规范并不利于纳税人的权利保护。[1]因为拟制性规范涉及应税行为的基本内容，按照税收法定原则的要求，应当在税收法律中进行规定，而不应由政府及其征税部门"任意"来规定。此外，事实上，拟制性规范绝对地将不同的两项行为等同处理，在可能确保量能课税（私法上不同的行为可能体现相同的负税能力）的同时，也可能背离实质公平，因为其不允许纳税人就特殊情况提出反证以推翻拟制性规范的适用。这也反映了我国税法在实质公平方面也存在诸多问题，对此，下文也将具体阐述。

6. 小结

以上五个方面存在的问题，对于纳税人权利保护是不利的。前面两个方面以及第五个方面主要反映了政府在税法规则制定和解释方面权力过大，损害了课税民主性。余下两个方面则主要反映了税法体系、规则本身存在的问题，而这导致纳税人在寻求、认识可适用性的税法规则方面的困难。为此，问题又进一步体现为纳税人法律确定性利益的损害，即作为税法应用的相对人，纳税人对自身事实或行为的税收法律后果很难准确预见，或者说，纳税人对自身权利是否应当得到享有很难预见。[2]而法律确定性是法治的一项基本要求，在一定程度上必然存在于税收法定原则应用下所塑造的税收体制中。[3]当然，下文将论述的两大方面问题一定程度上也体现出对法律确定性利益的损害，只是这里更为集中罢了。

（二）税法实质法治的问题

除了在税法形式法治方面，我国在税法实质法治方面也存在一些问题，而相关问题在很大程度上又源于上述税法形式法治的问题。

1. 税制结构以间接税为主体税种

根据现有税收实体法，我国目前税制结构以增值税等间接税为主，同时，

---

[1] 参见叶金育：《回归法律之治：税法拟制性规范研究》，载《法商研究》2016年第1期，第21页。

[2] 在这方面，意大利学者有着专门论证。Cfr. Gianmarco Gometz, *La certezza giuridica come prevedibilità*, Giappichelli, 2005.

[3] Cfr. Vacca Ivan, *Abuso del diritto ed elusione fiscale*, in *Rivista di diritto tributario*, 2008 fasc. 12, pt. 1, p. 1071.

我国尚未对个人住房开征房产税，也没有开征遗产税。正如本书第三章已经阐释的，这样的税制结构，虽然在保障税收收入方面体现出明显的优势，但在量能课税、公平税制方面却还存在一些需要改进的地方。这是因为直接税以所得、财产等直接体现负税能力的因素为征税客体，直接税能更好地体现征税的个体化，同时也适合采取累进征税，可以更有效地调节贫富差距。而间接税更容易导致征税的客观化，忽略纳税人的不同情形，同时也不适合采取累进征税，无法对贫富差距进行有效调节。

2. 税收实体法对纳税人权利规范的不足

以下以增值税和个人所得税为例，说明我国税收实体法对纳税人权利规范存在的不足：（1）从经济上，增值税是由最终消费者承担，但在现行增值税法下，作为纳税人的经营者也在承担增值税税负且税负偏重，而这与纳税人抵扣权立法不完善有着紧密关联，本书第八章也将详细阐释。首先，我国增值税法尚未引入"抵扣权"的概念，未从权利的角度对增值税的抵扣制度进行明确规范。[1]其次，未对抵扣权何时产生进行规定，[2]也未明确规定抵扣权实施应具有立即性、完整性和全面性的特征。[3]最后，未赋予纳税人善意取得虚开发票下的抵扣权，同时就剩余可抵扣进项税，未赋予纳税人退税权，并未以法律特别规定的方式赋予纳税人选择与其他特定税收债务抵销的权利。[4]（2）个人所得税在再分配功能方面存在多方面的不足，本书第三章已有论述，同时第十章还将进一步阐释。首先，尚有不少所得依然适用分类所得税制，这虽然有助于提高征税效率，但无法确保按照纳税人的真实负税能力进行征税。其次，在生计费用扣除上个体化征税还有待进一步加强，这也体现为纳税人扣除权的不完善。再次，税率还有待完善，大部分积极所得都适用累进税率，而利息、股息、租赁所得等消极所得适用比例税率，税负

---

〔1〕　参见翁武耀：《论增值税抵扣权的产生》，载《税务研究》2014年第12期，第54页。

〔2〕　按照欧盟增值税法的规定，抵扣权应当在可以抵扣的增值税缴纳义务产生的时刻产生。See Article 167 of EU 2006 VAT Directive.

〔3〕　立即性指纳税人无需等到购买的货物或服务被实际使用的时候才行使抵扣权；完整性指：可抵扣的税款应当是在购买货物或服务时所承担的所有的税款；全面性指抵扣权的行使应面向纳税人开展的所有活动或与之相关联，并不是仅仅针对某项（特定）直接的交易。参见翁武耀：《论增值税抵扣权的范围》，载《北京工商大学学报（社会科学版）》2015年第3期，第59~60页。

〔4〕　参见翁武耀：《论增值税抵扣权的行使——基于中欧增值税法的比较研究》，载《国际商务（对外经济贸易大学学报）》2015年第5期，第114页。

通常情况下低于积极所得。[1]最后，高收入者取得的消极所得逃避税问题较为严重。

3. 税收征收管理法中的纳税人权利立法不完善

《税收征收管理法》对纳税人权利保护的规定还存在诸多不完善的方面：（1）尚未规定的权利，例如公平对待权，公平对待权要求税务机关对所有纳税人一视同仁，在课税时依据法律仅根据纳税人的负税能力进行相同或不同的对待。再如事前裁定权，根据该权利，纳税人为了获知一项税收规则的正确解释并且在具体案件中的相关适用可以向税务机关提出请求给予相关意见，纳税人得以事前知晓税务机关的判断以及避免事后的一些不利结果。[2]（2）需要修订的权利，例如申请减免税的权利，事实上合法节税效果不仅可以通过享受税收优惠而取得，还可以通过利用税制或税收规则差异等方式来取得，因此需要修订为合法节税权。[3]这与我国当前片面强调反避税而忽视对反避税权力的限制有关，事实上反避税权力不受有效制约，纳税人法律确定性、经营自由等利益亦将受到损害。再如司法救济权，目前《税收征收管理法》规定了清税前置，不利于纳税人司法救济权的实现。（3）有必要提及《税收征收管理法》第35条及《税收征收管理法实施细则》第47条规定的推定课税规则，即有关纳税人在未设置账簿等情形下的税务机关核定应纳税额的权力。在核实课征难以实行的情况下，推定课税无疑可以提高征收效率，防范税收流失，但是由于现行规定过于简单、适用条件也不合理并且缺乏正当程序制约，[4]税务机关自由裁量权过大，容易滥用推定课税权，从而对纳税人的生产经营造成不稳定性，更对公平课税造成损害。[5]

4. 主要建立在管理理念基础上的征纳关系

税务机关与纳税人形成的征纳关系在理念上需要经过从税务机关管理向服务的转变。在管理理念下，征税关系表现为管理与被管理以及纳税人对税务机关服从的关系。在这一关系中，税务机关处于主导地位，课税实现主要通过税务机关的行政命令和处分，纳税人只是被动地予以服从。显然，在这

---

[1] 参见施正文：《分配正义与个人所得税法改革》，载《中国法学》2011年第5期，第33页。

[2] 参见翁武耀：《欧盟增值税反避税法律问题研究》，中国政法大学出版社2015年版，第235页。

[3] 参见翁武耀：《避税概念的法律分析》，载《中外法学》2015年第3期，第804页。

[4] 参见刘继虎：《论推定课税的法律规制》，载《中国法学》2008年第1期，第54~57页。

[5] 参见王惠：《推定课税权制度探讨》，载《法学家》2004年第3期，第118页。

样的征纳关系中，税务机关和纳税人的地位并不平等，税务机关通常追求课税的更大权力，而处于弱势地位的纳税人对税法的遵从则主要依赖税务机关的执法强度和处罚的严厉性。[1]在服务理念下，征税关系表现为服务与被服务以及纳税人与税务机关协作的关系。在这一关系中，纳税人与税务机关不存在谁主导的问题，课税实现主要通过双方的协作，税务机关除发布行政命令和处分外，更需要提供纳税服务。显然，在这样的征纳关系中，纳税人与税务机关地位平等，纳税人权利得到充分保障，这也使得纳税人对税法的遵从主要源自纳税人与税务机关间的相互信赖和协作以及纳税人作为税收治理共同体主体地位的认同。

我国目前税收征纳关系在一些方面还体现出较大的管理理念，与我国当前经济、社会发展的需要不相符合。不能否定，服务理念已经在大幅度融入征纳关系之中，例如，许多地方制定的税费保障办法，都将加强服务作为税收保障的手段，浙江省甚至将"服务"作为办法的名称内容，并放在"征管"前面。[2]当然，体现管理理念的方面还包括：（1）规范税收征纳关系的《税收征收管理法》在1992年制定时，以"管理"来命名该法，之后经过1995年修正和2001年修订，该法名称保持不变。即使在目前的《税收征收管理法》修订中，2015年国务院法制办公布的《税收征收管理法修订草案（征求意见稿）》，依然未对法律名称进行修改。从《税收征收管理法》的名称就可以发现我国在征纳关系中的管理理念，考虑到这是一部人大制定的法律，使得管理理念更是有了法律依据。[3]（2）管理理念更体现在税法赋予政府及其征税部门更大的课税权以及纳税人相关权利的不足中。对此，前文已有阐述，这里不再赘述，但关于后者，需要补充的是，由于管理理念，现有《税收征收管理法》对纳税人有些权利未作规定。例如，诚实推定权的缺失，该权利推定纳税人在实施税务活动时是诚实的，征税机关在没有调查、掌握充足证据的情况下不能质疑纳税人的纳税情况是否合法并进而采取相应行为。[4]而在管

---

〔1〕　参见刘剑文：《税收征管制度的一般经验与中国问题——兼论〈税收征收管理法〉的修改》，载《行政法学研究》2014年第1期，第32页。

〔2〕　参见2023年《浙江省税费服务和征管保障办法》（浙江省人民政府令第392号）。

〔3〕　事实上，我国《税收征收管理法》名称可以参考法国《税收程序法》、日本《国税征收法》等进行修改，去掉"管理"两字。

〔4〕　参见刘剑文：《〈税收征收管理法〉修改的几个基本问题——以纳税人权利保护为中心》，载《法学》2015年第6期，第9页。

理理念下，纳税人被假定是"性本恶"的。在这样一种理念和诚实推定权缺失下，不利于纳税人善意以及信赖利益的保护。又如，修正申报权的缺失，该权利允许纳税人在申报期以后还可以对自己申报的错误内容进行修正。该权利正是基于纳税人诚实纳税、申报的推定，并旨在保护税务机关对纳税人申报的信赖。再如，税务争议和解、调解制度在《税收征收管理法》中未明确规定，而和解和调解制度强调纳税人和税务机关地位平等，强调兼顾双方的各自利益以达成折中结果。（3）管理理念还体现在税务机关征税的实践中，主要还是体现为部分地区税务机关对部分税收严格依法征税的不足。事实上，税务机关的征税行为体现了其在课税过程中的决定性地位。[1]

5. 税制复杂化与纳税人协力义务、负担加重

考虑到新一轮税制改革的内容，我国纳税人权利保护除面临上述三大方面的问题，自然人纳税人权利保护还将面临一系列新的挑战，这也使得我国纳税人权利保护所面临的问题将更为严峻。相关的挑战可以分为以下两个方面：（1）税制将变得更为复杂。以个人所得税改革为例，我国个人所得税改革将以综合与分类相结合的所得税制为方向，并将废除费用"一刀切"扣除而实行差别扣除，辅之以家庭申报和年申报制度。与现有分类所得税制相比，上述改革内容将使个人所得税制变得更为复杂，增加纳税人的遵从成本。这主要体现在纳税人需要完整、准确掌握更多不同且更为复杂的技术性税收规则，尤其在费用扣除方面。而差别化费用扣除按照"谁主张、谁举证"的原则，纳税人需要保存并向税务机关提交抚养、赡养、房贷利息等扣除的证据。[2]（2）纳税人协力义务和负担将加重。与个人所得税改革和房地产税立法相对应，根据《税收征收管理法修订草案（征求意见稿）》，当前《税收征收管理法》修订的一大内容便是加强税务机关的征管能力。为此，自然人纳税人的协力义务将变得越发繁重，例如，纳税人自行申报制度的基础性地位将被明确，纳税人依法自行计算确定自己的纳税义务和自行申报，并对其纳税申报的真实性和合法性承担责任。同时，纳税人识别号制度、税务检查、税收保全和强制执行措施也将覆盖自然人。而为完善涉税信息情报制度，包括纳

---

〔1〕 崔威：《中国税务行政诉讼实证研究》，载《清华法学》2015年第3期，第155页。

〔2〕 参见个人所得税改革方案及征管条件研究课题组：《个人所得税改革方案及征管条件研究》，载《税务研究》2017年第2期，第44页。

税主体与非纳税主体在内的广泛主体将承担作为第三方向税务机关提交有关纳税人涉税信息的义务。[1] 此外，在大数据时代下，尤其是为实现以数治税，目前许多税收实体法都规定了涉税信息的共享制度。这样，纳税人个人信息和隐私权保护也将面临严峻挑战。

6. 小结

以上五个方面税法实质内容上的问题，反映了我国在税法制定中对国库主义的强调以及偏重效率价值，而这不利于纳税人权利的保护。首先，总体而言，税法体制没有很好地体现公平价值，税法重要的财富再分配功能无法完全实现，同时纳税人享受公平课税的基本权利也无法完全被保障，导致税负分摊不公。其次，纳税人在税收实体法和程序法中的具体权利存在的诸多不完善与课税公平性的不足紧密相关，加上税务机关在征纳关系上更多受管理理念影响以及纳税人协力义务的增加，这也使得纳税人在面对税务机关课税权力时处于相对弱势的地位。

二、税法法典化的路径选择

（一）税法法典化需要完成的首要任务

为论证如何开启税法法典化，尤其是为何需要先行以及如何制定纳税人权利保护的专门立法，有必要先阐明造成我国纳税人权利保护现有问题的主要原因。而解决与这些原因相关的问题便成为税法法典化需要完成的首要任务。需要进一步阐释的是，尽管我国《宪法》第 5 条第 3、4 款明确规定，"一切法律、行政法规和地方性法规都不得同宪法相抵触。……一切违反宪法和法律的行为，必须予以追究"，政府及其征税部门的课税权缘何在法律制度层面缺乏有效的制约。对此，存在以下三方面的原因：①人大介入的不足。虽然根据《宪法》第 62 条和第 67 条的规定，全国人大及其常委会拥有宪法解释和实施监督的权力，同时对法律、法规等规范性文件的合宪性审查制度也已经建立。[2] ②司法介入的不足，尽管对于政府课税权的制约，司法本应

---

[1] 参见滕祥志：《论〈税收征管法〉的修改》，载《清华法学》2016 年第 3 期，第 96~97 页。
[2] 《全国人民代表大会组织法》第 39 条第 1 款规定："宪法和法律委员会承担推动宪法实施、开展宪法解释、推进合宪性审查、加强宪法监督、配合宪法宣传等工作职责。"

当发挥重要的作用。造成这一问题的原因很多，[1]例如，税务专业审判人员与机构的不足、法院对税收行政法规、规章等规范性文件司法审查的排除。关于后者，虽然根据《行政诉讼法》第53条和第64条的规定，法院可以附带审理一部分政府的规范性文件（行政法规、规章除外），但只能就合法性问题进行审查，不涉及合理性问题，且不能直接裁决废止相关的规范性文件，只能向制定机关提出处理建议。③纳税人权利保护立法本身的不完善，这也是下文将重点阐释的内容。

关于第三方面的原因，有必要先明确纳税人权利的范围。由于我国税收法律长期以来局限于在税收征管领域来理解和界定纳税人权利，纳税人权利被严重狭隘化了，[2]这就造成了我国相关纳税人权利保护立法的相对滞后。事实上，纳税人权利可以分为四类：第一位性法律权利，即由宪法、超国家法律（例如国际条约）、法律（指税收程序法以外的法律）所保护的权利；第二位性法律权利，即由税收程序法所保护的权利；第一位性行政权利，即由条例等行政规范性文件所保护的权利；第二位性行政权利，即由征税部门发布的指南等不具有法律约束力的文件所保护的权利。[3]与这四类纳税人权利范围相对应，纳税人权利保护立法也需要从这四方面进行构建和完善，不过，我国在纳税人第一位性法律权利的立法方面存在一定不足，而能有效制约税收立法、税法解释等活动的也主要是这一类立法。

1. 宪法对纳税人基本权利的原则性规定的缺乏

虽然我国宪法规定了公民平等权、财产权、生存权、自由权等基本权利，纳税人在课税的过程中亦享有，但是缺乏对纳税人课税同意权和课税公平权这两项基本权利的原则性规定。具体而言，我国《宪法》目前仅在第56条规定了涉税条款，缺乏关于税收法定原则和量能课税原则（代表税收公平原则）这两项宪法性税法基本原则的规定。宪法中未规定纳税人基本权利使得宣示性的效力减弱，这对于纳税人权利保护是不利的。事实上，纳税人权利保护

---

〔1〕 相关原因，参见崔威：《中国税务行政诉讼实证研究》，载《清华法学》2015年第3期，第135~155页。

〔2〕 参见王玮：《纳税人权利与我国税收遵从度的提升》，载《税务研究》2008年第4期，第74页。

〔3〕 See Duncan Bentley, *Taxpayers' Rights : Theory, Origin and Implementation*, Kluwer Law International, 2007, pp. 112~136.

需要建立在宪法保护的基础上，尤其表现为宪法性纳税人基本权利的确定，这构成了纳税人权利保护立法赖以发展的基石。例如，德国《宪法》第14条规定了财产权限制的法定原则，[1]而德国宪法法院依据宪法平等原则和社会国原则，在税法领域中解释出了宪法性的量能课税原则。[2]再如，意大利《宪法》第23条和第53条分别规定了税收等强制性财产给付法定原则和量能课税原则。[3]

2. 法律对宪法性税法基本原则具体化规定的不足

我国纳税人权利保护的问题在很大程度上表现为税收法定原则和税收公平原则在执行中相关具体内容的违背，这与法律对这两项原则的具体化规定不足有着紧密关联。

首先，关于税收法定原则，需要先明确一点：正如本书第二章已经阐释的，税收法律保留具有相对性，只有税收定性规则才需要在法律中规定，税收定量规则以及税收优惠规则在满足特定条件下可以在非法律的规范性文件中规定，这样政府在特定条件下（如人大授权立法下）也可以行使税收规则制定权。因此，虽然我国原《立法法》第8条规定了税收法定原则，2015年修订后进一步规定为"税种的设立、税率的确定和税收征收管理等税收基本制度"需要制定法律，但是该条在有关税收法定原则的具体化规定（涉及税收法定原则的具体应用）方面还需要修订。与第一部分我国纳税人权利保护第一大方面的问题以及将面临的挑战相对应，税收法定原则具体化规则可以简单概括如下，但不限于以下内容：①课税应当根据法律实施；②政府税收规则制定权需要受到严格限制；③税法规则应当清晰、明确和具有可获知性。

其次，关于量能课税原则，需要先明确两点：其一，基于社会连带（social solidarity）理论，在经济方面，所有人需要为国家获得必需品作出贡献，其中，很大一方面就体现在为国家的公共费用筹集资金，因此可以认为量能课税原则是公民社会连带责任在税收领域的具体化；[4]其二，在现代社会，

---

　〔1〕　See art. 14 (1) (3), sec. 1 of Basic Law for the Federal Republic of Germany 1945.

　〔2〕　Cfr. Bieter Birk, *Diritto tributario tedesco*, Traduzione a cura di Enrico De Mita, Giuffre Editore, 2006, pp. 12~13, 48~49.

　〔3〕　Cfr. art. 23 and art. 53 della Costituzione della Repubblica Italiana 1947. 关于意大利强制性财产给付法定原则和量能课税原则，详见翁武耀：《意大利税法研究》，人民出版社2024年版，第25~72页。

　〔4〕　Cfr. Luigi Ferlazzo Natoli, *Fattispecie tributaria e capacità contributiva*, Milano-Dott. A. Giuffere Editore-1979, p. 49.

为实现实质公平，体现为经济能力的负税能力构成在纳税人之间进行公平分摊税负的标准，因此可以认为量能课税原则是公平原则在税法领域的具体化。不同于税收法定原则，我国宪法中并没有规定量能课税原则，也没有在任何一部法律中规定该项原则。至于在法律中尚缺乏的量能课税原则具体化规定，与第一部分我国纳税人权利保护第二大方面的问题以及将面临的挑战相对应，可以简单概括如下，但不限于以下内容：（1）构建以直接税为主的税制结构，且税制整体符合累进标准；（2）个人和家庭最低生活保障费用不得课税；（3）原则上根据纳税人真实的负税能力课税，这有助于限制拟制性规范和推定课税的使用；（4）税收优惠在必要的范围和特定的条件下使用，不得过度；（5）引入针对所有税种的一般反避税规则，同时限制反避税权力的使用。正如本书第三章所述，我国税制改革需要贯彻量能课税原则及其相关具体要求。

3. 法律对一般法律原则在税收领域应用规定的缺乏

税法是我国法律体制的有机组成部分，法律体制中的诸多一般法律原则可以也应当应用于税法。不过，相关一般法律原则在税法中的应用在我国目前并不尽如人意，我国纳税人权利保护所面临的问题很大程度上即反映了相关一般法律原则的未遵守，而这主要源于这些一般法律原则在税收领域仅仅被作为非正式的法律渊源。那么，哪些一般法律原则应当但尚未通过法律予以明确规定？对此，包括但不限于以下这些原则：（1）法律确定性原则。我国纳税人权利保护面临的挑战反映出遵守该原则的必要性。因此，在肯定法律确定性原则需要在法律中明确规定的同时，也应该看到该原则的落实与前述税收法定原则、量能课税原则以及其他一般法律原则的落实存在紧密关联。总之，法律确定性是实证主义法律传统所创制的一项基本保护（制度），"在税收领域，在征税要求实现的每一个阶段，从纳税义务产生到完全实现，法律确定性都为纳税人保护构筑了屏障"。[1]（2）法律溯及既往禁止原则。除源于法律确定性原则外，该原则在税法领域还特别源于量能课税原则以及征税部门课税诚实信用的要求。当然，作为例外情况的税法溯及既往的情况也需要深入研究并规定。（3）诚信与信赖利益保护原则。该原则早已跳出私法、行政法的应用范围，征税部门诚信要求与纳税人信赖保护有助于税法确定性原则的落实，同时有助于促进新型征纳关系（以向纳税人服务为主旨）的构

---

〔1〕　P. Pistone, *Abuso del diritto ed elusione fiscale*, Padova, 1995. p. 276.

建以及税法从干预行政法到协同合作法的转变。[1](4) 权利滥用禁止原则。该原则源自私法，强调权利的非绝对性，权利需要在特定的范围和条件下行使。税法中的权利滥用即指纳税人以扭曲或不正常的方式行使扣除权、抵扣权等纳税人权利，从而获得一项不正当或有违税法目的的税收利益，构成所谓的避税行为。[2]为此，可以以权利滥用禁止原则构建反避税规则。(5) 比例原则。比例原则是公法上普遍适用的一项原则，税法（包括税收实体法和税收征管程序法）也应当适用，通过比例原则，尤其可以考察征税目标价值的实现不能过分损害纳税人的基本人身财产权利。[3]

（二）纳税人权利保护专门立法及其定位

基于上述，税法法典化需要完成的首要任务就是将课税的基本原则和一般原则成文法化，而这些原则总体上就是保护纳税人权利的。为此，税法法典化的开启与纳税人权利保护立法的完善是一致的，我国税法法典化的路径选择与之紧密关联。同时不可忽视的是，纳税人权利保护立法的完善亦可以推动人大、司法介入，规范政府的课税权。

1. 纳税人权利保护立法完善与专门立法

总体而言，我国纳税人权利保护立法需要从三个层面来完善，除上述已分析的在宪法层面明确规定税收法定原则和量能课税原则，在法律层面明确规定这两项宪法性税法基本原则的具体化规则和相关一般法律原则外，还包括在税种法和税收程序法中引入或完善扣除权、抵扣权、事前裁定权、救济权等具体权利。不过，为从更深层次、全面解决我国纳税人权利保护问题和挑战以及追求全方面约束课税权力实施的效力，显然更需要从前面两个层面对我国纳税人权利保护立法进行完善，而不是在第三个层面如同打补丁般地进行具体权利的完善。换言之，我国当前更需要为纳税人提供全新、升级的用于抵御课税权侵犯的屏障。事实上，前面两个层面立法的完善是第三个层面立法完善的基础，没有前面两个层面立法的完善，第三个层面立法完善将难以尽善尽美。至于前面两个层面，考虑到涉及宪法修改，应当说第一个层面立法的完善难度要更大一些，同时，即使第一个层面的立法完善无法实施，

---

[1] 关于税法从干预行政法到协同合作法的转变，参见葛克昌：《税法本质特色与税捐权利救济》，载《人大法律评论》2016 年第 2 期，第 87 页。

[2] 参见翁武耀：《避税概念的法律分析》，载《中外法学》2015 年第 3 期，第 803 页。

[3] 参见施正文：《论税法的比例原则》，载《涉外税务》2004 年第 2 期，第 26 页。

如果第二个层面立法得以完善，亦能在很大程度上弥补第一个层面立法的不完善。因此，我国当前纳税人权利保护立法的完善需要着重关注第二个层面。

那么，我国应当如何在第二个层面实施立法的完善？可能的路径有三条，即修订现有的《税收征收管理法》、制定《税法典》或《税法通则》和制定纳税人权利保护专门立法。不过，首先可以排除的是第一条路径，原因也显而易见：（1）从理论上而言，《税收征收管理法》并不规范纳税人第一位性的法律权利。（2）作为程序法，《税收征收管理法》并不能有效约束税收立法活动，尤其是在实体税法层面。虽然《税收征收管理法》也对落实税收法定原则进行了规定，但这并不意味这项基本原则的全部应用的内容都可以或应当规定在《税收征收管理法》中，《税收征收管理法》应当仅在程序层面重申、落实税收法定原则。[1]（3）即使在程序法层面，《税收征收管理法》规定了税收法定原则、量能课税原则应用的具体规则以及一些一般法律原则，也不能适用于所有的税种征管，因为《税收征收管理法》并不适用于关税、进口环节增值税等非税务机关征收的税种。[2]（4）我国目前税法存在的碎片化和缺乏稳定性的问题，特别需要通过税法法典化来解决，而制定税收通则法或纳税人权利保护专门立法不仅有助于解决税法碎片化和缺乏稳定性的问题，也是我国税法法典化的关键一步。

关于后两条路径，应当认为两者都可以完成第二个层面立法的完善，但我国采取后者可能是现阶段更为明智的选择，理由如下：

（1）相比于对纳税人权利保护专门立法，直接制定《税法典》难度和复杂性无疑很大。这是因为参考我国已经制定的《民法典》，《税法典》至少包括《税法总则》和《税法分则》。其中，制定《税法总则》自然能解决前文阐释的税法法典化需要解决的首要问题，但是一旦制定了《税法总则》，根据制定《民法典》的经验，自然需要尽快制定《税法分则》，而目前我国现代税收制度改革尚未完成，现代税法体制也尚未建成。同时，不同于就纳税人权利保护制定专门立法，《税法总则》除了也要规定课税的基本和一般原则外，还要从不同税收实体法和程序法抽象提取出一般规则，即"提取公因

---

〔1〕 参见刘剑文：《〈税收征收管理法〉修改的几个基本问题——以纳税人权利保护为中心》，载《法学》2015年第6期，第8页。

〔2〕 参见《税收征收管理法》第2条。

式",例如,规定关于纳税义务的产生、履行、变更、消灭的一般规则,这不仅增加了制定《税法总则》的难度,鉴于税制改革和税法体制建设尚在进行之中,时机也尚未到来。事实上,《税法典》的制定主要也旨在实现税收正义与纳税人权利保护,为此学界也应当更换一下路径,呼吁对纳税人权利保护制定专门立法,以此作为税法法典化的开启。此外,该专门立法亦可以部分发挥《税法典》的功能。事实上,该专门立法制定之后,内容可以不断通过修法来增加,当未来现代税收制度改革完成、现代税法体制建成之时,可以将该专门立法修改为《税法总则》,或以该专门立法为基础制定《税法总则》,继而制定《税法分则》,最终完成《税法典》的制定。

（2）我国在很多年前曾将《税收通则法》（《税法通则》）提上立法议程,学界进行了广泛的呼吁和热议（亦有争议）,[1]但最终搁浅,同时学界关于制定《税法通则》的呼声现已经被制定《税法典》所代替。这是因为参考民法领域在1986年制定的《民法通则》,制定通则情况通常是这个复杂领域法律体系不健全或具体领域严重缺乏法律规范。因此,通则的内容是相对完整的,尽管也是基础性规则,但能够为调整和规范相关法律事实或行为提供法律依据。而目前我国税法体制下税收法律还是健全的,除了在实体法方面大部分税种都制定了法律,在程序法方面还有一部各个税种都适用的《税收征收管理法》,国家税收征管和纳税人纳税活动根据这些法律能得到有效实施和规范。此时,如果制定《税法通则》,必然会和《税收征收管理法》等税收法律产生交叉、重复的问题。如果《税法通则》不规定相关能具体适用的税收程序规则,该法的内容就会和通则法通常的定位和名称不符。

（3）专门针对某类弱势群体利益的保护实施立法,我国已经有先例,即1993年《消费者权益保护法》。事实上,相比于单个消费者面对大企业,单个纳税人面对国家或征税部门,弱势地位更加明显,毕竟国家和征税部门掌握了法律赋予的强制性权力,这样,更有必要对纳税人权利保护制定专门立法。

（4）正如下文将阐述的那样,先就纳税人权利保护制定专门立法,作为

---

〔1〕　参见汤贡亮:《对制定我国税法通则的思考》,载《中央财经大学学报》2003年第3期,第9~13页;参见施正文、徐孟洲:《税法通则立法基本问题探讨》,载《税务研究》2005年第4期,第57~62页;参见涂龙力、涂京联:《税收基本法立法若干基本问题研究——兼与施正文、徐孟洲同志商榷》,载《税务研究》2005年第8期,第56~58页。

税法法典化的起步，再追求《税法典》的制定，也有可借鉴的域外经验。

2. 境外纳税人权利保护专门立法与税法法典化

对纳税人的权利（和义务）进行专门宣示，法国最早在 1975 年颁布了《纳税人宪章》（Charte du Contribuable），加拿大和英国分别在 1985 年和 1986 年颁布了《纳税人权利宣言》（Declaration of Taxpayer Rights）和《纳税人宪章》（Taxpayer's Charter）。美国则在 1988 年颁布了《纳税人权利法案》（Tax-payer Bill of Rights），后经多次修改，美国国会于 2015 年将该法案提出的纳税人 10 项权利编入了《国内收入法典》（Internal Revenue Code）。[1]需要特别指出的是，经合组织（OECD）在 1990 年发布了一项报告，建议成员国引入纳税人宪章。[2]随后，包括绝大多数经合组织成员国和一些非成员国在内的许多国家和部分地区相继颁布纳税人（权利）宪章或法案等，[3]并总体上发展出两种模式：一种是征税部门颁布的一项宣告，但这并不意味着该宣告没有法律效力；另一种是规定在法律中的纳税人权利保护法案，具有法律的约束力。前者除了法国、英国以外，还包括澳大利亚 1997 年《纳税人宪章》（Taxpayer's Charter）等，后者除了美国以外，还包括意大利 2000 年《纳税人权利宪章》（Statuto dei diritti del contribuente）、[4]2005 年墨西哥《联邦纳税人权利法》（Ley Federal de los Derechos del Contribuyente）[5]。类似于美国税法典，还有一些国家税法典或税收基本法也专门规定了纳税人权利，例如，俄罗斯 1998 年《税法典》（Налоговый кодекс）第 21 条 "纳税人权利"（Rights of Taxpayers）规定了纳税人的 15 项权利，[6]再如，西班牙 2003 年

---

〔1〕 See IRC § 7803（a）（3），available at following website：https://www.law.cornell.edu/uscode/text/26，最后访问日期：2017 年 11 月 20 日。

〔2〕 See OECD, *Taxpayers' rights and obligations – A survey of the legal situation in OECD countries*, 1990.

〔3〕 参见潘雷驰：《纳税人权利对纳税服务边界影响的研究》，载《税收经济研究》2011 年第 1 期，第 41 页。

〔4〕 Cfr. la legge 27 luglio 2000, n. 212, recante lo "Statuto dei diritti del contribuente". 意大利《纳税人权利宪章》原文参见以下网址：https://www.normattiva.it/uri-res/N2Ls? urn：nir：stato：legge：2000；212，访问日期：2024 年 10 月 21 日。关于意大利《纳税人权利宪章》的详细阐释，参见翁武耀：《意大利税法研究》，人民出版社 2024 年版，第 73~92 页。

〔5〕 墨西哥《联邦纳税人权利法》，载 http://leyco.org/mex/fed/lfdc.html，最后访问日期：2017 年 10 月 20 日。

〔6〕 俄罗斯《税法典》英文版本，载 http://www.wipo.int/edocs/lexdocs/laws/en/ru/ru071en.pdf，最后访问日期：2017 年 10 月 20 日。

《税收一般法》（Ley General Tributaria）第 34 条"纳税人的权利和保障"（Derechos y garantías de los obligados tributarios）规定了纳税人的 20 项权利。[1]

综上，可以发现域外纳税人权利保护专门立法呈现以下特点：英美法系国家更多地采取纳税人宪章的模式，主要通过征税部门制定的规范性文件来宣示纳税人的权利，而大陆法系国家更多采取纳税人权利法案的模式，主要通过立法机关制定的法律，既宣示纳税人的权利也以更有力的法律效力约束税收立法等税收活动。对此，需要明确以下几点：（1）英美法系国家之所以通常采取第一种模式，与这些国家基本制度（有助于保护宪法上的纳税人基本权利）以及作为判例法国家司法审查、监督的发达有着紧密关联。（2）大陆法系国家之所以通常采取第二种模式，主要因为这些国家是成文法国家，法典化程度高，包括在税法领域。同时大陆法系国家具有"用权利概念作为核心表达工具、抽象推理演绎而成法典秩序"的传统，[2]而纳税人权利保护法案是税法法典化的重要内容。（3）德国和法国作为最发达的大陆法系国家代表，并没有制定专门的纳税人权利保护法案，是因为这些国家的税收宪法也很发达，同时都已经制定《税法典》或《税法通则》，对纳税人权利保护进行了完善的规定，例如德国 1977 年《税收通则》（Abgabenordnung）[3]和法国 1950 年《税收总法典》（Code Général des Impôts）。[4]当然，俄罗斯《税法典》和西班牙《税收一般法》也可以归为这类。与此相对应，意大利尚未制定《税法典》或《税法通则》。（4）从时间上来看，意大利等国家和地区纳税人权利保护法案产生相对较晚，因此可以认为第二种模式代表了当前纳税人权利保护专门立法的国际发展趋势。基于上述四点域外经验，我国应当采取第二种模式的结论，并作为税法法典化的起步，这也与前文基于我国国情的问题、原因、对策的逻辑分析得出的结论是一致的。特别值得一提的是，意大利制定《纳税人权利宪章》作为意大利税法法典化的起步，在 2015 年和

---

　　〔1〕　西班牙《税收一般法》原文，载 https://www. boe. es/buscar/act. php? id＝BOE－A－2003－23186，最后访问日期：2024 年 10 月 20 日。

　　〔2〕　冉昊：《两大法系法律实施系统比较——财产法律的视角》，载《中国社会科学》2006 年第 1 期，第 60 页。

　　〔3〕　德国《税法典》英文版本，载 http://www. gesetze－im－internet. de/englisch＿ ao/englisch＿ ao. html，最后访问日期：2024 年 10 月 21 日。

　　〔4〕　法国《税收总法典》原文，载 https://www. legifrance. gouv. fr/affichCode. do? cidTexte＝LEGITEXT000006069577&dateTexte＝vig，最后访问日期：2024 年 10 月 21 日。

2023 年通过修改补充了不少条款，增加了更多的课税一般原则，包括关于反避税的权利滥用禁止原则、税收程序中的比例原则等，也包含了对纳税人的义务要求。在此基础上，意大利已经提出税法法典化的更高目标，就是制定《税法典》，而《税法典》包括三部分，分别是税法的基本/一般原则编、税收征管程序编和涉及税收实体法的分则编。[1]其中，基本/一般原则编就以《纳税人权利宪章》为基础。上述意大利税法法典化的路径选择对我国无疑具有重要的参考意义。

纳税人权利保护专门立法（以纳税人权利宪章、法案为代表）已经成为一种发展趋势，作为《税法典》或《税法通则》或《税收一般法》缺失下的弥补措施，《纳税人权利保护法》往往承担起了宪法上关于纳税人权利保护原则具体化的重任，发挥约束税收立法、执法和税法解释等课税权实施活动的功效。此外，制定《纳税人权利保护法》，对于规范政府课税行为，保障国家减税降负政策实施，保护经营主体的创业热情和切身利益，推动经济健康持续发展，维护社会和谐稳定，都有着重大的现实意义和深远的历史意义。因此，不论是从解决我国实际问题出发，还是基于域外可借鉴的经验，我国可以将制定《纳税人权利保护法》提上立法议程中来，实现宪法性税法基本原则及其具体化规则以及有利于纳税人权利保护的一般法律原则在税法中的成文法化，向我国税法法典化进程迈出坚实的一步。

3. 《纳税人权利保护法》的定位

作为本部分论述的结论，需要明确我国纳税人权利保护专门立法的定位，即有关立法目的：基于保护纳税人权利、完善纳税人权利保护立法的目的，我国需要制定的专门立法应超出对纳税人权利宣示的作用，以完善纳税人第一位性法律权利为主要内容，规定宪法性税法基本原则及其具体化规则和一般法律原则等，从而有效约束包括税收立法在内的国家课税权（尤其是政府课税权）。不过，关于定位，还有以下两项相关基本问题需要进一步明确：

首先，关于专门立法的名称。鉴于域外经验，主要的问题在于选择"法"

---

〔1〕 Cfr. Francesco Rodorigo, *I quattro pilastri della riforma fiscale* 2023, in *Informazionefiscale*, il 24 gennaio 2023, disponibile nel seguente sito: https://www.informazionefiscale.it/Riforma-fiscale-tributi-provvedimenti-legge-delega.

还是"宪章"来命名。虽然相对于"法","宪章"似乎被用于规定更加神圣、根本的内容，但现在"宪章"的使用，通常旨在发挥其利于宣示的作用，如《纳税人宪章》，而不具有法律约束力。当然，意大利《纳税人权利宪章》是例外，也正是这一例外，使得我们有必要斟酌一番。不过，对于我国而言，应当认为选择"法"更符合我国法律命名的习惯，同时，也是彰显纳税人权利保护专门立法法律约束力的需要。此外，还需要进一步在《纳税人权利保护法》和《纳税人权利法》之间进行选择。应当认为两者皆可行，不存在实质的差异，不过，在选择"法"的情形下，选择前者更合适，突出纳税人权利"保护"的目的，也是对我国《消费者权益保护法》已有法例的遵循。

其次，关于《纳税人权利保护法》的效力。对于行政法规及（法律位阶）以下的规范性文件，《纳税人权利保护法》自然具有优先的法律效力，问题在于与其他全国人大制定的税收法律相比效力是否优先。对此，需要从三个层面来理解：（1）在形式层面，也就是按照我国《立法法》关于现有规范性文件法律效力等级的规定，从高到低，分别是宪法、法律、行政法规、地方性法规（和部门规章）等，而法律与法律之间的效力等级是相同的，因为都是由同一机关——全国人大制定的。事实上，即使制定税收通则法，按照现有法律效力等级的规定，税收通则法与其他税收法律在效力上也是同等的，不构成上位法与下位法或母法与子法的隶属关系。[1]因此，《纳税人权利保护法》与其他税收法律（例如《个人所得税法》《税收征收管理法》等）在法律效力等级上是相同的。在这方面，意大利《纳税人权利宪章》亦是如此，正如意大利学者指出的那样，该宪章并不被视为是宪法性法律，仅仅是普通法律，相对于其他法律，在法律位阶上没有特殊的优先效力。[2]（2）上述论点并不意味着《纳税人权利保护法》对其他税收法律就没有影响，该法的影响主要源自其规定的内容的特殊性。具体而言，由于《纳税人权利保护法》用于规定宪法性的税法基本原则及其具体化规则和法律体制中的一般法律原则，该法的条款应具有规范和解释其他税法规则的价值。这不仅针对税收立法者，也针对税法解释者，尤其是后者，《纳税人权利保护法》中的条款应当

---

〔1〕　参见施正文：《中国税法通则立法的问题与构想》，载《法律科学（西北政法大学学报）》2006 年第 5 期，第 159 页。

〔2〕　Cfr. Michele Rossi, *Lo statuto dei diritti del contribuente a dieci anni dalla sua entrata in vigore*, in Innovazione e diritto, 2010, n. 7（speciale），p. 76.

代表着所有税收条款的解释标准。[1]在解释或应用任何税收条款的含义和适用范围等内容时，如果出现疑问，税法解释者应当以最符合《纳税人权利保护法》的方式来解决，这在很大程度上与有利于纳税人权利保护的解释路径是一致的。（3）相对明确的是，在纳税人权利保护方面，如果《纳税人权利保护法》就相关内容的规则属于特别规则，就可以基于特别法优先于其他的一般法而适用。

三、《纳税人权利保护法》的主要内容

在论证我国需要制定《纳税人权利保护法》及其定位之后，本部分将就该法应当保护的主要内容提出建议并阐释。对此，本部分将在回应我国纳税人权利保护问题和挑战的基础上，从借鉴意大利现有《纳税人权利宪章》的视角进行论述。

（一）宪法性税法基本原则

所谓税法基本原则，是指能体现税法自身应有的价值标准和价值取向（例如正义、法的确定性、公平等），贯穿于税收实体法和程序（诉讼）法等全部税收法规以及对税收立法、执法和司法活动等都具有指导作用。[2]税收法定原则和量能课税原则即属于税法基本原则，进一步而言，属于宪法性的税法基本原则，因为它们（应）以宪法或税收基本法为依据。前者主要体现了法治国理念，强调个人自由和财产免受侵犯，从形式上限制课税公权力，后者主要体现社会国理念，强调国家干预和实现实质公平，从实质上限制课税公权力。考虑到我国宪法尚未规定这两项原则，《纳税人权利保护法》应当对这两项原则以及相关具体化规则进行明确的规定。需要先行说明的是，意大利《纳税人权利宪章》并没有规定有关这两项原则的基本条款，这是因为意大利现有宪法已有明确规定。

1. 税收法定原则

需要阐释的内容如下：（1）《纳税人权利保护法》在规定税收法定原则

---

〔1〕 意大利学者即如此看待意大利《纳税人权利宪章》的条款。Cfr. Gianni Marongiu, *Lo Statuto del contribuente e i vincoli al legislatore*, atti di convegno di studi 2008 - Lo Statuto dei diritti del contribuente, p. 20.

〔2〕 参见朱大旗：《论税法的基本原则》，载《湖南财经高等专科学校学报》1999 年第 4 期，第 30 页。

基本条款时应修正《立法法》关于税收法定原则规定过细的问题，与税收法律保留的相对性有所冲突。正如前文已经说明，需要在法律中规定的是税收定性规则，税率、税基等税收定量规则和税收优惠规则的确定在满足特定条件下可以在非法律的规范性文件中规定。税收法律保留的相对性有利于政府更好地实施宏观调控（尤其是在紧急情况下）和地方财政自主的实现。关于后者，有学者更是提出《立法法》的规定遏制了地方税收立法权的生存空间。[1]事实上，作为税收法定原则的基本条款，域外国家和地区普遍原则性地规定课税应当根据法律来实施。例如，意大利《宪法》第 23 条规定："如果不是根据法律，人身或财产的给付不可以被课征。"因此，《纳税人权利保护法》关于税收法定原则基本条款的规定亦可规定为：税收应当制定法律，纳税人根据法律纳税。（2）税收立法需要去行政化，但并不完全否定政府基于授权实施税收立法，尤其是在税制改革、试点的过程中，这也是源于税收法律保留的相对性。因此，《纳税人权利保护法》在不否定政府授权立法的同时，还需要具体规定对政府授权立法的限制，以制约政府的自由裁量权，例如，禁止人大空白授权、政府不得转授权以及在多少期限内需要转化为人大制定的法律等内容。此外，对于政府定量规则的确定权，法律在授权时需要规定税率或税基确定的最高限值或客观标准。（3）针对我国财税主管部门频繁发布税收通告规范课税事项，为防止财税主管部门对个别课税事项行使实质的立法权，增加纳税人法律未规定的纳税义务，《纳税人权利保护法》还需要具体规定财税主管部门发布的税收通告只能解释法律原意、规范法律执行规则，禁止为纳税人增加法律未规定的纳税义务。

2. 量能课税原则

需要阐释的内容如下：（1）针对我国目前税制缺乏公平性、新一轮税制改革又以建立直接税为主的税制结构为方向，为提高我国税制的公平性以及加快建立直接税为主的税制结构，《纳税人权利保护法》必须通过明确规定的方式在我国税法体制中引入量能课税原则。意大利《宪法》第 53 条规定："所有人必须根据他们的捐税能力分摊公共费用。税制符合累进标准。"因此，借鉴这两条规定，我国《纳税人权利保护法》亦可规定"纳税人根据自身的

---

〔1〕 参见苗连营：《税收法定视域中的地方税收立法权》，载《中国法学》2016 年第 4 期，第 159 页。

负税能力承担税负"，作为量能课税原则的基本条款。（2）量能课税原则要求负税能力大的纳税人承担更大的税负，以承担更大的社会连带责任，而累积课税是贯彻这一点的理想工具。为此，符合实质公平的税制往往是累进性的，当然，累进性并不要求所有税种都实施累进课税，主要是通过直接税应用累进课税实现整体税制的累进性。这样，借鉴意大利《纳税人权利宪章》的规定，《纳税人权利保护法》也可以具体规定税制是否符合累进标准。（3）负税能力虽然由纳税人的经济能力所体现，但并不意味着等同于经济能力，从生存权等基本人权保障的角度，负税能力仅指纳税人除去用于最低生活保障的那部分经济能力后的剩余经济能力。[1]因此，《纳税人权利保护法》还需要具体规定纳税人及其扶养亲属生活基本费用不得课税。同时，量能课税原则还禁止过度课税，而我国目前存在税负过重（例如与不动产相关的交易）的问题，《纳税人权利保护法》还需要具体规定课税不能达到（实质）没收的效果并避免对经营活动的存在、持续或合理发展造成侵害。[2]（4）量能课税强调按照纳税人真实的负税能力课税，但是当纳税人违反协力义务或税务机关查实纳税人真实负税能力时将付出巨大成本，也允许以纳税人推测的负税能力课税。针对我国目前税务机关推计课税存在可能的滥用，《纳税人权利保护法》在肯定推计课税的同时，具体规定类似的限制推计课税的规则。此外，为避免推测的负税能力明显大于真实的负税能力，还应具体规定纳税人的反证权利以推翻推计课税。[3]（5）量能课税强调以负税能力的相同与否给予纳税人相同或不同的税收待遇，据此，《纳税人权利保护法》需要具体明确以下两方面的问题：首先，拟制性规范本身并不违背量能课税，但我国税收立法者需要审慎使用拟制性规范，不得过度、滥用，在特定的情形（不体现相同的负税能力）允许纳税人以例外的方式不按照拟制性规范进行纳税；其次，税收优惠使相同负税能力的纳税人受到不同税收待遇，背离量能课税，因此必须有合理的政策目的以及在与该政策有效期相对应的期限内实施。

---

〔1〕 Cfr. Gaspare Falsitta, *Manuale di diritto tributario*, *parte generale*, CEDAM, 2010, p. 163.

〔2〕 Cfr. Gianfranco Gaffuri, *Garanzie di giustizia e diritto tributario*: *la capacità contributova*, in *IUSTITIA*, anno lxi, no. 4, ottobre-dicembre, 2008, p. 443.

〔3〕 意大利宪法法院就此曾明确予以认可。Cfr. la sentenza della Corte Costituzionale del 11 marzo 1991, n. 103.

（二）税法规则清晰、明确和可获知性

1. 税法规则清晰、明确

法律的良好实施建立在由清晰、明确规则组成的法律制度的基础上，因为法律规则清晰、明确是实现法律确定性的必要因素。具体而言，法律规则清晰、明确不仅是落实法定原则的具体要求，如果法律体制越是由清晰、明确的规则所组成，越能满足平等或公平原则。这是因为这样的法律体制能够限制法律规则的任意解释，可避免法律规则在实践中被有区别地适用。[1]因此，法律规则清晰、明确这一一般法律原则需要在税法中应用，该原则通过对税收立法提出要求，可制约税法解释和执行活动，这样，不仅是基于落实税收法定原则的需要，也是基于税法公平适用的需要，对于纳税人不受课税权任意、专断行使的侵害有着特殊的意义。而税法技术性、专业性的特点，使得在税法中应用规则清晰、明确原则更有必要。此外，也应当看到，税法规则清晰、明确，进而能被纳税人所理解，是纳税人切实、及时履行纳税义务的前提，并构成纳税人税收信息权的重要内容。因此，《纳税人权利保护法》需要特别规定税法规则应当清晰、明确，而相关的具体规则应当至少包含以下几方面内容：

（1）伴随税收法律内容的增加，例如，如果《个人所得税法实施条例》和《消费税暂行条例实施细则》（甚至财政部、国家税务总局发布的一些通告）规定的诸多内容都规定在《个人所得税法》和未来制定的《消费税法》中，当然这也是落实税收法定原则和提高税收法律规则清晰、明确的需要，为使税收法律规定的繁多内容更明确、可理解，需要对税收法律进行内部结构优化。具体而言，应当对条文内容进行大、小范围的分类，即在条以上再设置章、节一个或两个层级，同时，对章、节、条注明名称，标明内容的规范对象。这样的优化还可以具体化其他法律对某法的引用，即引用时可具体标明章、节或条的名称，而不是仅仅简单地标明法律的颁布日期或条文编号。意大利《纳税人权利宪章》第 2 条第 1 款就规定如下："包含税收条款的法律……应当在标题中提及（规范）对象。内部进一步地划分单位和单个条文的标题应当提及所规范的条款对象"。需要特别一提的是，相比于《增值税暂行条例》，2024 年《增

---

〔1〕　Cfr. Filippo Varazi, *Contributo alla certezza della norma tributaria*, in *Statuto dei diritti del contri-buente*, a cura di Augusto Fantozzi e Andrea Fedele, Giuffre, 2005, p. 68.

值税法》已经设置了章，共六章，对条文的内容进行了分类，是一项进步。

（2）为确保税收法律条款规范对象所属领域规范的同一性，需要尽可能避免来自非税法律（即法律不以税收为规范对象）的"侵入"规则对同一性的破坏，[1] 即涉及诸如我国《慈善法》等税法以外的法律规定涉税规则的合理性问题，因为这类"侵入"规则往往与现有税法中的相关规则相冲突或矛盾。为此，意大利《纳税人权利宪章》第 2 条第 2 款规定："不以税收为规范对象的法律……不能包含税收属性的条款，除非是那些紧密地固有于该法规范对象的条款。"根据该条规定的启示，税法以外的法律通常应当不规定涉税规则，这有助于避免不同立法者对同一领域规定矛盾、不协调的规则，从而造成适用规则的不明确，同时在税法以外的法律中规定具体涉税规则，客观上也会增加纳税人获知的成本。当然，作为例外情况，与税法以外的法律规范对象存在紧密逻辑关联的涉税规则可以规定在该法律中，此时，应避免与相关税法规则的冲突或明确适用问题。同时，相关税法可以通过一项专门的条款规定"侵入"规则或提示相关的内容来保持规范的同一性。[2]《纳税人权利保护法》可考虑借鉴意大利《纳税人权利宪章》的规则。

（3）针对我国税法在参见其他税收条款时出现的规则不明确问题，《纳税人权利保护法》亦可以借鉴意大利《纳税人权利宪章》第 2 条第 3 款的规定："参见规定在涉税规范性文件中的其他条款，需要同时指出意图参见条款的概括内容。"根据该规定，除了指出参见条款编号及其所在的法律名称外，还要指出参见条款的概括内容。事实上，为使适用的规则更明晰，更便于纳税人认识，参见时指出的信息应尽可能详细，例如参见法律的颁布日期和编号、条的名称（规范对象）等，如果具体涉及款，还包括款的序号。

（4）正如意大利《纳税人权利宪章》第 10 条第 3 款所规定的那样，《纳税人权利保护法》还需要明确的是，如果纳税人的违法行为是由税法规则的不清晰、不明确所引起的，即源于税法规则适用的不确定性，纳税人不应当受到处罚。

2. 税法规则的可获知性

除了税法规则需要清晰、明确以外，纳税人税收信息权的保护还要求征税

---

〔1〕 Cfr. Filippo Varazi, *Contributo alla certezza della norma tributaria*, in *Statuto dei diritti del contribuente*, a cura di Augusto Fantozzi e Andrea Fedele, Giuffre, 2005, p. 76.

〔2〕 Cfr. Filippo Varazi, *Contributo alla certezza della norma tributaria*, in *Statuto dei diritti del contribuente*, a cura di Augusto Fantozzi e Andrea Fedele, Giuffre, 2005, p. 76.

部门实施必要的举措，以确保纳税人可以获知适用的税法规则。为此，意大利《纳税人权利宪章》第 5 条在一般层面上（针对不特定纳税人）规定："①征税部门应当采取合适的举措使得纳税人可以完整和便利地认识税收领域的立法和行政条款，并负责编排配套、协调的文本以及让纳税人在每一个征税机构都可以使用这些文本。征税部门也应当采取合适的电子信息方面的举措，以允许信息的实时更新，并让纳税人免费使用电子信息。②征税部门应当及时并通过合适的工具让纳税人认识所有其颁布的通告和决议以及任何其他关于组织、职能和程序的规范性文件或政令。"类似的规则在《纳税人权利保护法》中也需要明确规定。

　　总之，税法规则的清晰、明确和可获知性应当在《纳税人权利保护法》中占据重要的位置，该原则在降低纳税人税法遵从成本的同时，还利于征税部门理解和管理税法体制，这也是征税部门实施税收事前裁定的重要基础。[1]此外，税法规则的清晰、明确和可获知性可减少纳税人实施逃避税行为的借口。[2]

　　(三) 税法溯及既往的禁止与例外

　　1. 作为一般法律原则的溯及既往禁止

　　溯及既往涉及规则在时间上的效力，是指法律等规范性文件对过去发生效力，其源于这样一种权力实施的结果：基于对不特定对象的约束效力，针对一项行为或事实，该规范性文件以一种与之前规范该行为或事实不同的方式再思量，或者，该规范性文件赋予这一行为或事实一种法律上的重要意义，而之前这一行为或事实在法律上没有什么意义。[3]换言之，如果规范性文件的法律效力扩展至已完成的行为或事实，或者扩展至已经产生的权利 (diritti sorti)，[4]就构成溯及既往。[5]在税法领域，这样的效力可以表现为：通过规

---

〔1〕　显然，建立税收事前裁定制度也有利于纳税人信息权的保护。

〔2〕　Cfr. Gianni Marongiu, *Lo Statuto del contribuente e i vincoli al legislatore*, atti di convegno di studi 2008 - Lo Statuto dei diritti del contribuente, p. 18.

〔3〕　Cfr. Valeria Mastroiacovo, *L'efficacia della norma tributaria nel tempo*, in *Statuto dei diritti del contribuente*, a cura di Augusto Fantozzi e Andrea Fedele, Giuffre, 2005, p. 101.

〔4〕　即所有者已经取得的权利，即使条件发生改变。例如，之前赋予一主体的权利（获取退休金、特许经营权等），该主体基于善意取得，即使相关法律制度发生变化，该主体对该权利的取得也不能受质疑。

〔5〕　Cfr. Valeria Mastroiacovo, *L'efficacia della norma tributaria nel tempo*, in *Statuto dei diritti del contribuente*, a cura di Augusto Fantozzi e Andrea Fedele, Giuffre, 2005, p. 102.

则的修改或创新，与之前的规范效果相比，对特定的情形课税、提高税率或增加程序性义务。溯及既往会使公民从管理自己财富、经营活动和自由时间等方面做出的最好选择变得徒劳或者（最好）效果减损，使公民对法律制度的稳定性失去信心。因此，溯及既往既背离了法律确定性，也严重妨碍了经济自由和企业创业自由。作为一般法律原则的溯及既往禁止无疑也应当在税法中应用，况且，税法溯及既往亦有可能背离量能课税原则，因为根据负税能力现实性的特征，对过去的负税能力（极有可能现已不存在）不得课税。[1]针对我国税法体制中存在的规范性文件溯及既往问题，《纳税人权利保护法》应当借鉴意大利《纳税人权力宪章》第3条第1款的规定，明确规定税收规则不具有溯及既往的效力，作为在税法规则时间效力方面的一般规则约束税收立法者和税法解释者。关于溯及既往禁止的一般规则，还需要进一步明确以下两个问题：

首先，溯及既往本身具有复杂性，溯及既往发生的情形在实践中也并非千篇一律。当然，对于以下一类溯及既往的情形予以否定，并不存在异议：新的规范性文件推翻基于消灭事实的介入已经被认为是竭尽的法律情势，其中，消灭事实既包括物质上的消灭事实，例如，所得耗尽、房屋毁灭等，也包括法律上对法律情势产生根本影响的事实，例如既决案件、因过期限而失效、终止或者履行（完毕）等。[2]这样，溯及既往还可能发生在这样的情形：新的规范性文件将法律效力扩展至已经完成的行为或事实，但这些行为或事实还没有因为物质上或法律上的消灭事实而竭尽。如果对于这样一类溯及既往情形的禁止还不至于受到根本的质疑的话，那么以下另一类所谓不确切的溯及既往情形是否应当否定就可能产生争议：新的规范性文件通过考虑在过去已经查实的行为或事实并赋予新的"外形"，对之前的规范进行新的构建，但构建的效力仅限于未来。[3]事实上，这类溯及既往与规范性文件的立即适用很难区分，而在税法领域，这类溯及既往又是最为频繁发生的。对此，正如前文已指出的那样，在税法规则适用上出现疑问，税法解释者应当以最符合《纳税人权利保护法》中的相关原则来解决，这样，如果税法规则具有

---

〔1〕 Cfr. Gaspare Falsitta, *Manuale di diritto tributario*, *parte generale*, CEDAM, 2010, p. 171.

〔2〕 Cfr. Valeria Mastroiacovo, *L'efficacia della norma tributaria nel tempo*, in *Statuto dei diritti del contribuente*, a cura di Augusto Fantozzi e Andrea Fedele, Giuffre, 2005, p. 105.

〔3〕 Cfr. Valeria Mastroiacovo, *L'efficacia della norma tributaria nel tempo*, in *Statuto dei diritti del contribuente*, a cura di Augusto Fantozzi e Andrea Fedele, Giuffre, 2005, p. 106.

溯及既往性和排除溯及既往性双重解释，解释者应当采纳后者的解释。

其次，对于周期税，例如所得税和财产税，一项纳税人义务的产生需要考虑一个时间周期，通常是一个公历年度，[1]溯及既往的问题需要说明一点。以企业所得税为例，周期（一年）的所得取得才代表一项应税行为，对于这样一类复杂的行为，经过一个周期的时间在判断行为已经完成或已经产生一项权利时具有重要意义。那么，在这一周期内，规范性文件对某项事实（例如固定资产支出）的法律意义进行了修改（例如折旧标准），在这周期内可以适用该新规定吗？事实上，在德国、法国和意大利，对于周期税，曾区分了真正（autentica）的溯及既往和非真正的溯及既往两种类型：前者，一项在某一年颁布的法律从前一年开始生效，对已经完结的关系产生效力；后者，法律在一年当中颁布，但是在年底前，产生从同一年第一天生效的效力。[2]不过，即便是非真正的溯及既往，意大利《纳税人权利宪章》第 3 条第 1 款针对周期税特别规定了"关于周期税，引入的修改只能从在规定修改的条款生效之日所在周期的下一个周期开始适用"。条款生效之日必然要晚于发布之日，如果规定生效之日为下一年度 1 月 1 日，条款就需要在下下一个年度开始适用。意大利《纳税人权利宪章》这一创新，值得我国《纳税人权利保护法》借鉴。

2. 税法中的溯及既往

溯及既往的禁止并非绝对禁止，否则，对立法已有的错误或问题也将无法有效采取补救措施。[3]因此，作为一般规则的例外，税法亦存在溯及既往的情形。例如，正如意大利《纳税人权利宪章》第 3 条第 1 款所规定的那样，需要明确在纳税人保护法中规定的溯及既往的情形是，对规范性文件实施有权解释而形成的税法解释性规则，即使在规范性文件之后颁布，也应当与规范性文件适用的时间相同。因为解释性规则并不对规范性文件规定进行修改或创新，仅仅是阐释原有的含义；又如，对于纳税人有利的税法规则可以溯

---

〔1〕　与周期税相对应的是瞬间税，例如增值税、消费税、关税，一项纳税人义务的产生无需考虑一个时间周期，在一项交易或行为完成的时候即刻产生。参见翁武耀：《法律视角下增值税课征属性再认识——R. P. Capano〈增值税〉一书中的意大利理论观点述评》，载《财经法学》2017 年第 1 期，第 31 页。

〔2〕　Cfr. Valeria Mastroiacovo, *L'efficacia della norma tributaria nel tempo*, in *Statuto dei diritti del contribuente*, a cura di Augusto Fantozzi e Andrea Fedele, Giuffre, 2005, p. 109.

〔3〕　Cfr. Gianni Marongiu, *Lo Statuto del contribuente e i vincoli al legislatore*, atti di convegno di studi 2008 – Lo Statuto dei diritti del contribuente, p. 14.

及既往，因为这与纳税人权利保护并不冲突，可以视为是基于平衡强势的课税权的必要性而引入的不对称规定，或者是立法的一种自我补救措施，《纳税人权利保护法》可斟酌规定；再如，满足若干特定的条件下，意大利宪法法院曾以并不违反量能课税原则而认可溯及既往。这些特定条件包括：从行为或事实的完成到适用新规则经过的时间受到合理性的限制（即在合理的跨度内），完成的行为或事实的经济效果依然留存在纳税人的财产中（即负税能力依法存在）以及对于事后的课税具有可预见性（例如，考虑到相关税制中存在规则漏洞等）。[1]对于第3项条件，如果课税又具有反避税的目的，溯及既往的正当性可能更强。对于这一类溯及既往，《纳税人权利保护法》亦可斟酌规定。

（四）诚信原则与纳税人信赖利益保护

1. 诚信原则

新型征纳关系的构建亦是《纳税人权利保护法》需要特别关注的一个问题，体现为平等、协作关系的新型征纳关系，以纳税人与征税部门双方相互信任和尊重为重要特征之一。为此，从纳税人权利保护的角度，为约束征税部门，不仅需要规定纳税人诚实推定权，还需要规定征税部门在课税时应当遵循诚信原则，尽管该原则亦约束纳税人。诚信原则的基础在于社会连带责任，强调社会组织以成员间的相互依存为基础。事实上，前文论述的税法规则清晰、明确原则（否则纳税人不受处罚）和溯及既往禁止原则亦与征税部门受诚信原则约束相关，但正如意大利《纳税人权利宪章》第10条第1款所规定的那样，"纳税人和征税部门的关系遵循协作和诚信原则"，《纳税人权利保护法》应当在专门的条款明确规定诚信原则，以作为征税部门的行为法则。根据行政法学说，诚信原则一方面是行政活动的指引，属于一项关于进程、方法的规则，另一方面又承担补全规则条款的功能。[2]当然，这里主要关注于前者，即诚信作为所有公、私主体间的关系都要符合的标尺，主体应当根据良心和忠诚来实施行为，尤其是征税部门等公共主体。

那么，什么是诚信的行为？对此，可以从两个方面来理解：首先，主观

---

〔1〕 Cfr. la sentenza della Corte Costituzionale del 20 luglio 1994, n. 315.

〔2〕 Cfr. Alessandro Meloncelli, *Affidamento e buon fede nel rapporto tributario*, in *Statuto dei diritti del contribuente*, a cura di Augusto Fantozzi e Andrea Fedele, Giuffrè, 2005, p. 542.

的诚信，表现为行为主体尊重法律规定的一种心理，即使该主体处于一个无知或被蒙蔽的状态；其次，客观的诚信，表现为面对他人，行为主体持有这样一种真诚和正确的态度，即旨在阻止他人的合法期望被落空。[1]显然，主观的诚信（涉及遵守法律的行为）可以与他人的行为和态度无关，而客观的诚信必然涉及他人的行为和态度，换言之，根据客观的诚信行动法则，行为主体需要承担不让他人的合法期望落空的义务。后者无疑对征税部门施加了更高要求的义务，即有关纳税人信赖利益保护的义务，这是因为纳税人合法期望免受落空正是通过保护信赖利益的方式实现的。

2. 纳税人信赖保护

信赖保护在法律上的功能在于保护这样一类主体：对某物或某人施加了信任，进而因为信任而限制自身的某种行为或选择。信赖保护可以从源自私法的权利外观主义中寻求法理基础。权利外观主义涉及当权利、意思等的真实内容与外在表现形式不一致时应当保护哪一方当事人的问题，其中，外观是指能引起集体（不特定人）错误的现实外在虚假信号，需要区别于错误，即形成于某一特定主体中的现实的虚假表明，并不与存在误导的外部因素相关联。在征纳关系中，征税部门对某一税法规则进行解释，可能阐释出一项有关纳税人权利、义务的真实法律情势，也可能仅仅是在规则内容中没有依据的外观。不管是何种情形，纳税人基于信任在行使权利、履行义务时使自己的行为符合具有特殊威望的征税部门提供的解释指引（很有可能随后被修改），此时，对于纳税人而言，并不存在一项属于主观范围的错误，而是形成一种包含在社会上被一般化的、可赞同的经验内容的现象。[2]此时，需要保护纳税人的信赖或合法期望，因为纳税人的行为是基于征税部门的行为而实施的，从而限制了自己的行为或选择，同时，事后可能的课税变更或违法行为等并不是由纳税人的过错所引起。为此，纳税人不应当承受相关的不利益，并且依然享有行为实施所带来的利益。意大利《纳税人权利宪章》第 10 条第 2 款还规定："当纳税人遵循了征税部门规范性文件中规定的内容，即使之后征税部门修改了该文件的内容，或者，当纳税人的行为是直接源于征税部门

---

〔1〕　Cfr. Alessandro Meloncelli, *Affidamento e buon fede nel rapporto tributario*, in *Statuto dei diritti del contribuente*, a cura di Augusto Fantozzi e Andrea Fedele, Giuffre, 2005, p. 537.

〔2〕　Cfr. Alessandro Meloncelli, *Affidamento e buon fede nel rapporto tributario*, in *Statuto dei diritti del contribuente*, a cura di Augusto Fantozzi e Andrea Fedele, Giuffre, 2005, pp. 534~535.

的延迟、遗漏或错误的事实而实施的，不得向纳税人课以处罚，也不得向纳税人要求支付利息。"无疑信赖利益保护与诚信原则在客观层面的含义上具有紧密关联，两者保护了纳税人已经产生的权利，其中纳税人因并不存在的法律情势或与真实法律情势有着本质不同的法律情势而实施行为。这样，《纳税人权利保护法》在规定诚信原则的同时，可以也应当规定纳税人信赖保护的条款：纳税人的信赖由征税部门一项能被确定为"外观的"合法情形的行为所引起，纳税人据此调整了自身的一项行为（以符合该征税部门的行为），或者因征税部门以明确或默认的方式接受纳税人的一项行为，纳税人产生合理的信服以及对按照法律实施行为的信服，纳税人的信赖应当受保护。[1]此外，《纳税人权利保护法》可借鉴意大利《纳税人权利宪章》第10条第2款和第3款的规则规定体现信赖保护的具体规则。

（五）权利滥用禁止原则与反避税限制

1. 权利滥用禁止原则

正如前文已经指出，诚信原则在税法中的应用亦包括对纳税人行为的约束，而纳税人实施的避税行为（实质上违背税法的目的）显然并不符合纳税人诚信的要求。此外，避税行为人通过非正常的交易安排实现与通过正常交易安排同样的经济效果，掩盖了其真实的、与非避税行为人一样的负税能力，对其更有利的课税待遇违背量能课税原则。因此，《纳税人权利保护法》规定反避税更重要的原因在于确保课税公平这一纳税人的基本权利。此外，我国目前仅在《企业所得税法》中规定了一般反避税规则，但缺乏避税概念的完整定义，《纳税人权利保护法》需要界定避税概念，进而引入应用于整个税法体制的一般反避税规则，毕竟在税制变得越发复杂的背景下，企业所得税以外的其他税种的避税问题也应当给予重视。对此，还需要明确以下两个问题：

首先，在不同反避税理论之间，我国应当采用何种理论？源自私法的权利滥用禁止理论通常由大陆法系国家所采用，而商业目的或实质重于形式理论通常由英美法系国家所采用，尽管不同的反避税理论对避税要件的认定并不存在实质的差异。[2]我国反避税理论似乎更有理由采用权利滥用禁止理论。何况《民法典》第132条已经明确规定了权利滥用禁止原则，使得这一一般

---

〔1〕 Cfr. Michele Cantillo, *Lo Statuto del contribuente nella giurisprudenza*, in ANTI, 13/12/2005, p. 4.

〔2〕 参见翁武耀：《避税概念的法律分析》，载《中外法学》2015年第3期，第807页。

法律原则在我国亦有了成文法的基础，这有利于该原则在包括税法在内的其他法律部门中应用，同时有助于突出税法与其他法律部门的紧密关联。此外，随着纳税人权利的完善，尤其是税收实体法中的权利，纳税人权利滥用的现象也将更为频繁地发生。对此，正如意大利《纳税人权利宪章》第 10 条之一第 1 款第 a 项所规定的那样，"不管纳税人具有什么样的意图，如果一项或多项交易缺乏经济实质，本质上为实现不正当的税收利益，尽管税收规则形式上得到了遵守，构成权利滥用……"在《纳税人权利保护法》反避税规则中应用权利滥用禁止原则，可以直接将避税命名为权利滥用。当然，这并不意味着在反避税中就完全不用借鉴英美法系国家的理论，事实上，在反避税中融合两大法系国家理论已经成为许多国家和地区的一种通行做法。

其次，《纳税人权利保护法》在对避税概念进行界定时，为了使之与合法节税相区别，必须指出避税的核心特征或构成要件，即取得的税收利益不正当、违背税法的目的。意大利《纳税人权利宪章》第 10 条之一第 2 款第 b 项就规定："不正当的税收利益是指利益的实现与税收规则的目的或税法体制的原则相冲突。"事实上，违背立法目的内含于权利滥用禁止理论，不过，我国《企业所得税法》确立的一般反避税规则并没有规定这一内容，这与我国目前以商业目的或实质重于形式理论构建的反避税规则相关。

2. 反避税限制

反避税虽然必要，但是如果征税部门滥用反避税权力，又会对纳税人的法律确定性、合法预期以及合法节税等利益造成侵害，因此不能矫枉过正。比较遗憾的是，我国目前在反避税权力限制方面，相关立法还不够完善，对此，《纳税人权利保护法》可借鉴意大利《纳税人权利宪章》的规定予以完善。意大利《纳税人权利宪章》关于反避税的第 10 条之一在多个方面体现了反避税限制的内容。（1）具体界定避税的概念以及构成要件。除前文提到的内容外，第 2 款第 a 项规定："缺乏经济实质的交易是指不足以产生有意义的不同于税收利益效果的交易。经济实质的缺乏尤其体现为单个交易的定性与交易整体的法律基础不符以及法律工具的使用与市场正常的逻辑不符。"第 3 款规定："在任何情况下，能被非税收（非次要的）有效理由所正当化的交易，都不是权利滥用下的交易。"（2）第 4 款规定了合法节税权，即"纳税人具有在法律提供的可选择的不同规则之间以及在承担不同税负的交易之间选择的自由"。（3）第 5 款规定纳税人就交易是否构成权利滥用可以提出反避税事前裁定。（4）第 6 款规定征税部门反避税查定程序要求，例如在作出权利滥用查定决定之前需要给予纳税人辩解（针对征税部门认定权利滥用的理由）的机会，否则查定决定无效。（5）第 9 款规定征税部门避税认定的举证责任，即征税部门有义务证明滥用行为的存在。（6）第 11 款规定反避税效果中的第三人利益保护，即"不同于本条规定适用的主体可以要求退还因为滥用交易而缴纳的税款"。[1]基于上述这些内容，不难发现意大利《纳税人权利宪章》对反避税限制的规定是非常全面和详实的，我国《纳税人权利保护法》也需要进行类似的规定。

（六）其他主要内容

关于《纳税人权利保护法》应当规定的其他主要内容，由于篇幅所限，这里简要作以下举例说明：（1）正当程序原则在税法中应用。当然，正当程序原则主要规范税收征纳环节，具体体现该原则的规则可在《税收征收管理法》修订中进行完善，《纳税人权利保护法》可视情况进行补充规定。（2）税收债务关系理论的应用。税收债务关系理论强调税务机关与纳税人法律地位的平等性及权利义务的对等，但该理论目前在我国尚未被广泛接受，为此，《纳税人权利保护法》有必要对该理论的应用作出明确规定，可以借鉴意大利《纳税人权利宪章》第 8 条第 1 款"税收债务也可以通过抵销而消灭"的规定，引入税收债务概念并从规定税收债务抵销制度入手。（3）比例原则在税法中应用。该原则不仅规范纳税义务及多少的确定，如税收优惠政策的制定需要符合比例原则，也规范税收征管。（4）确立应税行为判断的一致性原则。西班牙《税收一般法》第 13 条就确立了这一原则。具体而言，纳税义务应当根据纳税人行为的法律性质（基于民商法）来确定，不管纳税人以何种方式实施或给以何种定性，以及是否存在可能导致无效的缺陷。换言之，同一行为的法律性质应当是唯一的，可能产生的多项不同税收的纳税义务应当根据同一法律性质来确定，除非有关特定税收的法律对该行为的法律性质有不同规定。（5）税务专业司法审判机构建设。这对于加强税务司法、制衡政府及其征税部门课税权，进而保护纳税人权利有着特殊的重要性，而目前我国在税

---

[1] 关于意大利反避税事前裁定程序、避税认定的举证责任分配、反避税效果，分别参见翁武耀：《欧盟增值税反避税法律问题研究》，中国政法大学出版社 2015 年版，第 234～239 页、第 231～233 页和第 207～212 页。

务专业司法审判机构及其人员建设方面还存在不足。为此，虽然我国像意大利那样设立专门的税务法院条件还不成熟，[1]目前也仅限于上海铁路运输法院设立税务审判庭、上海三中院加挂税务审判庭牌子，[2]但可以在《纳税人权利保护法》中规定在一定级别以上的法院设立税务审判庭，使全国各地相关法院都广泛设立税务审判庭。（6）确立一事不再理原则。具体而言，在法律没有特别规定的情况下，就某个税种，税务机关对一个纳税周期的纳税义务，只能实施一次税收查定活动。当然，如果查定活动存在形式和程序上的问题，税务机关依然是可以纠正的。

---

〔1〕　参见翁武耀：《意大利税务委员会制度及借鉴》，载《税务研究》2017年第3期，第85~91页。

〔2〕　参见孟歆迪：《全国首家专门税务审判庭在上海设立》，载《光明日报》2024年2月25日。

第五章

地方财政自主的法治化

在 2013 年党的十八届三中全会首次将财政定位为国家治理的基础和重要支柱之后，我国财政体制改革和完善迎来了重要的契机。而 2017 年党的十九大报告提出的"加快建立现代财政体制""建立权责清晰、财力协调、区域均衡的中央和地方财政关系""健全地方税体系"等要求，则为我国建立现代财政体制指明了方向，其中就包含了地方财政自主的内容。事实上，就中央与地方关系，源于地方自主的必要性，认可地方财政自主是目前绝大多数国家的普遍做法，我国也不例外，而各国之间的差异主要在于自主程度大小与实现方式的不同。就除民族自治区和特别行政区以外的一般地区，我国《宪法》第 3 条第 4 款规定在中央与地方职能划分中要求在中央的统一领导下充分发挥地方的主动性、积极性，仅仅是对地方自主价值的间接肯定，尚未直接认可地方自主及其财政自主，更无具体内容或要求的规定。这样，现有关于地方财政自主的规范呈现碎片化的特点，即内容有限（不完整）的财政自主分散地规定于不同的法规之中，尤其是于一些关于特定收入的法规之中。不过，近些年党中央发布的一些重要文件，在提出建立现代财政制度、继续强调发挥中央、地方两个积极性的目标下，事实上对地方自主及其财政自主已经做了一些进一步的肯定和要求。例如，2013 年《中共中央关于全面深化改革若干重大问题的决定》提出明确事权，即是对地方履行自身职能及具体化的肯定。[1]再如，上述党的十九大报告提出中央和地方财政关系应权责清晰、财力协调以及健全地方税体系，进一步肯定了地方自主的特征，即自身事权与责任清晰，以及财源上的保障。又如，2019 年《中共中央关于坚持和完善中

---

〔1〕 参见郭锐：《央地财政分权的"选择构筑"视角——兼论中央财政权力的宪法约束》，载《中外法学》2018 年第 2 期，第 370 页。

国特色社会主义制度　推进国家治理体系和治理能力现代化若干重大问题的决定》更是明确指出赋予地方更多自主权以及各级政府事权、支出责任和财力要相适应，除了明确提出要加大地方自主权以外，更是进一步指出地方财政自主的重要特征，即地方财源与其事权匹配。而2024年党的二十届三中全会进一步提出"增加地方自主财力，拓展地方税源，适当扩大地方税收管理权限"。

　　基于上述，不难发现，当前我国在中央、地方财政关系上的一项重要议题是如何落实党中央关于地方自主及其财政自主制度完善的新近要求。回到财政体制改革（涉及财政分权），就是需要解决目前地方财政自主存在的问题，主要是自主一方面尚且不足，至少从现有立法规范的层面来看，但另一方面从现实的角度又过强。[1]例如，一方面中央对房地产税等地方税改革试点强力把控，另一方面地方存在对企业随意减免或提前征收地方税收。其他相关问题还包括：房地产税、土地增值税等地方税应当如何科学立法，体现出中央与地方以及地方横向不同机构间税收立法权分配的难题；地方热衷于征收行政事业性收费、政府性基金以及举债并依赖土地财政或追求罚没收入，体现出地方存在不同程度的财政危机；地方在基本公共服务提供方面存在与本地区公民需求偏好不符合的情形，地方公共开支结构也因为政绩冲动等原因存在一定的扭曲。为此，在全面推进依法治国的当下，有必要审视我国地方财政自主权相关立法，探究我国地方财政自主权还存在哪些不足、应当如何予以弥补以及自主的边界又何在等问题，进而完善相关立法，以符合现代财政制度的要求。显然，如何在法治的轨道上推进地方财政自主并体系化建构地方财政自主权，是我国当前急需研究的一项重要议题。

一、地方财政自主的内涵与外延

（一）内涵的界定

　　财政分权，即所谓财政去集中化，是当前绝大部分国家在构建本国中央与地方财政关系时所遵循的基本方针。这是因为财政分权能加强民主代表机制，提高地方公共部门的政治问责性，从而提高公共部门整体的效率、改善

―――――――――――

　　〔1〕　参见刘剑文、侯卓：《事权划分法治化的中国路径》，载《中国社会科学》2017年第2期，第103页。

公民的社会和经济福利。[1]财政分权在肯定中央财政主导权的同时，要求中央将特定的财政权力转移给地方，包括征税和规划开支的权力，换言之，地方在承担特定范围的事权和支出责任前提下，拥有一定的征收税收等收入的权力，并被允许自主决定其预算支出规模与结构，即形成地方的财政自主权。这样，地方就能够自由选择其所需要的政策类型，并积极参与社会管理，使地方能够提供更多更好满足地方公民需求的公共服务。因此，可以认为财政分权的精髓就在于地方拥有合适的财政自主进而进行决策。

地方财政自主是在财政分权的进程中地方获得相关财政权力的结果，表现为地方在财政自主方面的权力，其中地方财政自主可以从狭义和广义两个角度来理解。狭义的地方财政自主是指地方开支的自主以及财源的充足，而广义的地方财政自主则在狭义理解的内容上，增加了地方在（机构、人员）组织、政策、行政方面的自主。事实上，广义的地方财政自主又可以称为地方自主，其中，地方在组织、政策、行政方面的自主是作为狭义地方财政自主的基础或手段，但是财政自主是地方自主的基石和最重要的一个方面。[2]为此，地方财政自主研究通常都集中于狭义的视角，本书亦不例外。不过，关于狭义的地方财政自主，其内容需要进一步阐述。一方面，关于财源充足，还可以进一步解释为两层含义：第一层，地方在财源上对中央的非依赖性，地方得以不服从于中央偶然的政策方针，这属于非强烈的财政收入自主性；第二层，地方对税收等财源的自我确定，地方得以通过增加、减少相关财源数额的方式实施在征收方面的平衡政策，这属于强烈的财政收入自主性。[3]另一方面，关于财政开支的自主，也可以进一步解释为两层含义：第一层，地方在公共开支用途和方向确定上的自主；第二层，地方在自身权限范围内对公共开支的量化和分配。[4]显然，掌握上述财政自主两大方面、四个层面

---

〔1〕 See Jorge Martinez Vazquez, "Revenue Assignments in the Practice of Fiscal Decentralization", Nuria Bosch (ed.), *Fiscal Federalism and Political decentralization*, Edward Elgar Publishing Limited, 2008, p. 27.

〔2〕 See Eme Okechukwu I. and Izueke Edwin, "Local Government and Fiscal Autonomy for Local Government in Nigeria", *Review of Public Administration and Management*, Vol. 2, No. 3, 2013, p. 101.

〔3〕 Cfr. Davide De Grazia, *L'autonomia finanziaria degli enti territoriali nel nuovo Titolo V della Costituzione*, in *Le Istituzioni del federalismo*, n. 2, 2002, pp. 275~276.

〔4〕 *Vid.* Juan Martín Queralt, Carmelo Lozano Serrano, José Manuel Tejerizo López, y Gabriel Casado Ollero: *Curso de Derecho Financiero y Tributario*, Tecnos, 2011, p. 210.

的含义，是地方财政自主体系化建构的基础。

（二）外延的厘清

从地方财政自主体系化建构的角度，接下来有必要厘清地方财政自主的外延。事实上，地方财政自主外延内容丰富，可以从以下两大方面进行阐释。

1. 一般地区与特殊地区

这是从横向的角度，考察不同地区财政自主的差异，主要分为一般地区和特殊地区。具体而言，我国目前省级行政区共有 34 个，包括 23 个省、5 个民族自治区、4 个直辖市和 2 个特别行政区。其中，民族自治区和特别行政区就属于特殊地区，这是因为基于特殊的政策，《宪法》《民族区域自治法》以及香港、澳门特别行政区基本法赋予了这些地区专门的、相比于其他地区更大的自主（自治）权。例如，香港特区和澳门特区实行独立的财政、税收制度，并掌握相关的立法权、征管权等财政权力。[1]再如，民族自治地方在不违背宪法和法律的原则下可以采取特殊政策和灵活措施，在财政事权履行上具有更强的自主性，为此，在支出、减免税等方面的自主也更大。[2]此外，在一般地区中也还存在一些特别区域，例如，上海自贸区、海南自贸港等，基于实施特殊的贸易政策，与其他地区相比，这些区域的财政、税收制度也有所不同，地方自主以及财政自主也更大。例如，为建立海南自由贸易港，海南省依照中央要求和法律规定行使改革自主权，海南自由贸易港可以自主减征、免征、缓征政府性基金，等等。[3]当前，我国正处于分税制财政体制改革之际，考虑到一般地区在数量上占绝大多数，关系财政体制改革的主要是一般地区的财政自主权完善。同时，特殊地区或区域之所以特殊，也是由于有专门的立法对其自主权进行特别的规定，这样其财政自主权也更加明确并规范化。因此，我国地方财政自主立法完善主要针对的是一般地区的财政自主权，但是，也应当能够覆盖除香港、澳门以外的特殊地区或区域的财政自主权，尤其是从宪法的层面进行完善，这也符合体系化的要求。

2. 地方财政自主的具体内容

首先，从客体的角度，地方财政自主涉及收入和支出两大方面，而收入

---

〔1〕　参见《香港特别行政区基本法》第 2 条、第 12 条以及第 106 条、第 108 条等条款以及《澳门特别行政区基本法》第 2 条、第 12 条以及第 104 条、第 106 条等条款。

〔2〕　参见《民族区域自治法》第 6 条、第 32 条、第 34 条等条款。

〔3〕　参见《海南自由贸易港法》第 7 条、第 26 条等条款。

又可以进一步细分为税收、政府性基金、行政事业性收费、公债等收入类型以及转移支付、共享税等财源，这些不同类型的财源或者构成地方的自主收入，或者虽然不是地方的自主收入，但是可以自由支出的收入，例如目前中央对地方的一般财政转移支付。其次，从权限的角度，地方财政自主权可以细分为财政立法权、收益权、征管权、预算权等。目前在我国，立法权高度集中于中央，地方在后三项权力方面拥有不同程度的自主权。最后，从主体的角度，地方财政自主权涉及不同的地方机构，例如地方人大与政府，例如，地方税立法在规定授权地方就税基、税率确定具体适用标准时，既不由地方政府直接决定，也不由地方人大直接决定。[1] 此外，地方还存在进一步纵向划分，例如省、市、县、乡，不同层级的地方组织显然自主权的大小是不一样的。因此，地方财政自主权体系化建构不应局限于地方收入（税收）的自主权、地方税收立法权或地方政府的自主权，还应当包括地方支出自主权、税收以外收入或财源自主权、地方立法权以外的权限以及地方人大、不同层级地方组织的自主权等。

显然，地方财政自主权内容丰富，呈现多样性的特征，因此对每一项自主权具体内容的研究不应独立进行，即不能割裂于其他自主权的具体内容。事实上，每一项自主权的内容都与其他内容有着紧密的关联，相互之间存在影响。因此，从法治化的角度，必须基于体系化的视角，对相关自主权内容进行协调研究。具体体现为：不同客体之间的协调配置，包括收入自主权与开支自主权之间，收入自主权中的税收与非税收入之间，税收自主权中的自有税与共享税、转移支付之间；不同权能之间的协调配置，包括立法权、收益权、预算权与征管权之间，这些权限在中央与地方分配时并非一一对应；不同主体之间的协调配置，包括横向的角度，即地方人大、政府等主体之间，以及纵向的角度，即中央与地方之间以及省、市、县、乡等地方不同层级之间；上述客体、权限、主体之间的相关自主权内容协调配置。

二、地方财政自主的实施边界

地方财政自主只是中央地方财政关系的一个方面，同时也只是财政体制

---

[1] 即采取由省级政府提出、同级人民代表大会常务委员会决定的方式。例如，《契税法》（第3条）和《耕地占用税法》（第4条）都是如此规定。

运行乃至国家治理中的一个环节而已，地方财政自主并不是绝对的，其必然受到来自财政体制以及国家治理中的其他价值或目标的制约。为此，地方财政自主权的实施存在诸多不可跨域的边界，地方财政自主权的体系化建构必须内含自主权的实施边界，换言之，实施边界必须融入于地方财政自主权的立法之中，这也是体系化的一种体现。这些边界主要有以下八个方面：（1）国家统一性原则（包含经济、市场的统一性），国家统一是宪法所确认的根本性价值，地方财政自主即使受宪法所保护，在任何情况下也不得违背统一性原则；（2）中央与地方非对等性，即中央财政的优先地位不得损害，尤其考虑到我国的单一制国家结构、政权组织形式、历史传统和经验教训等因素，况且我国实行的是非对称型财政分权模式；[1]（3）地方之间基本公共服务均等化，这是源于基于国家统一、法律面前人人平等、社会经济协调发展以及社会团结一致等宪法性的理念，避免不同地方之间财政上的严重差异和不平等，地区差异维持在适当的水平，确保基本公共服务均等化；（4）属地原则和中性原则，前者限定了地方财政自主规则和行为的空间区域，即在地方管辖区域内，后者禁止地方财政自主权实施在管辖区域边界设置财税"隔栏"，阻碍生产要素在全国范围内自由流动；（5）财税制度的协调与合理，具体包括：基于量能课税原则，税制整体上的累进性不得损害，并适合以直接税为主，作为间接税的地方税比重维持在适当的水平；确保税制的简化以及防止税收征管成本不合理增长；避免不同地区之间的不正当税收竞争；避免与中央对同一事实或行为的重复征税；（6）税收在中央地方分配的原则，例如经济效率（税基的流动性）、国民公平（再分配功能）、行政可行性（税的遵从和征管成本）等；[2]（7）预算收支平衡，维持预算收支平衡，严格控制财政赤字；（8）财政、税收法定原则，涉及对地方财政立法权的限制，尤其是根据税收法定原则，地方组织无权自由设立、规范地方税的征收。关于上述八个方面的实施边界，其中的三个方面需要做进一步阐释。

（一）税收法定原则

源于地方税的设立、规范涉及立法权的问题，而我国《立法法》关于税

---

〔1〕 参见刘剑文主编：《财政法学》，北京大学出版社 2010 年版，第 79~80 页。

〔2〕 *Vid.* Juan Martín Queralt, Carmelo Lozano Serrano, José Manuel Tejerizo López, y Gabriel Casado Ollero：*Curso de Derecho Financiero y Tributario*, Tecnos, 2011, pp. 202-206.

收立法权的分配有着明确规定，该法第 8 条规定税种的设立、税率的确定和税收征收管理等税收基本制度只能制定法律。据此，地方并不具备独自开征地方税的权力。显然，严格执行税收法定原则，对地方财政自主权的限制很大，尤其是地方将丧失税收立法权。对此，意大利有着不同的做法，在有限的范围内保障了地方的税收立法权。具体而言，虽然意大利《宪法》第 23 条规定了税收法定原则，但是符合法定要求的"法律"外延也包括大区（意大利次中央地方组织）议会制定的规范性文件，即所谓大区法律。[1] 当然，上述"法律"没有扩大到大区以下的地方议会制定的规范性文件。与此相对应，意大利《宪法》第 117 条将立法权仅仅分配到大区这一地方组织。[2] 因此，在意大利，大区也可以仅仅是大区这一级的地方组织可以设立地方税，并拥有规定地方税税收关系基本内容的权力。当然，在意大利，大区以下的地方组织（省、市）具有规范税的非基本因素的权力，例如在一定的范围内确定税率，[3] 毕竟这些地方组织拥有条例、规章的制定权。至于地方非税收入，意大利地方在自主权实施上的限制与地方税是一致的，至少对一些特定的非税收入而言，这是因为意大利《宪法》第 23 条规定的法定原则还适用于税收以外的强制性财产给付，例如，费（相当于我国的行政事业性收费）、特殊捐贡（类似于我国的政府性基金）等。[4]

（二）财税制度的协调与量能课税原则

考虑到国家税制的重要性，尤其是其中的增值税、所得税已经覆盖了最大的两部分税源或应税行为，即实施经营（消费）活动与取得所得，显然，不同层面的地方组织财政自主实施的空间越大，尤其是地方税开征或规则调整权的实施，就越需要对税收制度进行协调。对此，对于特殊地区（区域），相关立法在赋予更大税收自主权的同时，也特别强调与国家整体税制的协调，例如，《海南自由贸易港法》第 27 条规定要结合国家税制的改革方向，建立

---

〔1〕 为此，意大利税收法定原则虽然构成地方财政自主实施的一项边界，但是本身已经先作有利于大区税收自主实施的解释了，这也是税收法律保留相对性的一项体现。此外，"法律"外延还包括中央政府在紧急情况下制定的法律令（临时措施）和基于议会授权制定的立法令。参见翁武耀：《意大利税法研究》，人民出版社 2024 年版，第 33~35 页。

〔2〕 Cfr. l'art. 117 della Costituzione della Repubblica Italiana.

〔3〕 Cfr. Davide De Grazia, L'autonomia finanziaria degli enti territoriali nel nuovo Titolo V della Costituzione, in Le Istituzioni del Federalismo, n. 2, 2002, p. 279.

〔4〕 参见翁武耀：《意大利税法研究》，人民出版社 2024 年版，第 31 页。

贸易港税制体系。至于税制协调的标准，一项重要标准就是量能课税。具体而言，例如，贯彻累进标准最能实现量能课税原则要求的量的区别课税，通常由所得税等直接税来贯彻累进，这样，地方税开征或地方税规则调整需要确保不破坏税制整体上的累进性和以直接税为主体的税制结构。我国当前的税制改革正是以构建直接税为主的税制结构为目标，至少要逐步提高直接税比重。[1]又如，对同一行为或事实的双重或多重征税会不合理地加重纳税人的税负，产生阻碍、制约经济活动发展的效果，而这也就是量能课税原则关于课税最高限制的要求。再如，量能课税限制着地方制定破坏公平竞争的税收优惠政策。[2]

　　显然，为确保整体税制的协调性，包括地方税在内的税应当尽可能由国家法律引入和规范，地方能够设立的税收也应当局限于未来因执行国家立法机关的授权而引入的新税收。这无疑极大地限制地方税自主权，因此，正如在意大利，真正限制地方税收自主权的是宪法关于税制协调的要求，而不是税收法定原则。[3]此外，对于非税收入，源于财政制度协调的要求，情况类似，不过，考虑到通常行政事业性收费、政府性基金等非税收入在中央层面较少开征，制度协调的需求相对较小，地方的自主权相对会更大。

（三）基本公共服务的均等化

　　为消除地方自主可能带来的一些负面影响，例如，公共服务的非均等化、经济、市场的非一体化等，地方自主本身无疑也要受到限制。换言之，根据辅助性原则，许多不适合地方履行的事权需要由中央来承担。这样，作为保障地方自主的重要手段，地方财政自主无疑需要受到相应的限制。事实上，中央需要在很多方面实施直接介入或宏观调控，例如，在确保公共服务均等化方面，而不考虑地方自主，这样，地方财政自主就会间接地受到相应限制。当然，考虑到地方自主本身强调的就是差异原则，这里需要均等化的是基本公共服务。这样，基于基本公共服务均等化的需要，中央势必对欠发达地区财源获取上进行干预（倾斜），例如，通过一般财政转移支付，在我国具体包

〔1〕　参见中共中央政治局2014年6月30日审议通过的《深化财税体制改革总体方案》；沈建波：《深化税收制度改革 助力高质量发展》，载《经济日报》2019年4月9日。
〔2〕　Cfr. Davide De Grazia, *L'autonomia finanziaria degli enti territoriali nel nuovo Titolo V della Costituzione*, in *Le Istituzioni del Federalismo*, n. 2, 2002, p. 272.
〔3〕　参见翁武耀：《意大利税法研究》，人民出版社2024年版，第37页。

括均衡性财政支付，特殊地区转移支付等，以消除不同地方之间财力状况的不平衡。而关于基本公共服务均等化的依据，考虑到基本公共服务的享受涉及公民基本权利，我国《宪法》关于平等原则和人权保障的第33条可以作为宪法上的依据。此外，实现基本公共服务均等化也是党中央长期以来一直强调的方针政策，例如，党的十八届三中全会提出"紧紧围绕更好保障和改善民生、促进社会公平正义深化社会体制改革，……推进基本公共服务均等化"，党的十九届五中全会提出2035年基本实现社会主义现代化的远景目标包括"基本公共服务均等化水平明显提高"，党的二十届三中全会提出"增强基本公共服务均衡性和可及性，推动人的全面发展、全体人民共同富裕取得更为明显的实质性进展"。因此，即使具有自主权，地方财政的一项重要因素就是均衡，不管公民在哪里居住，他们应当享受同等质量和数量的基本公共服务。这样，地方的财源不得不部分地依靠中央，开支也将受到来自中央的约束。换言之，此时需要中央实施一项真正的再分配活动，这就不可避免地限制了地方自主以及地方财政自主。[1]

三、地方财政自主的立法完善

地方财政自主是当前许多国家财政分权制度改革的着力点，事关中央与地方（财政）关系基本制度以及国家治理能力的现代化，牵涉诸多不同甚至相左的利益，需要从全方位考虑下进行体系化的构建。从宪法顶层设计出发，主要围绕财政事权、立法权、收益权、预算（支出）权的划分，构建起从地方自主到地方财政自主的权力体系，并以国家（包含经济、市场等）统一性、基本公共服务均等化、财税制度协调、预算收支平衡以及量能课税、税收法定等宪法原则构筑地方财政自主实施的边界，进而实现对自主权的限制从以形式性限制为主向实质性限制为主转变。这样一条法治化的路径，既肯定了地方的财政自主权，又使其被有效地控制在中央之下，符合我国实行的非对称型财政分权模式。

党的十九大开启了依法治国的新时代，"法治中国"建设将贯穿于全面深化改革的全过程、全领域，包括财政体制改革，因此，地方财政自主权也必

---

〔1〕 Cfr. Rita Perez, *Autonomia finanziaria degli enti locali e disciplina costituzionale*, in *Rivista giuridica del Mezzogiorno*, n. 4, 2010, p. 20.

须在法治化的轨道中运行，尤其是一般地区的财政自主权。这样，我国地方财政自主权的体系化建构必须走法治化的道路。事实上，法治化非但不会限制地方的财政自主权，相反可以促进地方财政自主权的优化配置，提高地方财政自主权实施的质量和效果。总体上，我国法治化地方财政自主权，需要实现四项目的：首先，结束自主权规范的碎片化，实现自主权一般原则和基本规则的法律化；其次，将现有很大一部分非规范性的自主权确认为规范性的或者有法律保障的自主权；再次，为纠正现有一部分自主权提供法律依据；最后，适当加大自主权，并为未来进一步加大自主权留下法律上的空间。此外，体系化构建的相关立法、修法，首先是《宪法》或未来要制定的有关中央、地方关系或财政的基本法，例如已经启动研究制定的《财政法》，[1]来规定地方财政自主权的基本原则和规则（主要界定自主权的内涵），这是重点，下文也将重点阐述。随后，为贯彻基本原则和规则，通过与自主权外延中的某项内容相关的立法，例如《立法法》《预算法》《民族区域自治法》《海南自由贸易港法》以及未来要制定的《纳税人权利保护法》《非税收入法》等一般法，分别就立法权、预算权、税收自主权、非税收入自主权以及特殊地区（区域）自主权等进行具体化规范。最后，还可以通过《环境保护税法》等税种法、《教育法》等有关某项具体收入、开支的法律，进一步规范地方自主的权力。

（一）地方自主与中央、地方事权划分的法治化

作为地方财政自主的基础和目的，地方自主需要先行法治化完善。对此，首先需要指出的是，由于我国地域辽阔，不同地区在自然环境、气候、资源以及人口、民族、风俗等方面存在很大差异，促进基于差异化原则的地方自主具有必要性，这里不再赘述。鉴于我国国家统一的历史传统以及单一制的国家结构形式，同时地方事务（事权）应由地方负责这一解释已经被我国宪法实践所支持，[2]我国近期并非绝对需要（通过修宪）在《宪法》上明确规定认可并促进地方自主这一一般原则。不过，作为替代方案，需要在《财政法》（在关于中央、地方财政关系一章中，下同）中予以明确规定。当然，同

---

[1] 参见《全国人大代表刘小兵：建议尽快制定财政法 财政部已启动相关立法研究工作》，载 https://www.yicai.com/video/101338813.html，最后访问日期：2022年3月7日。

[2] 参见郭锐：《央地财政分权的"选择构筑"视角兼论中央财政权力的宪法约束》，载《中外法学》2018年第2期，第370页。

时需要规定促进地方自主的前提，即维护国家、经济（市场）等统一以及在中央的统一领导下。

其次，从促进地方自主的角度，还需要具备一项前提，即中央、地方事权（包括对应的支出责任）划分的法治化。一方面，这是因为如果地方的事权由国务院来确定，相比于由法律来确定，地方事权的范围就会缺少更好的稳定性，并将难以对地方管理者追究基于地方自主的责任。换言之，在地方财源不足时，中央势必需要对地方履行职能以一定的方式承担责任。例如，在 2014 年《预算法》修改前，地方的正常举债需要由中央承担还本付息的兜底责任，[1] 再如，目前中央对地方每年巨额的财政转移支付。事实上，地方只有在权责清晰且稳定的条件下，地方的自主才有基础，地方财政自主就可以在更高的水平实现，也才能更好地促进地方的积极性。另一方面，由法律来确定事权划分，也是给地方在全国人大一个博弈的机会，本身也是其自主性的保障。[2] 为此，在修改《宪法》第 89 条关于国务院规定中央和省级政府间职权划分的规定下，中央、地方（财政）事权的划分同样可以在《财政法》中规定。关于划分标准，虽然目前确定的原则并不包括辅助性原则，[3] 但是一定程度上也反映了辅助性原则的要义。这样，在未来立法中可以适当强化辅助性原则。

（二）地方财政自主一般原则的法治化

首先，需要明确的是，目前我国地方并非没有财政自主权，相反，除了一些碎片化的规范所赋予的地方财政自主权，例如，省对一些地方税征税范围、税率的调整权，[4] 省对行政事业性收费的设立权，[5] 各级地方的预算自主权，[6] 等等，还存在许多非规范性的地方财政自主权，包括宪法惯例中的

---

〔1〕 例如，中央转贷地方（1994—2004 年）以及中央代发代还（2009—2015 年）两种地方举债方式。

〔2〕 关于事权划分法治化的意义，详见刘剑文、侯卓：《事权划分法治化的中国路径》，载《中国社会科学》2017 年第 2 期，第 103~122 页。

〔3〕 这些原则包括体现基本公共服务受益范围原则、兼顾政府职能和行政效率原则、实现权、责、利相统一原则以及激励地方政府主动作为原则。参见国务院《关于推进中央与地方财政事权和支出责任划分改革的指导意见》（国发〔2016〕49 号）。

〔4〕 例如，《环境保护税法》（第 6 条和第 9 条）。

〔5〕 参见《行政事业性收费项目审批管理暂行办法》（财综〔2004〕100 号）。

〔6〕 参见《预算法》第 3 条关于预算级次的规定。

财政自主权、社会变迁中形成的财政自主权以及作为事实效果的财政自主权。[1]为此，在《财政法》中明确规定地方拥有财政收支方面的自主权，作为一项一般原则，更多的是基于法治原则对现有地方财政自主权在立法上的确认和肯定，并非创立一项有关地方财政分权的新的原则。同时，基于这一立法原则，可以在《财政法》中系统性地规范地方财政自主的具体内容，从而体系化地方财政自主权规范。鉴于地方财政自主属于财政基本制度，这也符合《立法法》第11条关于财政基本制度只能制定法律的规定。

其次，关于地方财政自主的一般原则，还需要明确具体哪些地方拥有自主权。对此，首先，从横向的角度，应当包括一般地区与特殊地区。其次，从纵向的角度，考虑到我国目前地方四级财政（预算）的一般体制，借鉴意大利《宪法》第119条第1款的规定，[2]我国也应当明确规定省、市、县和乡都拥有自主权。当然，不仅一般地区与特殊地区之间自主程度存在差异，不同层级的地方组织拥有的自主程度肯定也是有差异的，其中，我国省无疑拥有最大的自主权。此外，考虑到对民众提供公共服务主要由县一级地方具体来承担，而不同乡之间的差异性相对已经很小，"乡财县管"财政管理制度改革依然在推行之中，因此县的财政自主权也非常重要，而乡财政自主的必要性在不断下降。显然，不同层级的地方组织拥有不同程度的自主权这一点适宜在《财政法》中明确。

最后，我国在《财政法》规定地方财政自主的一般原则时，还需要规定相关条件，即自主权实施的边界。对此，总体而言，根据法治的要求，地方拥有财政自主权的条件是在宪法、法律规定的框架下，换言之，没有宪法、法律上的依据，地方不得实施相应内容的财政自主权，例如，不得对企业减免或提前征收地方税收。此外，考虑到自主包括收支两个方面，这里要规定的具体限制内容无疑需要覆盖收支两个方面。对此，除了预算平衡以外，另一项需要特别规定的限制来自基本公共服务的均等化。事实上，在《财政法》中规定这一条件尤为重要，不仅源于基本公共服务均等化的重要意义，还因

---

〔1〕　参见徐键：《分权改革背景下的地方财政自主权》，载《法学研究》2012年第3期，第54~57页。

〔2〕　意大利《宪法》第119条第1款规定："在遵循各自预算平衡以及来自欧盟法律体制的经济和财政限制的条件下，市、省、特大城市和大区有财政收支的自主权。"Cfr. l'art. 119 della Costituzione della Repubblica Italiana.

为我国《宪法》尚未明确规定基本公共服务均等化的要求，[1]不过，正如上文已经提到的，实现基本公共服务均等化是党中央一贯的要求和目标。

综上，地方财政自主的一般原则可以规定如下："在宪法、法律（包括本法）确定的框架下，同时在遵循预算平衡以及确保基本公共服务均等化的条件下，省（自治区、直辖市）、地级市、县（市）和乡（镇）分别拥有不同程度的财政自主权。"其中，该条规定的"法律"包括作为本法的《财政法》以及《立法法》《预算法》《环境保护税法》《教育法》以及未来需要制定的《纳税人权利保护法》《非税收入法》等相关法律。

（三）地方收入自主的法治化

地方在收入方面的自主如何来规范无疑是地方财政自主法治化的重点和难点。对此，整体而言，就收入自主程度不同的两个层面来看，应当主要以确保地方财源的非依赖性来规范地方的收入自主，在一些特定的方面，可以在地方对财源的自我确定上寻求突破。

1. 财源充足及其结构

地方拥有与其事权相匹配的财源，即就提供公共服务而言地方拥有充足的财源，是收入自主最基本的要求，这也是在《财政法》中必须规定的。至于财源的结构，目前我国地方收入来源总体上可以分为地方税与非税收入、共享税以及来自中央的财政转移支付，这些可以在《财政法》中确定下来。这里需要特别说明的是，虽然财政转移支付与地方收入自主契合度最低，甚至会不契合，不过，鉴于我国需要继续实行非对称的财政分权模式，因为这有利于中央实施宏观调控，尤其是落实基本公共服务均等化的要求，财政转移支付收入作为地方的重要财源需要保留，但可以进行地方自主性强化的改造。例如，从确保地方财源非依赖性的角度，进一步缩小专项财政转移支付规模。再如，在其他相关财源增长的情况下，提高现有共享税地方分成比重、将消费税改成共享税等，降低一般财政转移支付规模，并将其更多地用于欠发达地区。当然，相比于中央政府单方面决定，为提高或确保共享税、财政转移支付两项财源的地方自主性，共享税的范围（包括地方税的范围）、比重以及财政转移支付基本制度需要在《财政法》中规定，或者在《财政法》规定国务院或财政部、国家税务总局实施相关调整必须有法律依据或全国人大

----

[1] 与《宪法》尚未明确规定地方自主相对应。

的授权。[1]

2. 地方税

伴随税收法定原则的全面落实，目前我国绝大部分的地方税已经立法。这有助于实现地方财源的稳定性，也会保障地方财源的非依赖性，不过，这也很大程度上限制了地方财源的自我确定性。事实上，根据现行《立法法》第 11 条第 6 项的规定以及《税收征收管理法》第 3 条的规定，课税的基本规则必须在法律中规定，地方不拥有自主的税收立法权，地方无权擅自开征、停征税收，实施减免税也必须具有法律或行政法规上的依据。当然，在法律确定的范围内，地方可以对特定地方税的征税范围、税基、税率进行调整，[2]这也是目前地方所拥有的税收自主权。需要特别一提的是，党的二十届三中全会提出"研究把城市维护建设税、教育费附加、地方教育附加合并为地方附加税，授权地方在一定幅度内确定具体适用税率"，地方对地方附加税税率的确定权会更大。

从加大地方税收自主的角度，首先需要对落实税收法定原则作宽松的解释，即遵循税收法律保留的相对性，从而对《立法法》上的税收法定条款做适度的修正，使其能够容纳地方税收立法权的存在。[3]例如，如同意大利大区法律可以规定课税的基本要素，我国省级的地方性法规也可被允许规定特定地方税的基本规则。当然，对地方税收立法权的限制是必要的，不过，这种限制并不主要通过税收法定原则来实现，主要是因为这种对税收立法权形式上的限制比较机械。换言之，在法治水平更高的阶段，应当优先考虑实质上的限制手段，例如，通过量能课税、税收制度协调等原则。为此，对《立法法》上的税收法定条款做上述的修正，必须以我国《宪法》、未来要制定的《纳税人权利保护法》或《财政法》明确引入量能课税、税收制度协调等原则为前提，并加之全国人大严格实施合宪性、合法性审查。这样，就类似意

---

[1]　目前，由国务院决定税种收入在中央、地方之间的划分。例如，国务院在 2017 年 12 月 22 日发布《关于环境保护税收入归属问题的通知》（国发〔2017〕56 号），决定环境保护税全部作为地方收入。

[2]　例如，《环境保护税法》第 9 条规定省一级地方可以增加应税污染物的项目数。再如，《契税法》第 3 条规定契税的具体适用税率由省一级地方来确定。

[3]　参见苗连营：《税收法定视域中的地方税收立法权》，载《中国法学》2016 年第 4 期，第 170 页。

大利《宪法》第 119 条第 2 款那样,[1] 在"财政法"中规定地方有自主的财源,并可以开征特定的地方税。事实上,为更好地遵循税收制度协调原则,《立法法》或《财政法》需要明确规定省开征特定的地方税需要有全国人大的授权,这样,大部分地方税依然可以由全国人大制定的法律来规范。

3. 地方非税收入

目前,总体上,由于非税收入的法治水平要低于税收,地方在非税收入方面的自主权要大于税收。不仅非强制性收入,例如,作为典型的举债收入,在《预算法》规定的条件下,省级政府可以自行发债,也包括非税的强制性收入,例如,作为典型的行政事业性收费和政府性基金,财政部发布的相关规范性文件赋予了省级政府设立权或规范基本规则的权力。[2]

以下以行政事业性收费和政府性基金为例,鉴于法治要求的不断提高,从保护财产权的角度,这两项收入也应当依法开征,尤其是政府性基金这一准税收性质的收入。在这一背景下,为确保目前地方的非税收入自主权,甚至进一步加大自主性,立法完善的思路与上述加大地方税收自主的法治化路径一致。需要特别强调的是,在《财政法》中引入财政制度协调原则,主要以该原则来规范、限制地方非税收入的自主权。具体而言,根据《立法法》第 11 条关于财政基本制度需要制定法律的规定,我国需要制定《非税收入法》,在该法中明确行政事业性收费和政府性基金的基本特征以及征收的基本要求,并规定地方性法规或政府规章可以设立、规范地方行政事业性收费和政府性基金。但是根据财政制度协调原则,尤其是为避免中央、地方重复征收以及在规模上控制非税收入不超过税收收入,政府性基金和重要的地方行政事业性收费的开征需要采取地方申请、中央审批的程序。当然,停征采取地方决定、中央备案的程序,以加大自主权。此外,行政事业性收费可以由省以下政府逐级提出申请、审批。事实上,根据党的二十届三中全会提出的"规范非税收入管理,适当下沉部分非税收入管理权限,由地方结合实际差别化管理",地方对行政事业性收费的管理权还可以加大。

---

〔1〕 意大利《宪法》第 119 条第 2 款规定:"市、省、特大城市和大区有自主的财源;根据宪法以及公共财政、税收制度相协调的原则,可设立并征收自己的税收和其他收入……" Cfr. l'art. 119 della Costituzione della Repubblica Italiana.

〔2〕 其中,根据《政府性基金管理暂行办法》(财综〔2010〕80 号)第 12 条的规定,省级财政部门可以对一些特定的地方政府性基金审批征收对象、范围和标准等内容。

4. 地方收入自主基本规则

综上，关于我国地方收入自主的基本规则，《财政法》可以规定如下："省及以下地方组织拥有与其事权相匹配的财源，包括地方税、共享税、非税收入和财政转移支付；在宪法、法律确定的框架下，省及以下地方组织有自主的财源，在遵循财政、税收制度协调的原则下，可在特定范围或规定幅度内征收并规范地方税和其他收入。其中，地方税的征收必须经过全国人大的授权。"

（四）地方支出自主的法治化

地方在支出方面的自主权，包括自主确定开支用途（方向）和开支的量化（标准）两层含义，[1]对于实现地方自主以及财政上的自我责任而言，支出自主具有更大、更为直接的作用。目前，我国《预算法》规定地方各级政府都是一级预算主体，确立了预算的自主性，这意味着各级地方组织可以根据自己承担的事权自主安排相应的支出。[2]据此，总体上，各级地方在支出上的自主权大于在收入上的自主权，尤其是低层级的地方组织。例如，为扶持特定企业，地方不得擅自给予减免税，但可以给予财政补贴。不过，地方在工资福利、行政费用、办公用房、政府采购、财政投资等方面还是会受到来自中央的约束和指导，支出的自主性受到限制。[3]为此，有必要在《财政法》中明确省、市、县和乡拥有在支出方面的自主权，借鉴意大利《宪法》第119条第1款的规定，可以在上述地方财政自主一般原则中补充"包括收入和支出两个方面"。这样，从约束地方政府财政资金安全、有效使用的角度，如果需要对地方支出进行限制的话，至少在开支用途层面，应当由法律来明确规定。例如，《预算法》第16条规定专项转移支付的用途，第35条规定政府举债收入只能用于公益性资本支出，《教育法》第58条规定教育费附加用于教育。当然，未来教育费附加、地方教育附加被合并到地方附加税之后，地方对这部分收入的支出自主权会增大，毕竟地方附加税收入并非专款专用。而未来的《非税收入法》在规定行政事业性收费、政府性基金等收入

---

〔1〕　*Vid.* Juan Martín Queralt, Carmelo Lozano Serrano, José Manuel Tejerizo López, y Gabriel Casado Ollero: *Curso de Derecho Financiero y Tributario*, Tecnos, 2011, p. 210.

〔2〕　参见熊伟:《财政分税制与地方预算自主权》，载《武汉大学学报（哲学社会科学版）》2015年第3期，第9页。

〔3〕　参见熊伟:《财政分税制与地方预算自主权》，载《武汉大学学报（哲学社会科学版）》2015年第3期，第11页。

的基本特征时，无疑需要指出专项用途性。此外，在不断加强、落实《预算法》预算资金使用绩效管理以及《政府采购法》对政府采购行为的规范约束下，尽量不对地方涉及民生领域的支出量化自主权进行限制。

第六章

税费优惠政策的法治化

国家在征收税收收入以及行政事业性收费、政府性基金等非税收入的同时，往往会频繁出台优惠政策，给予特定行为、行业、主体等不缴、少缴或晚缴税费的待遇，来实现特定的社会经济政策目的。而在法治尚不健全的情况下，这些优惠政策的出台也往往会泛滥，清理和规范工作也就应运而生。对此，2013年党的十八届三中全会提出"按照统一税制、公平税负、促进公平竞争的原则，加强对税收优惠特别是区域税收优惠政策的规范管理。税收优惠政策统一由专门税收法律法规规定，清理规范税收优惠政策"。2024年党的二十届三中全会则再次提出"全面落实税收法定原则，规范税收优惠政策"。为此，有必要从法治的角度，对当前各类税费优惠政策进行检视，清理存在问题的优惠政策，并从法治的角度予以规范。

一、税费优惠政策实施中的问题

（一）形式法治上的问题

1. 税收优惠政策

根据税收法定原则，由于税收优惠更改了由法律或行政法规所规定的课税一般规则，税收优惠政策应当由法律或行政法规来规定。不过，鉴于一部分税收优惠政策是基于宏观调控，基于临时性，为避免频繁修改法律和行政法规，法律和行政法规可以授权国务院来制定税收优惠政策。不过，执行过程中存在以下问题：

（1）各类税收优惠政策众多、繁杂。这影响了全国人大制定的税法的刚性和权威性，与授权多是空白授权有关，例如，《个人所得税法》第4条第1

款和第 5 条第 2 款对国务院的授权。[1] 截至 2024 年 11 月 22 日，在北大法宝网站直接按照"税收优惠"关键词检索，部门规范性文件类的优惠政策就有1717 件，有效 1216 件，实际应该还更多，覆盖现行全部不同的税种；从行业来看，税收优惠主要涵摄农林牧副渔业、能源交通运输业、金融行业、建筑及相关产业、高新技术产业、科教文卫体产业、民政福利与社会保障、公共事业、进出口业等；从主体来看，既有专门针对外资的税收优惠，也有专门针对国有资本的税收优惠，还有仅面向特殊人群的税收优惠，也有面向特定规模（中小企业）企业的税收优惠。不同行业，甚至同一行业内部，不同受惠群体，其享受的税收优惠千差万别；从地区来看，即便是不同地区的同一行业，税收优惠也有很大不同，区域优惠政策过多；[2] 从优惠方式来看，有应税行为的豁免，如起征点与免征额、特定所得、商品或服务豁免等，有税基的优惠，如加计扣除、加速折旧、增加扣除项或量等，有税率的优惠，如降低税率，有税额的优惠，如税额抵免、加计抵扣、退税（包括出口退税、再投资退税、即征即退等），有税款缴纳的优惠，如缓缴税款、递延纳税等。

（2）税收优惠政策制定主体较多、政策之间的协调性较差。目前，全国人大、全国人大常委会、国务院、财政部、国家税务总局、海关总署以及其他政府部门等主体都有制定优惠政策，权力过于分散、政出多门、政策碎片化，使得政策之间的协调性较差。其中，由于税收优惠政策存在于各自不同的税种之中，优惠政策又从行业、主体、地区等不同的维度制定，同时，优惠的方式又是多种多样，很有可能存在某一类纳税人同时享受多重税收优惠，既有来自不同税种的优惠，又有来自不同维度的税收优惠，也有多重的优惠方式，造成优惠过度的问题。

（3）增加纳税人的遵从成本和税务机关的执法成本。一方面，税收优惠政策众多、繁杂以及缺乏协调性，同时，一部分政策变化也比较快，缺乏稳定性，且很多税收优惠政策本身专业性、技术性很强，对纳税人的获知和理解也不是很友好。纳税人如果寻求税务专业机构帮助，又要增加一笔成本，降低优惠政策本身的效果。另一方面，税收优惠政策众多、繁杂，导致税制

---

〔1〕《个人所得税法》第 4 条规定："……国务院规定的其他免税所得……"第 5 条第 2 款规定："国务院可以规定其他减税情形……"

〔2〕 例如，新疆困难地区及喀什/霍尔果斯两个经济特区、深圳前海、河套深圳园区、珠海横琴、广州南沙、福建平潭、海南自贸港、上海临港新片区等区域有特定的税收优惠政策。

复杂性以及税收待遇的多样化，给不诚信纳税人实施逃避税行为提供了更大的空间，增加税务机关执法成本，并容易滋生寻租和腐败。

（4）存在地方越权制定税收优惠政策的情形。除了特定法律授权特定地区享有制定适用本地区的税收优惠政策外，[1]大部分地区没有制定地方税收优惠政策的权限，即使是针对地方税以及共享税的地方部分。不过，目前还存在地方越权制定税收优惠政策的情形，尤其是通过财政奖励、返还、补贴等间接方式的变相税收优惠政策，来规避税收法定原则，这源于地方在财政收入方面的自主权较大，同时目前对地方财政收入使用行为的规范和约束制度未完全有效发挥作用。不过，目前地方直接通过颁布规范性文件的方式来实施已经很少了（同时也更多从相关争议的司法裁判中寻得[2]），而是更多采用会议纪要、签订协议等较隐蔽的方式来实施。

（5）少数地方可能延迟政策的执行。部分税收优惠政策的法律依据是规范性文件，法源位阶低，税收优惠政策容易受到宏观经济形势和地方政府利益的干扰，缺乏稳定性和权威性。当经济形势不好、财政出现困难时，少数地方可能延迟税收优惠政策的执行。此外，因为优惠政策众多、繁杂，不排除因为过失而延迟执行的可能。

（6）部分税收优惠政策制定主体存在瑕疵。虽然法律、行政法规授权给国务院制定，但源于上述税收优惠政策众多、繁杂，大部分税收优惠政策是由财政部、国家税务总局等国务院所属部门制定的，考虑到国务院和国务院所属部门属于层级不同的组织，即使有注明"经国务院批准"，很多政策甚至没有注明，从形式上，作为一个瑕疵，这种转授权也与《立法法》第15条第

---

〔1〕 例如，《民族区域自治法》第34条规定："民族自治地方的自治机关在执行国家税法的时候，除应由国家统一审批的减免税收项目以外，对属于地方财政收入的某些需要从税收上加以照顾和鼓励的，可以实行减税或者免税。自治州、自治县决定减税或者免税，须报省、自治区、直辖市人民政府批准。"

〔2〕 例如，杭锦后旗人民政府《关于巴市正一房地产开发有限公司新建综合写字楼及房地产开发项目的批复》（杭政批发〔2009〕98号）第3条："巴市正一房地产开发有限公司新建综合写字楼及房地产开发项目涉及的所有税金地方留成部分旗政府给予先征后返。具体项目有：…土地出让金（退80%）。"2021年1月19日，杭锦后旗人民政府《关于内蒙古某公司申请变更开发权的批复》（杭政批发〔2021〕6号）明确："原政府批复（杭政批发〔2009〕98号）所确定的该项目应享受的相关政策，在不违反现行相关法律、法规政策的前提下，原则同意按照原批复执行。"参见杭锦后旗某局、内蒙古某公司民事一审民事判决书（〔2024〕内0826民初164号）。

2 款的精神不符，[1]并与《税收征收管理法》第 3 条第 1 款不符。[2]例如，关于房屋转让所得的个税免税政策。[3]

2. 各类费等非税收入优惠政策

（1）部分地方违反上位法不收取特定非税收入。例如，《土地管理法》第 54 条规定："建设单位使用国有土地，应当以出让等有偿使用方式取得；……"而在邵东邦盛置业有限公司与邵东市人民政府、邵东县（今邵东市）生态产业园管理委员会合同纠纷案中（2019 最高法民终 1942 号），显示政府与企业达成关于返还土地出让金的协议，政府出让土地使用权但实际未收取土地出让金。事实上，以土地换项目、先征后返、补贴等免除土地出让收入的非税收入优惠政策，属于变相免除土地出让金、挤占挪用土地收益的违法行为。

（2）部分非税收入优惠政策地方执行政策出台滞后，导致后续退费增加的问题。例如，2022 年 3 月 1 日，财政部、税务总局《关于进一步实施小微企业"六税两费"减免政策的公告》（财政部、税务总局公告 2022 年第 10 号，已失效）出台。自该文件发文后，少数省份出台省内规定往往滞后，出台时间已经在 3 月底。[4]再如，2023 年 3 月 26 日，财政部《关于延续实施残疾人就业保障金优惠政策的公告》（财政部公告 2023 年第 8 号）出台，延续了残疾人就业保障金优惠政策，规定对符合本公告规定减免条件但缴费人已缴费的，可按规定办理退费，而某一省级文件下发已经过了 4 月上旬。[5]少数地方如果以本省执行政策出台再执行优惠政策的话，会使退费增加。此外，有些企业因为办理退抵费的时间成本、交通成本远远高于应退抵的金额，而没有办理退费。

（3）少数地方可能拖延执行或未执行优惠政策。非税收入（强制性收入

---

[1] 《立法法》第 15 条第 2 款规定："被授权机关不得将被授予的权力转授给其他机关。"

[2] 《税收征收管理法》第 3 条第 1 款规定："税收的开征、停征以及减税、免税、退税、补税，依照法律的规定执行；法律授权国务院规定的，依照国务院制定的行政法规的规定执行。"

[3] 参见国家税务总局《关于个人住房转让所得征收个人所得税有关问题的通知》（国税发〔2006〕108 号）、国家税务总局《关于个人转让房屋有关税收征管问题的通知》（国税发〔2007〕33 号）。

[4] 参见山东省财政厅、国家税务总局山东省税务局《关于实施小微企业"六税两费"减免政策的通知》（鲁财税〔2022〕15 号）。

[5] 参见山东省财政厅、国家税务总局山东省税务局、山东省残疾人联合会《关于延续实施残疾人就业保障金优惠政策的通知》（鲁财税〔2023〕11 号）。

部分）的减免政策法律依据的法源位阶相对会更低，且民众对非税收入的关注度更低，地方拖延执行或未执行优惠政策的可能性更大。

（4）部分非税收入优惠政策制定主体存在瑕疵。《政府非税收入管理办法》（财税〔2016〕33号）第10条第1款规定："取消、停征、减征、免征或者缓征非税收入，以及调整非税收入的征收对象、范围、标准和期限，应当按照设立和征收非税收入的管理权限予以批准，不许越权批准。"例如，文化事业建设费（政府性基金）是由国务院通过颁布行政法规（国务院《关于进一步完善文化经济政策的若干规定》）来开征的，其减免应由国务院来决定，而目前文化事业建设费的部分减免政策由财政部通过规范性文件来颁布，[1]同时在上位法未授权财政部制定优惠政策的情况下，国务院办公厅转发财政部、中宣部《关于进一步支持文化事业发展若干经济政策的通知》也未同意财政部等部门制定优惠政策。行政事业性收费等设立、征收主体层级越低的非税收入，未落实优惠政策制定的程序性要求的可能会更甚。

（二）实质法治上的问题

1. 税收优惠政策

很大一部分税收优惠政策天然地背离征税的基本目的和原则，即取得财政收入、量能课税原则和普遍征税原则。为此，如果特定的政策目的及其实现与之不能平衡，背离比例原则，就会产生以下问题：

（1）部分税收优惠政策会背离量能课税原则。这主要存在于对高收入群体和企业等的优惠政策。具体而言，对这些主体，由于其具有更高的负税能力，本来应缴纳更多的税，以调节财富的再分配，因为鼓励投资、科技创新等政策目的，而没有缴纳应当缴纳的税，反而缴纳更少的税，原本应当体现课税的累进性，反而体现出累退性。例如，目前资本所得个税不适用累进税率，而适用比例税率，同时，还存在一些减免税，包括个人转让股票所得免征所得税等，[2]而这部分收入的取得者往往是高收入群体。再如，一些高新技术企业，享受15%的企业所得税低税率优惠。事实上，高新技术企业如果

---

〔1〕 参见财政部、国家税务总局《关于营业税改征增值税试点有关文化事业建设费政策及征收管理问题的通知》（财税〔2016〕25号），财政部、国家税务总局《关于营业税改征增值税试点有关文化事业建设费政策及征收管理问题的补充通知》（财税〔2016〕60号）。

〔2〕 参见财政部、国家税务总局《关于个人转让股票所得继续暂免征收个人所得税的通知》（财税字〔1998〕61号）。

有净利润要征收企业所得税，说明已经盈利了，负税能力就已经体现出来了，甚至比非高新技术企业更大，因为得到其产品的高科技加持，包括使用人工智能。而不能忽略的是，高新技术企业为取得净利润，已经享受了很多税收优惠政策，如研发费用加计扣除、未弥补亏损可结转更多年、年度技术转让所得减免所得税、固定资产可采用加速折旧、专用于研发的仪器设备更大的扣除优惠，等等。此外，还有企业所得税以外税种的优惠政策。当然，以上问题与相关税收优惠政策一刀切、不够精细化有关。

（2）部分税收优惠政策不符合普遍征税原则。这项原则要求征税应当平等地面向所有人，并让更多的人来纳税，毕竟公共服务是所有人都能享受。例如，月销售额10万元以下的增值税小规模纳税人免征增值税，[1]而非小规模纳税人的其他个人，起征点仅仅是月销售额在5000元至20 000元之间（含本数）或每次（日）销售额在300元至500元之间，超过起征点就要纳税，体现不平等性。此外，区域税收优惠政策等也可能造成课税的不平等性而不符合普遍征税原则。

（3）部分税收优惠政策的经济政策目的是否符合公共利益存疑。换言之，政策目的是否实现缺乏一个有效的评估机制。税收优惠政策目的应当具有正当性，否则连量能课税原则和普遍征税原则的背离是否过度就不用审查。正当性在于符合公共利益，为此，一些促进经济发展的优惠政策，还需要考虑其他政策，综合考量。例如，《企业所得税法实施条例》第86条第2款第2项规定从事海水养殖的企业减半征收企业所得税。这项优惠政策意在鼓励与支持渔业发展，但养殖废水未经处理即排放会造成水污染。此时，经济发展与环境保护两项目的需要协调，[2]综合考量公共利益。对此，需要进行一个评估。又如，石油液化气享受增值税低税率优惠，但是不符合能源结构转型和生态文明建设，况且消费税对其课以重税。再如，区域税收优惠政策的目的是为促进地区发展，但是由于交通、区位、人力资源等劣势，一些边远地区吸引资金和项目（真正在当地实施经营活动）依然十分困难，难以达到地区发展的政策目的。事实上，霍尔果斯等地区的区域税收优惠政策，政策目

---

〔1〕 参见财政部、税务总局《关于明确增值税小规模纳税人减免增值税等政策的公告》（财政部税务总局公告2023年第1号）。

〔2〕 参见熊伟：《法治视野下清理规范税收优惠政策研究》，载《中国法学》2014年第6期，第161页。

的是否实现有待评估。

（4）未使用更有效的税收优惠方式或比税收优惠政策更有效的方法。例如，为使社会基本需求能得到更好的满足，对满足老百姓基本需要的特定服务业，目前给予增值税免税待遇。但是，免税待遇并没有带来相关服务的价格水平下降：一方面源于免税待遇使企业的进项税抵扣权被取消，税负从而转嫁到价格中；另一方面，也可能源于相关行业存在一定的垄断性。因此，"先征后返"或零税率优惠政策比免税政策效果更好，通过反垄断或政府对价格的有效干预（加财政补贴及严厉打击价格违法行为）比税收优惠政策效果更好。

（5）部分地方税收优惠政策容易引发不公平竞争并破坏统一大市场。例如，根据大区公司对泉州的年度税收贡献度，《泉州市人民政府关于鼓励在泉设立大区公司专项扶持措施》（2020年）规定对在泉州设立的大区公司提供高达60%的返还奖励（与缴纳的企业所得税和增值税挂钩），属于变相的税收优惠政策，会导致对其他地区的不正当竞争，背离市场在资源配置中发挥决定作用的原则。除非经国务院批准，该政策涉嫌违反2024年8月1日起施行的《公平竞争审查条例》第10条的规定（不得给予特定经营者税收优惠），且不符合第12条规定的除外情形，毕竟上述政策目的难以归类为维护国家安全和发展利益、为促进科学技术进步、增强国家自主创新能力和为实现节约能源、保护环境、救灾救助等社会公共利益。

（6）加剧部分地方财政困境。税收优惠政策众多、繁杂，甚至可能存在泛滥，加上非税收入的优惠，财政收入会下降，尤其是地方政府的财政收入，加剧地方财政困境。而收入占全部税收收入近八成的两个所得税和增值税，属于共享税，相关税收优惠政策都是由中央制定的。

2. 各类费等非税收入优惠政策

（1）对残疾人的照顾性优惠政策范围有待进一步拓宽。由于部分法律没有明确非税收入优惠政策的具体范围，行政法规、部门规范性文件进行限缩性解释。例如，《就业促进法》第18条规定从事个体经营的残疾人免除行政事业性收费。首先，《残疾人就业条例》限缩了残疾人可以免除费用的类型。《残疾人就业条例》第19条将免除的类型限定为"管理类、登记类和证照类的行政事业性收费"。然而，除了管理类、登记类和证照类行政事业性收费，个体经营过程中还需缴纳其他类型行政事业性收费，包括无线电频率占用费、电信网码号资源占用费等资源环境类收费，产品质量监督检验费等检验鉴定类收费，以及其他类型的行政事业性收费。其次，财政部、国家发展改革委员会《关于对从事个体经营的有关人员实行收费优惠政策的通知》（财综〔2008〕47号）限制了残疾人免除费用的条件，根据该通知，残疾人从事"除建筑业、娱乐业以及销售不动产、转让土地使用权、广告业、房屋中介、桑拿、按摩、网吧、氧吧等"行业之外的个体经营，才能享受免除政策，并且应当"自其在工商部门首次注册登记之日起3年内免收"。

（2）部分行政事业性收费优惠可能背离受益缴费原则。对此，需要留意一些行政事业性收费，其面向特定少数人群，即受益主体范围小，享受的公共服务是可划分的，对这类行政事业性收费应当严格执行，不能随意基于特定的经济政策目的来减免，否则会违反受益缴费原则（收费领域的公平原则）和公共服务效率最大化原则。

（3）部分地方非税收入的优惠政策也容易引发不公平竞争并破坏统一大市场。其中，这些优惠政策可能是基于违法违规设置，例如，上述提到的地方政府不收取土地出让金，也有可能是基于合法合规设置的，毕竟相比于税收，在非税收入方面，地方的自主权限要更大。

（4）进一步加剧部分地方财政困境。越权、违规实施的非税收入减免，对地方财政收入也造成了进一步的压力，这是因为对于地方政府而言，非税收入占其财政收入的比重更高。

二、税费优惠政策的清理和规范

对于存在问题的各类税费优惠政策，为全面落实税收法定原则，包括实现行政事业性收费、政府性基金等税收以外的强制性财产给付的法定，首先需要对其进行清理，而为了避免未来再一次出现税费优惠政策的泛滥，产生同样的问题，其次需要对税费优惠政策的制定进行规范。

（一）已有税费优惠政策的清理

1. 重新部署地方税费优惠政策清理工作

国务院《关于税收等优惠政策相关事项的通知》（国发〔2015〕25号）已经给了违规的地方税费优惠政策很长时间的缓冲期了。为此，对于还存在的违规的地方税费优惠政策，根据国务院《关于清理规范税收等优惠政策的通知》（国发〔2014〕62号），重新部署地方税费优惠政策清理工作，该废止的废止，不再给予缓冲期，对不存在实质法治上问题的确需保留的优惠政策报国务院批准。特别需要清理那些通过先征后返或财政奖励方式的变相税收优惠政策。

2. 纠正部分地方违规不收取土地出让金

根据国务院办公厅《关于规范国有土地使用权出让收支管理的通知》（国办发〔2006〕100号）和《国有土地使用权出让收支管理办法》（财综〔2006〕68号），对部分地方无偿转让土地使用权的行为进行排查，及时纠正。

3. 贯彻落实税费优惠政策、做好优惠政策汇编工作

重点是审查中央税费优惠政策在地方的贯彻落实，包括是否存在晚执行或延迟执行的问题，同时，便利（在线完成）退税费的过程。同时审查纳税人、缴费者可能因政策众多、繁杂、变化快而不知相关政策导致的未落实的情况。对此，需要做好优惠政策的宣传，同时，对已有的优惠政策做好汇编工作，将优惠政策统一汇编至一个文件，并向社会公布。汇编的方式：首先，政策先按税种、非税收入划分；其次，在每一类收入下，相关优惠政策按照一般征税、缴费规则规定的课税、缴费要素的顺序来编排，例如，税种法先后规定应税行为、税基和税率，那么就先规定应税主体或客体豁免的优惠政策，再规定税基的优惠政策，最后规定税率的优惠政策。汇编的优惠政策文件应每年更新。

4. 对涉嫌存在实质法治上问题的税费优惠政策实施评估和公平竞争审查

对于形式上合规的税费优惠政策，需要进行以下实质性评估或公平竞争审查，对有问题的政策，进行取消或不再延期适用或整改等处理。对此，2024年《增值税法》第25条第2款在税种法中首次引入关于税收优惠政策要评估、调整的规定，即"国务院应当对增值税优惠政策适时开展评估、调整"。这样，至少对于增值税优惠政策的评估，已经有明确的上位法依据。

（1）实质性评估

首先，基于是否违反量能课税或受益缴费原则的评估。重点评估适用于高收入群体和企业的税收优惠政策及政策集合，保留作用于价值创造过程中或鼓励投入价值创造的税收优惠政策，减少或取消作用于作为结果的财富本身的税收优惠政策。对于行政事业性收费，公共服务可划分且受益群体范围小的保留收费，优惠政策限于针对弱势群体。

其次，基于是否违反普遍征税原则的评估。重点评估税收优惠政策是否平等适用，核心是寻找与优惠政策适用的A（事项或主体）可比（条件或情

形相同或类似）的 B（事项或主体），如果存在可比的 B，但不享有优惠政策，就产生 A 和 B 不平等对待的问题。例如，小规模纳税人与其他个人从事经营活动是否可比，落户欠发达地区与其他落户欠发达地区是否可比。对此，区域优惠政策势必需要减少。

再次，基于是否违反比例原则的评估。这一评估内容最多，包括三个方面：一为评估优惠政策目的本身是否正当，即是否符合公共利益。对此，最好能找到政策目的在宪法上的依据。此外，需要注意，政策是否会带来公共利益整体的减损，即需要综合考虑政策目的与政策实施给其他利益可能造成的损害；二为实现政策的目的，优惠的方式是否有效，即经过一段时间要评估优惠实施的效果，如果效果不好，就停止优惠，采取其他有效的优惠方式；三为实现政策的目的，优惠的方式即使有效，还要考虑是否存在更有效的优惠方式或税费优惠以外的手段，例如，财政支出优惠和减免税费优惠，应税行为豁免、税基优惠、税率优惠和税额优惠等之间，各自都存在一定的优劣。

最后，基于财政困境加剧的评估。作为对上述三项评估的加持，地方财政收入是否不当减少并加剧财政困难也应纳入评估内容之中。

（2）公平竞争审查。

严格执行《公平竞争审查条例》。相比 2021 年发布的《公平竞争审查制度实施细则》，《公平竞争审查条例》延续其基本内容并进行优化，最直观的优化是法律位阶的提升，由部门规范性文件上升为行政法规，这大幅提升了公平竞争审查制度的权威性，确保该制度得到更有力的落实。首先，根据该条例第 10 条的规定，对地方给予特定经营者的税费优惠政策进行是否违反公平竞争的审查。该审查重点是判断是否优惠是否给予特定的经营者，即是否是选择性的，如果成立，基本上就可能认定违反公平竞争。而是否为选择性的判断，重点是评估是否存在与特定经营者可比的其他经营者，如果存在，就是选择性的。换言之，如果地方在有权限的情况下，非选择性地出台适用于本地区经营者的税费优惠政策，是不违反公平竞争的。其次，地方选择性地出台的税费优惠政策，很多可能名义上是基于促进科学技术进步、增强国家自主创新能力或实现节约能源、保护环境、救灾救助等社会公共利益的政策目的，来正当化对公平竞争的违反。对此，根据第 12 条的规定，对此要重点审查是否存在对公平竞争影响更小的替代方案（基于前文比例原则的评估）以及并是否有确定合理的实施期限或者终止条件，如果存在或未确定，依然是违反《公平竞争审查条例》。事实上，实施公平竞争审查在多个方面对推进我国财税法治建设有着重要意义。[1]

5. 部分税费优惠政策改为国务院颁布

对于法律、法规授权国务院制定的税收优惠政策，其中到期需要继续执行的政策以及未来新的优惠政策，将颁布主体由国务院所属部门改为国务院，即由部门规范性文件改为国务院规范性文件及以上位阶的法源。此外，对于政府性基金，未授权给财政部等国务院所属部门制定的优惠政策，也采取上述同样措施。

（二）税费优惠政策制定的规范

1. 降低名义的税费负担水平、优化财税制度

首先，为减少税费优惠政策，从根本上还是需要降低整体（对所有人）的税费负担水平。换言之，如果税收法律规定的名义税负本身就较低，对特定行为、行业、主体等的税收优惠存在的必要性就下降了。这样，也就更符合公平和普遍征税原则。为此，首先重点审视税收优惠集中的领域，本身的名义税负是否过重。例如，与不动产相关的名义税负就较高，由于涉及直接税、间接税五六个税种的税负，相关税收优惠政策也很多。为此，需要降低相关税负本身，包括取消特定税种（如土地增值税）的纳税义务。又如，降低个税综合所得最高边际税率（目前45%过高），就可以减少个税相关税收优惠。再如，完善增值税抵扣制度，更多的进项税可以顺利抵扣，就可以减少增值税的税收优惠。其次，降低税制以及非税收入整体的负担，包括降低税率（如企业所得税税率），取消一些不必要的非税收入，尤其是具有准税收性质的政府性基金。

---

〔1〕 具体包括：（1）在税收方面，鉴于目前地方税收自主权在形式法治上受严格限制，公平竞争审查对地方税收政策制定的影响有限；（2）非税收入方面，公平竞争审查有助于推进各地区之间非税收入制度的趋同与协调；（3）在财政收入使用方面，鉴于目前地方自主权较大，公平竞争审查对地方财政支出政策制定的限制最大，也有助于间接推动预算制度的完善；（4）公平竞争审查可以缓解因地区间财税政策的不良竞争而导致财政收入的减少；（5）鉴于执法也可选择性地给特定经营者财税优惠，也应当合理限制执法部门的自由裁量权，公平竞争审查有助于推进《税收征收管理法》相关制度修改；（6）在公平竞争审查有效发挥的前提下，可以降低地方财税政策制定权的形式法治限制；（7）公平竞争审查可促使政府在财税政策供给上从吸引投资转变为吸引消费（例如通过财税政策更好保障民生），以促进地方发展；（8）未来发挥司法在实施财税政策公平竞争审查中的积极作用，丰富纳税人在财税领域的司法救济权。

其次，引入最低税负制度。相比于对少数高收入群体或企业减少相关税收优惠，例如，对高科技企业，限制享受企业所得税 15% 低税率的年限，即规定能享受低税率的最长年限（如 5 年），在减少税收优惠的情况下，可以考虑引入最低税负制度。当税收优惠和非税优惠过度时，无论如何，都应当让缴纳较低税或不用交税的企业或个人至少要缴纳一定金额的税。〔1〕需要特别一提的是，目前需要开始重视一个问题，人工智能的使用已经开始替代低端、中端技能的劳动者，甚至间接减少能提供就业的部门，〔2〕而社会并不能及时为劳动者提供充足的新工作，而财富也逐渐在掌握人工智能的少数人之中聚集，加剧社会财富分配的不公平。此外，一方面，对劳动收入征收的所得税以及根据工资来征收的社保费收入会下降，同时，劳动者消费的减少使得增值税收入也下降，而富人消费的增值税是累退性的。另一方面，人工智能使用导致的失业等问题，会使国家社保开支增加。〔3〕为此，如果认为对人工智能使用开征新税种或增加税负还为时过早，则对源于人工智能使用而聚集的所得（包括资本所得）财富，应减少并最终取消（不适用）相关税收优惠政策或纳入个人所得税综合所得应当提上日程。

再次，针对残疾人等弱势群体的照顾性税费优惠政策，因为其有宪法基础，同时税收优惠也符合量能课税原则，鉴于直接税能实现量能课税要求的个体化征税，应当尽可能保留现有税收优惠政策，尤其是所得税等直接税的优惠政策。如果减少间接税的优惠政策，需要以直接税的优惠政策增加以及行政事业性收费优惠政策范围的拓宽为前提。此外，修改相关行政法规和规范性文件，对部分特定的残疾人（更贫困的群体），拓宽行政事业性收费优惠政策范围。

最后，加强有关财政资金预算审查并建立税（费）式支出预算制度，让社会公众切实感知实施税费优惠政策的成本，通过民众对预算的有力监督，防止税费优惠随意扩张，审查包括通过财政补贴等变相实施的税费优惠政策。

2. 成文法化规范税费优惠政策的实质性法治原则

在财税法领域成文法化相关实质性法治原则，对于避免产生税费优惠政

---

〔1〕 参见陈清秀：《税法总论》，法律出版社 2019 年版，第 322 页。

〔2〕 例如，直接连接厂家和消费者的电商平台导致中间商实体店的减少。

〔3〕 参见［瑞士］泽维尔·奥伯森：《对机器人征税——如何使数字经济适应 AI?》，王桦宇、孙伯龙译，上海人民出版社 2022 年版，第 12 页。

策在实质法治上的问题尤为重要，因为这可以为判断税费优惠政策违反相关实质性法治原则提供明确的作为正式法源的法律依据。对此，相关原则如果不能通过修改宪法予以规定，可以通过税法法典化制定一部分统领各类税法的税收法律（如《纳税人权利保护法》《税法总则》《税法通则》等）来规定量能课税原则、普遍征税原则、比例原则等，同时，制定《非税收入法》来规定收益缴费原则、比例原则等。此外，未来制定《财政法》规定财政、税收制度协调原则也对规范税费优惠政策具有重要的意义，因为该原则不仅包含财政支出与收入制度协调（如财政补贴与课税）、税收与非税收入制度协调（如税费优惠）、税收内部制度协调（如不同税收优惠）等内容，还包含税制简化、防止税收征管成本不合理增长、避免不同地区之间的不正当税收竞争等内容。

3. 明确税收优惠政策制定本身的法治要求

首先，当税种法完成立法之后，且量能课税原则成为成文法原则之后，减少税收法律规定的税负的优惠政策就只能作为例外而存在，且原则上应当由全国人大及其常委会自己来制定。为此，虽然税收优惠政策授权国务院制定还是有正当性，但是授权必须明确，包括明确优惠的目的、事项（或范围）、方式、期限（或条件）以及被授权机关实施授权决定应当遵循的原则（包括不得转授权）等。此外，对于例如《个人所得税法》第4条和第5条以及《环境保护税法》第12条规定的"国务院批准免税的其他情形。……报全国人民代表大会常务委员会备案"的授权规定，建议修改为"国务院可以提出其他减免情形的意见，报全国人民代表大会常务委员会决定"。

其次，应当在法律（如上述《纳税人权利保护法》《税法总则》）中明确规定税收优惠政策制定应当遵循哪些要求，尤其体现比例原则的要求，包括实施年限或实施条件、政策目的正当合理、以实现政策目的为限、不得过度以及需要进行税式评估等。毕竟，目前也只有《增值税法》规定增值税优惠政策要评估，且未规定评估的具体内容。这里，条款可以设计为"税收优惠制定时应明定实施年限或条件并以达成合理的政策目的为限，不得过度；制定税收优惠应举行听证会并提出税式支出评估"。当然，《纳税人权利保护法》《税法总则》如果不能及时制定，上述条款可以在《税收征收管理法》中规定。

4. 制定《税收优惠条例》

实现上述三个方面建议为制定专门的税收优惠法规奠定了基础，这也有助于提升税收优惠政策的法源位阶。考虑到税收优惠政策属于非绝对保留的事项，可以由法律位阶以下的法源来规定税收优惠政策，但是基于授权的限制，由国务院制定行政法规来类型化、体系化各个税种、不同方式的税收优惠政策是最佳也是唯一的选择，可每年修改或调整，这样也符合《税收征收管理法》第3条的规定。制定专门的税收优惠法规不仅可以协调不同的税收优惠，还可以解决制定主体较多、纳税人遵从成本高等问题。

5. 由上一级政府实施公平竞争审查

为提高地方税费优惠政策公平竞争审查的有效性，修改《公平竞争审查条例》第三章关于政策起草单位自己实施公平竞争审查的规定，改由起草单位所在政府的上一级政府（市场监督管理部门）来审查。在欧盟，为维护欧盟统一市场，成员国出台国家财税援助（包括税费优惠），该政策的审查（类似于公平竞争审查）就由欧盟的超国家机构来负责。

6. 加强相关法律法规实施的监督

在上述第2个和第3个方面建议中的立法完善之后，还需要加强相关法律实施的监督，对于违反相关法律规定的行为，全国人大常委会需要及时审查、纠正和撤销。此外，加强司法监督，例如，对于公平竞争审查，允许不在税费优惠政策适用范围内的可比主体在法院起诉相关政府出台的政策违反公平竞争。对此，可以参考《政府采购法》的规定，[1]允许该主体起诉公平竞争审查的监督部门。

7. 保障地方一定的税费优惠政策自主权

除了特定地区以外，对于一般的省份，必要的财政自主权还是需要保障的，包括在税费优惠政策制度方面。当然，这以上述第1、第2、第5和第6四个方面的建议实现为基础。对于税收优惠政策，范围限于地方税，并以相关地方税法律或全国人大的明确授权为前提，并授权给省一级的人大来制定。当然，仅仅适用于某地区的地方税优惠政策不需要在前文提到的《税收优惠条例》中规定。另一方面，相比于税收优惠政策，鉴于规范非税收入的法源位阶要低于法律，地方在费等非税收入的优惠政策制定权上权限可以更大。

---

〔1〕 该法第58条规定："投诉人对政府采购监督管理部门的投诉处理决定不服或者政府采购监督管理部门逾期未作处理的，可以依法申请行政复议或者向人民法院提起行政诉讼。"

第七章

税法与其他法律的协调

　　财税法作为领域法学，与其他学科之间存在紧密的关联，包括在法学学科内与其他法律部门存在交叉关系。事实上，税法和其他部门法都是中国特色社会主义法律体系的重要组成部分，从整体法律体系化的角度，某一法律部门出现重要变化，组成"宏图"的每一块"拼图"都需要顺势而动，税法更应如此，只有理顺法际协调的逻辑，才能发挥好税法作为领域法的整体优势。为此，由于近些年民商法、行政法、刑法、经济法等部门法都有重要的立法和修法成果，而我国目前正处于税收法治建设的关键时期，有必要研究税法与这些部门法的协调，促进税收良法善治的实现。

一、税法与《民法典》的协调

　　2017 年 3 月 15 日，第十二届全国人大第五次会议表决通过了《民法总则》。自此，在适用《民法通则》30 年之后，我国民事法律终于实现了重大发展，同时，我国在民法典编纂的道路上迈出了坚实的一步。随后，2020 年 5 月 28 日，我国自 1949 年以来首部以"法典"命名的法律——《民法典》（《民法总则》是其重要组成部分）正式问世，中国特色社会主义法治建设进入了新时期。民法在我国法律体系中占据着基础性的地位，规范的内容具有全局的指导意义，《民法典》的颁布不仅进一步巩固了这一地位和指导意义，也将对包括税法在内的其他法律的制定与适用产生重要影响。而在诸多受影响的法律中，税法是需要特别予以关注的。首先，一方面，与民法一样，税法或课税亦对全体公民的日常生活、生产具有影响，另一方面，税法与民法存在紧密的关联。税法中的应税行为由经济活动或现象所构成，而这些经济活动或现象受到民商法的规范。进一步而言，税法对不同经济活动或现象课征不同的税收负担，不管是作用于经济行为本身（例如增值税）还是作用于经济行为的经济效果（如所得税），都是建立在民商法对这些经济活动或现象给予法律上的不同定性的基础上的，涉及民事权利主体、客体、法律行为及民事责任等方面的内容。这些方面内容的不同直接影响着纳税人纳税义务的有无、类型、数额、产生时间以及管辖地等。换言之，税法在规范每一种税的纳税义务的时候，必须建立在民商法规范的基础上并参照、援引民商法的规则。其次，税也可被解读为一种债，即公法之债。据此，税收法律关系的基本关系属于公法上的关系，但这种关系具有与私法上的债权债务关系相类似的特征，其强调国家作为税收法律关系的一方与纳税人是对等的关系。换言之，税收法律关系亦可从债权债务关系进行解构，民法上的债权债务理论、制度亦可应用于税法之中。[1]最后，税法与民法的紧密关联还体现在民法所规定的民事权利保护亦是国家课税权实施的边界以及源自私法的一般法律原则在税法中的可应用性。据此，由于《民法典》在诸多内容上进行了修改、完善乃至创新，税法相关制度也需要与时俱进，从法际协调的角度，分析其对税法的影响，实有必要。早先颁布的《民法总则》在民事主体、民事权利客体、民事法律行为、民事责任制度方面存在诸多创新和变化，《民法典》的颁布，民法制度的创新和变化主要体现在分则编中。以下将通过举例予以说明。

（一）《民法典》对税收立法的示范意义

首先，从立法形式上，《民法典》的出台，预示着中国开始步入"法典"时代，不同于就诸多不同领域分别实施单行立法的模式，"法典"的立法模式覆盖这些不同领域，体现出极强的综合性和统领性。我国目前就18个税种分别制定了单行法，加上《税收征收管理法》，尚缺少一部对税收领域中具有普遍性、综合性的基本问题进行规范的法律，从而导致税收立法空白经常需要填补、税收法律交叉与冲突以及碎片化等问题。这样，《民法典》的出台，尤其是立法机关采取的总则编、各分编"两步走"的立法思路，以及最终形成的总则编+各分编的法典结构，为我国未来制定《纳税人权利保护法》或《税法总则》，继而制定税法分则编，并最终形成《税法典》提供了重要契机和可借鉴的立法经验。

其次，从立法内容上看，伴随中国特色社会主义进入新时代，《民法典》将社会主义核心价值观注入民事法律制度的价值内核之中，回应人民群众在

---

〔1〕 参见施正文：《税收债法论》，中国政法大学出版社2008年版，第1~5页。

民主、法治、公平、正义、安全、环境等方面日益增长的要求。同时,《民法典》针对经济社会生活中出现的新情况、新问题作出的新规定,特别是协调经济发展与环境保护的关系、破解人工智能发展带来的矛盾冲突、强化互联网时代个人信息保护等。为此,税收立法(修法)也应当将社会主义核心价值观注入税收法律制度的价值内核之中,通过贯彻税收法定、量能课税以及法律确定性、诚信与信赖利益保护等原则,建构或完善符合民主、法治、公平、正义等要求的课税制度。同时,税收立法(修法)也应当回应环境保护的要求、建立绿色税制、关注人工智能、促进税收征管的现代化,在以数治税下加强纳税人涉税信息的保护等。

(二)《民法典》对纳税义务确定的影响

税法中的应税行为由经济活动或现象所构成,而课税应当建立在民法对这些经济活动或现象规范的基础上。这不仅出于税法与民法协调的需要,也是解决新兴活动或现象课税难题的需要。

1.《民法典》的创新和变化

(1)在民事权利主体方面,有如下几点:第一,《民法典》第四章确认了个人独资企业、合伙企业、不具有法人资格的专业服务机构等非法人组织的民事主体地位,规定非法人组织可以自己的名义进行民事活动并享受民事权利和负担民事义务,但非法人组织出资人或设立人对其债务承担无限责任。自此,非法人组织正式成为与自然人、法人并列的第三类民事主体,这一确认顺应市场需求、有助于激发市场主体活力。而这一确认无疑使得非法人组织在税法中的税收法律关系主体地位得到了加强,具体而言,非法人组织直接成为纳税人(除法律规定只有法人才能成为纳税人的税种以外,如企业所得税)、税收协力义务人的可能性和应用范围都将得到提高或加大,税收征管成本也将降低。第二,针对遗产继承、接受赠与,《民法典》第16条首提胎儿具有民事权利能力,这样,胎儿亦可以继承遗产和接受赠与财产。对于胎儿继承遗产的情形,倘若未来我国开征遗产税并采用分遗产税的模式,需要考虑赋予胎儿纳税人的地位。对于胎儿接受赠与财产的情形,如果是受赠不动产,现有个人所得税、契税需要考虑将胎儿作为纳税人进行课税,如果是受赠其他财产,若未来我国开征赠与税的话,亦需要考虑赋予胎儿纳税人的地位。第三,由于《民法典》第三章第三节对非营利法人进行专门的规范,税法在赋予非营利性组织税收优惠时对该组织的界定可以援引《民法典》的规定并依此进行完善。

（2）在民事权利客体方面，《民法典》第127条首次明确将网络虚拟财产作为一种物权客体加以保护，使得网络虚拟财产具有了所有、收益、处分的财产属性。这样，对网络虚拟财产的课税就具有了明确的法律基础。由于民事主体可以拥有网络虚拟财产所有权、处分权等与一般财产一样的物权权能，一方面，需要将民事主体转让网络虚拟财产的行为按照销售一般财产的行为进行课税，例如，对销售所得，应基于财产转让所得征收所得税；另一方面，基于网络虚拟财产具有一般的财产属性，应可作为收入的一种非货币形式，这样，当民事主体在交易中基于对价给付获得网络虚拟财产，而不是现金、存款等货币形式的收入，该民事主体也应该按照市场价值估值缴纳所得税。因此，不管是《个人所得税法》还是《企业所得税法》，在对相关应税客体方面的规则进行解释和适用时，都应明确网络虚拟财产的可税性，未来相关法律的修订或立法时，亦可以明确规定。

（3）在民事权利行使方面，《民法典》在加强民事权利保护的同时，亦对公民行使民事权利进行了必要的限制，即在第132条首次明确规定了权利滥用禁止原则。权利滥用禁止源于权利（例如所有权）并非绝对、权利行使存在限制的理论，换言之，公民行使权利应当满足一些特定条件，不得滥用权利损害国家利益、社会公共利益或者他人合法权益。权利滥用禁止诞生于私法，并已成为大陆法系国家法律体制中的一般原则，亦可应用于包括税法在内的其他法律部门之中。《民法典》对权利滥用禁止原则的规定，有助于推动该原则在税法中的应用，包括在一般反避税规则的立法中以权利滥用来界定避税。具体而言，税法中的避税行为实质是一种权利滥用行为，例如，滥用所得税费用、成本扣除权、增值税进项税抵扣权等权利，表现为以不正常的方式行使相关权利，获得不正当税收利益，损害国库利益和公平课税。我国目前正积极开展反避税工作，不过，相关反避税立法还存在一些问题，而这主要源于反避税理论研究的不足。为此，我国需要加强权利滥用禁止原则在反避税领域中的应用，完善一般反避税规则立法和适用。

（4）在民事法律行为方面，《民法典》第六章详细规定民事法律行为的成立和效力后，据此可以细化契税等税种在合同成立但尚未生效的情形纳税义务产生的规则。

（5）《民法典》分则编中其他民法制度的创新和变化，例如，合同编增加了四种新的典型合同，包括保证合同、保理合同、物业服务合同和合伙合同，可以选择性地纳入印花税的税目之中。再如，婚姻家庭编根据共同生活标准对家庭成员进行了界定，为个人所得税附加扣除家庭成员范围的界定以及未来我国以家庭为单位征管模式改革提供了重要依据。

2. 《民法典》对新兴事物的规范

《民法典》对许多新兴活动或现象进行了规范，为相关课税难题的解决奠定了基础，这一点以电子商务和数字经济最为典型。伴随着互联网应用的发展和普及，电子商务和数字经济的迅速发展对税收征管提出了重大挑战，电子商务和数字经济课税也成为当前需要迫切解决的难题，包括涉及纳税义务产生时间以及纳税地点的问题，这与互联网经济缺乏规范有着紧密关联。而《民法典》合同编建立起了有效的网络交易规范，例如，明确了电子合同订立和履行的特殊规则，特别涉及商品交付时间和服务提供时间，以及当事人以数据电文等形式订立合同时合同成立时间和成立地点的规则。这些区别于传统经济下适用的新规则，为电子商务、数字经济下有关交易发生时间和地点的认定提供了新的标准，这也使得相关的课税规则，尤其涉及以交易的实施为课税对象的间接税，在纳税义务产生时间和征税地的确定上有了值得借鉴的标准。

（三）《民法典》对税收征管的影响

首先，税收征管涉及税法的适用，为正确确定纳税义务以及确保税款的征收，税法的适用需要借助民事法律制度，《民法典》中的诸多新规则对于税法的正确适用具有重要的影响。例如，《民法典》合同编完善了代位权和撤销权制度，增加了代位权行使的情形和实施规则以及撤销权行使的情形。其中，代位权行使增加的情形为债务人怠于行使债权从权利，撤销权行使增加的情形包括债务人无偿处分财产权益、恶意延长履行期限、以明显不合理高价受让他人财产等。这样根据《税收征收管理法》第50条，税务机关依据《民法典》行使代位权和撤销权，可以更好地保护税收债权。当然，为更好实现这一点，还需要修改《税收征收管理法》，即与《民法典》的规定相一致，增加《民法典》新增的行使情形，并改为依照《民法典》有关规定行权。又如，《民法典》婚姻家庭编在遗产继承方面，一方面，增加了在既有法定继承又有遗嘱继承、遗赠的情形下被继承人税款应当如何清偿的规则，税务机关应当据此执行。另一方面，婚姻家庭编增加了相互有继承关系的数人在同一事件中死亡且难以确定死亡时间的继承规则，完善了代位继承制度，以及增加了遗产管理人制度，使得税务机关在这些特殊的继承情形下确定税款承担者有了依据，同时也便利了税收征管。次如，《民法典》明确规定了权利滥用禁止原则，作为一项一般法律原则，也适用于包括税法在内的其他部门法中。为此，即使在税收立法上还未以权利滥用理论界定避税来完善一般反避税规则，在税收征管上也可以援引权利滥用禁止原则来认定避税。再如，《民法典》第56条对个体工商户债务承担范围明确后，即在个人经营的情况下以个人财产承担，在家庭经营的情况下以家庭财产承担，在无法区分的情况下以家庭财产承担，税务机关可以据此就相关自然人财产追缴个体工商户所欠的税款。

其次，国家课税权的行使应当在一定的边界范围内，对民事主体的权利亦不得任意侵害，尤其是在税收征管的过程中。《民法典》以保护民事主体权利为主线，规定了大量的民事主体权利，尤其是新增加或特别强调的权利，在税收执法过程中也需要受到保护。例如，物权编新增加了居住权，居住权因生活居住的需要而产生，如果税务机关追征纳税人的未缴税款，应当避免对纳税人所有的但是他人拥有居住权的房屋采取税收强制措施。又如，《民法典》首次引入了人格权编，突显了对民事主体人格权的保护，包括生命权、身体权、健康权、名誉权、荣誉权、隐私权等权利。鉴于这些权利属于民事主体最基本的权利，虽然税务机关在税收征管中通常并不会侵害到纳税人的这些权利，但是依然需要特别注意，避免对这些权利造成损害。再如，《民法典》第111条首次明确规定自然人个人信息受法律保护，并且特别强调任何组织和个人必须依法取得并确保信息安全。这一规定是对我国当前个人信息保护力度不够（例如电信诈骗案件频发）做出的积极回应。立法加强对个人信息、隐私权的保护是现代社会文明、公民自由保护的重要内容，尤其是在互联网和大数据时代，意义重大。可以肯定，在《民法典》规定之后，任何主体获取、使用他人个人信息必将受到更大的限制，如税务机关。我国正在逐步加强对自然人的税收征管，其中一项重要内容是引入包括交易相对方、金融机构、机关、事业单位在内的第三方向税务机关提供纳税人涉税信息义务制度。为保护纳税人的个人信息，税务机关在获取、使用纳税人涉税信息时，必须在《税收征收管理法》中明确规定相关涉税信息管理的内容，同时，加强纳税人涉税信息保护的规定，严格规定税务机关使用目的、范围、程序、责任等内容。《税收征收管理法》应强调税务机关处理自然人的涉税信息，只能用于征税目的，同时税务机关应对信息严格保密，并遵守《个人信息保护法》的有关规定。

二、税法与《公司法》的协调

2023 年 12 月 29 日，《公司法》在颁布三十年之际再次迎来大修。新修订的《公司法》经第十四届全国人大常委会第七次会议表决通过，从 2024 年 7 月 1 日起施行。《公司法》是社会主义市场经济制度的基础性法律，其修订对于完善中国特色现代企业制度、推动经济高质量发展至关重要。《公司法》的修订"牵一发而动全身"，将对很多其他法律产生影响，尤其值得关注的是税法。课税建立在民商法对各类经济活动或现象规范的基础之上，而《公司法》是规范商事法律关系的基础性法律，其修订势必会影响税法的制定、适用与完善。此外，公司法以维护债权人利益为重要宗旨之一，《公司法》修订针对债权人保护作出了新规定，也密切关系到国家税收利益的实现。据此，有必要分析《公司法》修订的内容在哪些方面对税法有着重要的影响，并从倡导诚信纳税、实体税法的纳税义务确定和程序税法的税收征管三个方面展开阐释。总体而言，《公司法》修订在诸多规则上进行了变化和创新，一方面，为税收征管提供了更为便利的制度条件，另一方面，税法相关制度也应与时俱进，与之协调。

（一）《公司法》修订对诚信纳税的积极倡导

修订后的《公司法》细化了企业社会责任的内涵，使其具有更明确的指引功能。《公司法》第 20 条增加规定"公司从事经营活动，应当充分考虑公司职工、消费者等利益相关者的利益以及生态环境保护等社会公共利益，承担社会责任"。具体而言，企业社会责任不仅体现在减少生态污染的环境责任、关注利益相关者的伦理责任，还包括诚信纳税的经济责任。纳税体现社会公共利益，在《公司法》的上述规定下，公司更要积极履行依法诚信纳税的社会责任。当然，与《公司法》倡导公司积极承担社会责任相配合，税法也可以通过完善关于公司从事公益事业的税收优惠规则，激励企业更多参与公益事业，承担社会责任。例如，关于无偿转让这类视同销售货物行为，增值税法应当补充规定用于公益事业的不视同处理。

（二）《公司法》修订对纳税义务确定的影响

（1）在公司出资设立方面，修订后的《公司法》第48条从法律层面上确认了以股权和债权出资的方式。股权和债权是典型的非货币财产出资形式，早已在实践中施行。[1]相关的课税规则，例如，股权和债权出资按照视同销售征收个人所得税或企业所得税，或者以上市公司股票和债券的形式出资按转让金融商品征收增值税，目前主要在税收规范性文件中规定，或者缺乏明确规定。为此，《公司法》明确规定股权和债权可以出资，这有助于推动股权和债权出资课税规则法律位阶的提升和立法的明确性。

（2）在公司股份发行、转让方面，修订后的《公司法》第144条确立了股份有限公司的类别股制度，优先股和劣后股、特殊表决权股、转让受限股等在法律层面得以明确，有利于满足不同投资者的投资需求。与此同时，随着类别股交易的增多，相关的课税规则也有待进一步明确，尤其是转让类别股的增值税问题。例如，相比于普通股票，转让须经公司同意的受限股，如果体现的流通性相差甚远，就不宜认定为金融商品。再如，对于其他类别股，即使可以认定为金融商品，转让买入价和卖出价的核算方式也需要进一步明确。此外，修订后的《公司法》删除了有限责任公司股东对外转让股权需要经过其他股东同意的限制条件，股权转让适度"松绑"，有利于促进股权流通。不过，即使如此，有限责任公司的股权也并非为交换而生产出的产品，并缺乏相关交易市场，尚不宜认定为增值税法上的金融商品。相反的是，修订后的《公司法》第157条授权股份有限公司通过章程对股份转让进行限制，股份有限公司的股份流通性可能受到限制。但是《公司法》没有明确公司章程限制股份转让的条件、方式和程度，转让受限的股票能否构成增值税法上的金融商品，有待进一步明确。

（3）在公司股票、债券发行方面，修订后的《公司法》第147条和第197条还取消了公司发行无记名股票和无记名债券的权利，此举既有利于开展反洗钱工作，又有助于相关税收纳税人的确定。在记名股票和债券的情况下，不管是对股息、利息征收所得税，还是对股票、债券转让征收增值税，可直接以记载的持有人（股东或债权人）确定为纳税人，便利纳税义务的认定，

---

[1] 参见《公司注册资本登记管理规定》（2014年，已失效）第6条规定："股东或者发起人可以以其持有的在中国境内设立的公司（以下称股权所在公司）股权出资……"

同时，也便于税务机关掌握相关收益、交易情况，遏制纳税人利用无记名实施逃税。此外，修订后的《公司法》第140条增加禁止违反法律、行政法规的规定代持上市公司股票的规定，名义持股情形的减少，更进一步保障直接以记载的持有人确定为相关税收的纳税人，不仅与侧重形式课税的增值税征收相契合，也能与侧重实质课税的所得税征收相契合。

（三）《公司法》修订对税收征管的影响

修订后的《公司法》适当放宽了公司的设立条件，导致滥用有限责任以逃避债务的风险增大，但是《公司法》亦对资本制度进行了完善，强调债权人利益的保护，有利于维护国家税收利益。

（1）修订后的《公司法》明确和拓展了追缴税款的责任主体。其一，《公司法》第23条在法律层面正式建立起横向法人人格否认规则，规定股东利用其控制的两个以上公司，滥用公司法人独立地位和股东有限责任，逃避债务，严重损害公司债权人利益时，各公司应当对任一公司的债务承担连带责任。横向法人人格否认规则引入《公司法》，有利于进一步强化债权人利益的保护。实践中，股东利用控制的公司"换壳经营"、转移利润并进行避税的行为并不鲜见。随着《公司法》确立横向法人人格否认制度，税务机关可以将该制度作为规制企业避税行为的重要工具，据此要求股东控制的其他公司，对于未缴税款承担连带责任。其二，《公司法》第232条新增了清算义务人未履行清算义务的赔偿责任。基于该规定，税务机关在清算义务人没有及时履行清算义务，损害税收债权时，可以向清算义务人追偿税款。其三，《公司法》第240条和第241条分别引入了简易注销和强制注销程序。当公司清偿完全部债务，且经过全体股东承诺时，可以通过简易程序注销登记。如果股东承诺不实，则应当对注销登记前的债务承担连带责任。而公司被吊销营业执照、责令关闭或者被撤销，在满足一定条件后公司被登记机关强制注销，原公司股东、清算义务人的责任不因强制注销受影响。简易注销和强制注销程序纳入《公司法》，完善了市场主体的退出机制，同时兼顾债权人利益的保护，为注销企业税款追缴制度提供了明确的法律依据，有利于保障国家税收利益。就简易程序而言，一方面，税收债务是公司债务的一部分，公司办理简易注销应当以清缴税款为前提；另一方面，如果股东承诺不实，公司未清缴税款即办理简易注销，税务机关可以向股东追缴注销公司的税款。就强制注销制度而言，税务机关有权在公司强制注销后向原公司股东追缴相应的税款。

（2）修订后的《公司法》有助于提升税收征管效率。其一是，《公司法》第 54 条增加了有限责任公司股东认缴出资的加速到期制度，以实现维护交易安全、保障债权人利益的目的，也有助于税务机关征收税款。当公司不能清偿应缴税款时，作为债权人的税务机关有权要求已认缴出资但未届出资期限的股东提前缴纳出资，以偿还税款。其二是，《公司法》完善了公司的公示制度，尤其是根据第 229 条的规定，公司解散或成立清算组的，应当在国家企业信用信息公示系统进行公示。纳税人相关信息及时公示，有利于便利税务机关掌握公司经营状况并征收税款。

（3）需要特别一提的是，上述《公司法》就债权人利益保护的规定，如果仅仅基于税收债权债务理论，代表税收债权人的税务机关在税收征管中援引《公司法》的相关规定征收税款存在一定的难度。为此，有必要在《税收征收管理法》中进行转化予以明确。例如，为维护在公司简易注销下国家的税收利益，《税收征收管理法》可明确规定税务机关追缴已简易注销的公司的欠缴税款，承诺税款缴纳完毕不实的股东应对欠缴税款承担连带责任。再如，《税收征收管理法》可规定公司届期未清缴税款，税务机关有权要求股东出资加速到期。

三、税法与其他部门法的协调

除了民商法领域，近年来我国在行政法、刑法、经济法等领域多有重要的立法、修法新变化。不同于民商法，这些部门法与税法的交叉更多集中在税收征管和处罚方面，毕竟税收征管也是一种行政执法活动，税收违法行为也会面临行政和刑事处罚。为此，税法与这些部门法的协调，也主要通过《税收征收管理法》的完善来实现。事实上，正在修订之中的《税收征收管理法》应具备法际协调视野，着眼于与上述部门法新规则的协调，实现法际间规则的体系化。

（一）《税收征收管理法》与行政法的协调

首先，与 2011 年制定的《行政强制法》的协调。例如，《行政强制法》第 45 条规定了滞纳金的适用情形和限额（金钱给付义务为限）。滞纳金属于行政强制执行的执行罚，《税收征收管理法》关于滞纳金的规定应与《行政强制法》相协调，修订应界定滞纳金和税款利息概念，明确税款利息、滞纳金、罚款的适用关系，规定税款利息因为是补偿的性质不用封顶，滞纳金作为执行罚（以此确定起算时间）以欠缴的税款额为限，避免欠税人负担畸重。再如，《行政强制法》第三章第二节规定了查封、扣押及冻结等行政强制措施的实施程序。在《税收征收管理法》中，查封、扣押、冻结是税收保全措施，本质上是税收征管的行政强制措施，其实施应严格依法进行。为此，《税收征收管理法》修订应明确规定税务机关实施查封等税收保全措施要符合《行政强制法》的有关规定。

其次，与2021年修订的《行政处罚法》的协调。例如，《行政处罚法》第33条首次明确规定行政处罚的主观过错要件。应受行政处罚的行为需要有故意或过失的主观过错。基于这一一般规定，《税收征收管理法》认定违法行为需考量主观过错，仅处罚有过错的行为，并区分故意和过失。对此，对于不申报未缴税款行为，现行法仅笼统规定，《税收征收管理法》修订应区分故意不申报和过失不申报，分别对应逃税和漏税，以此明确"漏税"概念。再如，《行政处罚法》第9条增加了通报批评、限制从业等行政处罚的种类。《税收征收管理法》修订可以贯彻一般法对处罚种类的设定，在当前主要为罚款处罚的基础上增加通报批评和限制从业。尤其是关于限制从业，可对严重逃税的企业设置一定年限内特定市场准入禁止，也可限制协助企业逃税的税务服务人员从事相关税务服务。

（二）《税收征收管理法》与刑法的协调

首先，与基于2009年《刑法修正案（七）》修正的《刑法》的协调。例如，《刑法》将"偷税罪"改为"逃税罪"，罪状描述为采取欺骗、隐瞒手段进行虚假申报或不申报。针对逃税行为的叙述，为畅通行刑衔接，《税收征收管理法》和《刑法》应保持整体上的一致性。《税收征收管理法》修订也应改"偷税"为"逃税"，并对逃税的基本界定参照《刑法》作相对抽象性的规定。

其次，与2024年"两高"《解释》的协调。例如，"两高"《解释》第1条第2款明确了不申报的外延，增加了第三类"其他明知不申报"的兜底条款。[1]基

---

〔1〕　这三类情形为：①依法在登记机关办理设立登记的纳税人，发生应税行为而不申报纳税的；②依法不需要在登记机关办理设立登记或者未依法办理设立登记的纳税人，发生应税行为，经税务机关依法通知其申报而不申报纳税的；③其他明知应当依法申报纳税而不申报纳税的。

于前述对漏税的界定，逃税的不申报仅限明知不申报，应当包括"两高"《解释》列举的两项具体情形及一项兜底情形。《税收征收管理法》未设置兜底条款，不申报外延界定过窄，为畅通行刑衔接以及全面打击不申报逃税行为，修订应增加兜底条款。再如，"两高"《解释》分别界定了虚开增值税专用发票（以下简称"虚开专票"）和虚开其他发票的情形，限缩了对虚开专票犯罪行为的认定，[1]而对虚开其他发票犯罪行为的认定无明显变化。在限缩虚开专票犯罪行为的背景下，如果不扩大相关涉税犯罪的打击范围，除了虚开其他发票罪，还包括非法出售和非法购买增值税专用发票罪，事实上也应该限制这些罪的构成，对虚开发票行为的行政处罚力度需要加大，以维护税收利益。为此，虚开发票的处罚应在《税收征收管理法》中规定，并加重对虚开发票的处罚力度。

（三）《税收征收管理法》与经济法等法律的协调

首先，与 2018 年制定的《电子商务法》的协调。例如，《电子商务法》第 28 条规定了平台的涉税信息报送义务，同时要求促进跨境电商税收管理制度、服务及监管体系建设。当前《税收征收管理法》针对涉税信息报送义务的配套规则、数字经济的税收征管仍为立法空白。修订应明确平台报送涉税信息范围、细化报送规则，并引入一站式的现代化交易征管系统，降低跨境电商的税法遵从成本。

其次，与 2016 年、2021 年分别制定的《网络安全法》和《数据安全法》的协调。两法均关注数字化信息的安全。例如，《网络安全法》专节规定关键信息基础设施运行安全，要求对其定期进行检测评估，《数据安全法》也专章规定政务数据安全，国家机关应落实数据安全保护责任，以制度管理数据安全。随着税收征管数字化程度提高，税收征管信息系统作为关键信息基础设施，其建设应注意网络安全、数据安全，维护国家安全。为此，《税收征收管理法》修订需明确系统建设应维护国家安全、定期风险评估，基于安全完善信息管理制度等。

---

[1] 参见翁武耀：《一部精准打击涉税犯罪的司法解释》，载《中国审判》2024 年第 7 期，第 14 页。

第八章

增值税抵扣权制度的完善

"营改增"以来，我国增值税制度正逐步向着现代增值税制度的方向趋于完善。同时，按照税收法定原则的要求，《增值税法》也已经在 2024 年底颁布。抵扣制度是增值税的核心制度，对于确保增值税作为一个最理想的中性税种和仅对私人消费征收的属性起着至关重要的作用，可以说围绕它的立法是整个增值税立法的两大核心之一。[1]而抵扣制度的运行从根本上来讲就是通过赋予纳税人抵扣权来实现的，作为增值税纳税人的一项核心权利，抵扣权规范完善与否又决定了抵扣制度是否能够有效发挥其应有作用。不过，现有增值税法规并没有明确规定纳税人"抵扣权"，或者说没有引入"抵扣权"的概念，进而在规范纳税人抵扣权时会偏重国库主义和征管便利，而对纳税人的抵扣权施加不合理的限制。在现代税收国家以及基于建立现代财税制度的要求，税法需要在维护国家税收利益和保护纳税人权益之间达成平衡。2024 年《增值税法》在完善抵扣制度方面有不少进步，但对我国未来《增值税法》的完善而言，从权利的角度来完善抵扣制度还是一项重要的使命。因而，需要更多的税法等法学界的人士参与到增值税抵扣制度的立法完善中来，使这一技术性很强的税种立法增加更多诸如权利等法律元素，从纳税人权利的角度来规范抵扣制度。

那么，增值税抵扣权涉及哪些基本规则以及如何在兼顾国家税收利益和纳税人权益的基础上对其进行规范以实现增值税中性之基本原则？欧盟作为增值税的发源地，欧盟增值税一直是世界其他开征增值税的国家和地区研究和借鉴的对象。为此，基于欧盟增值税立法和司法判例的成熟经验，包括作为欧盟增值税组成部分的意大利增值税立法和司法判例以及相关税法学说，

---

〔1〕 另一大核心是增值税应税行为立法。

有必要对欧盟增值税抵扣权的规则进行系统解读，分析我国增值税法规在这方面的不足，并对未来我国增值税相关立法提出完善建议。其中，将重点论述以下四个基本问题：（1）抵扣权的概念和基本规则体系；（2）抵扣权的产生，涉及抵扣权于何时产生；（3）抵扣权的范围，涉及抵扣权的实质条件；（4）抵扣权的行使，涉及抵扣权的形式条件和实现方式。

一、抵扣权的概念和基本规则体系

（一）抵扣制度和抵扣权的概念

作为流转税，增值税是一种多环节（征收）的税，在商品和服务的生产、分配过程中的所有阶段，都需要征收增值税。这样，不仅私人消费，生产性消费也会被置于征收增值税之中。增值税的纳税人是商品和服务的销售方，但是不管是基于厂商经济实力的转嫁还是存在特定的法律保障制度，[1]从经济的角度，增值税的税负应当由消费者或者说由商品和服务的购买方来承担。而正因为如此，增值税得以被转移至商品和服务的生产、分配过程中的下一个环节。而增值税作为一仅仅对私人消费征税的税种，或者说，作为一种只对最终消费者才征税的税种，[2]需要消除厂商作为消费者时所承担的增值税税负，消除的关键就在于抵扣这一增值税特有的制度，即允许厂商在作为增值税纳税人缴纳增值税时抵扣在上一个交易环节他们作为消费者时承担的增值税。也就是说，通过这样一种抵扣制度，被转移的增值税构成了一种厂商可以向国库请求的税收债权的客体。[3]正是由于这种抵扣机制的存在，使得增值税成为一种最为理想的"中性"的税种，即纳税人不用承担在其实施经营活动中发生的增值税税负，而是由最终消费者（私人消费者）来承担。显然，抵扣制度构成了增值税区别于其他流转税（比如营业税）的关键，在确

---

　　[1]　比如，在意大利，存在一种补偿制度（istituto della rivalsa），通过这样一种制度安排，商品和服务的销售方可以基于法定权利向购买方求偿他们向税务机关所缴纳的增值税。

　　[2]　对此，正如本书第三章已经指出的，欧盟《2006年增值税指令》第1条明确指出，欧盟增值税是一种一般消费税或者说对消费征收的税（a general tax on consumption），其中，消费指的是区别于生产性消费的私人消费。当然，这里所指的一般消费税不同于针对特定产品或商品的消费税（excise duty）。

　　[3]　Cfr. Luca Cogliandro, *Imposta sul valore aggiunto, diritto a detrazione e neutralità fiscale: profili comunitari e nazionali*, Tesi di dottorato di ricerca in Diritto Tributario Europeo（Ciclo XXIII 2011）in Facoltà di Giurisprudenza di Università di Bologna, pp. 7~8.

保税款的同时，又避免了重复征税，这也正是增值税在全世界范围内如此成功的原因。据此，基于抵扣制度的抵扣权，可以概括为增值税纳税人享有的从其缴纳的因销售商品或服务而产生的增值税（通常被称为销项税）中抵扣其在购买商品或服务时所承担的增值税（通常被称为进项税）的权利。

　　不过，令人遗憾的是，我国《增值税暂行条例》及其实施细则、《营业税改征增值税试点实施办法》（以下简称《营改增实施办法》）和2024年《增值税法》并没有明确规定纳税人的"抵扣权"，或者说没有引入"抵扣权"的概念，[1]尽管纳税人抵扣权的存在并不以在法律中明确规定"抵扣权"为必要条件。《增值税法》第8条第1款规定："纳税人发生应税交易，应当按照一般计税方法，通过销项税额抵扣进项税额计算应纳税额的方式，计算缴纳增值税……"这样，纳税人相应的进项税抵扣的权利事实上是存在的，也是有法律依据的。[2]此外，我国有五部税收规范性文件也曾在涉及纳税人是否放弃固定资产进项税抵扣时使用了"抵扣权"这一概念。[3]当然，我国目前在税收法规中未使用"抵扣权"概念，这与世界其他开征增值税的国家和地区，主要是大陆法系的国家和地区，在抵扣制度的立法中普遍使用"抵扣权"概念的实践有所区别。比如，在欧盟，作为欧盟增值税的基本法规，《2006年增值税指令》关于抵扣的第五章就使用了"抵扣权"（right of deduction）的概念。[4]此外，在执行欧盟指令的成员国增值税内国法方面，意大利《1972年增值税法》（1972年第633号共和国总统令）第19条关于抵扣的规定中使用了"抵扣权"（diritto alla detrazione）的概念；[5]法国《税收总法

　　[1]　事实上，不仅是这几部基本法规，所有还生效的规范增值税的法律文件（包括财政部、国家税务总局等部门发布的各类通知、公告等）都没有引入"抵扣权"的概念。

　　[2]　关于增值税抵扣权的理论论证，参见褚睿刚：《增值税抵扣权之证成：一场内部与外部证成理论的辩论》，载《江西财经大学学报》2022年第4期，第123~135页。

　　[3]　参见财政部、国家税务总局《关于2005年东北地区扩大增值税抵扣范围有关问题的通知》（财税〔2005〕28号，已失效）、《扩大增值税抵扣范围暂行管理办法》（国税发〔2007〕62号，已失效）、《中部地区扩大增值税抵扣范围暂行办法》（财税〔2007〕75号，已失效）、《内蒙古东部地区扩大增值税抵扣范围暂行办法》（财税〔2008〕94号，已失效）和《汶川地震受灾严重地区扩大增值税抵扣范围暂行办法》（财税〔2008〕108号，已失效）。

　　[4]　例如，该章第一节就以"抵扣的产生和范围"（Origin and scope of right of deduction）命名。

　　[5]　例如，在该条第1款关于抵扣权何时产生的规定中，原文如下："Il diritto alla detrazione dell'imposta relativa ai beni e servizi acquistati o importati sorge nel momento in cui l'imposta diviene esigibile"．关于本书提到的意大利《1972年增值税法》，法源出处都为"Decreto del Presidente della Repubblica 26 ottobre 1972，n.633"，下文不再赘述。

典》在增值税部分抵扣的一节使用了"抵扣权"（droit à déduction）的概念；[1]西班牙《1992年增值税法》（1992年第37号法律，La ley 37/1992）在抵扣一节使用了"抵扣权"（derecho a la deducción）的概念。[2]这在某种程度上在税收领域体现了大陆法系国家"用权利概念作为核心表达工具、抽象推理演绎而成法典秩序"的传统。[3]为开启对纳税人抵扣权保护的新时代，我国未来增值税法完善中也需要引入"抵扣权"的概念，进而对增值税抵扣权基本规则进行全面的审查和完善。

（二）抵扣权基本规则体系

除了一些特殊或例外规则之外，增值税抵扣权基本规则应当包含哪些内容？[4]欧盟《2006年增值税指令》共十五章，其中以一章（第十章）专门用于规定抵扣，并进一步分为五节，分别是关于抵扣权的产生和范围、比例抵扣、抵扣权的限制、抵扣权行使的规则和抵扣的调整。而意大利《1972年增值税法》第19条就抵扣详细规定了以下内容：抵扣权的产生、抵扣权的行使、抵扣的范围、抵扣的比例、对一些商品的抵扣的排除和减少（即关于欧盟增值税指令中的抵扣权限制）、抵扣的修正（即关于欧盟增值税指令中的抵扣调整）和非营利机构的抵扣。这样的内容安排与欧盟《2006年增值税指令》的规定是相一致的。基于执行欧盟指令的义务，其他欧盟成员国的增值税内国法在抵扣权方面的规定，也是大同小异。鉴于比例抵扣、抵扣权限制和抵扣调整都属于抵扣权范围的配套制度，可以将它们统一归类于抵扣权范围，欧盟成员国增值税内国法都包含了抵扣权产生、范围和行使这三部分基本规则，尽管在体例安排上有所差异。

根据2024年《增值税法》，我国目前关于抵扣权的规则主要有以下几条：

---

〔1〕 例如，在第271条第2款关于抵扣权何时产生的规定中，原文如下：" Le droit à déduction prend naissance lorsque la taxe déductible devient exigible chez le redevable. "

〔2〕 例如，第94条就以"产生抵扣权的交易"（Operaciones cuya realización origina el derecho a la deducción）命名。需要特别指出的是，西班牙税法对于拉美国家的税法制度具有很大的影响。

〔3〕 冉昊：《两大法系法律实施系统比较——财产法律的视角》，载《中国社会科学》2006年第1期，第60页。

〔4〕 这里仅仅对增值税抵扣权的基本规则进行论述，针对一些特定行业或小型经营者的抵扣权特殊或例外规则，比如我国小规模纳税人不得抵扣进项税规则、欧盟增值税中的小企业固定比例抵扣规则，这里并不论及。关于后者，参见翁武耀、郭志东：《论欧盟增值税小企业固定比例制度》，载《国际税收》2013年第8期，第20~24页。

（1）前文提到的第 8 条和第 14 条，规定销项税减去进项税的增值税一般计税方法并据此确定增值税应纳税额，属于抵扣权的直接法律依据；（2）第 16 条，规定何为可以抵扣的进项税额和抵扣权行使条件之抵扣凭证的要求；（3）第 21 条，规定抵扣权行使下超额可抵扣进项税的处理；（4）第 22 条，关于抵扣权的限制，规定哪些进项税额不得抵扣。此外，虽然《增值税法》尚未规定（有待其实施条例来规定），但可参考的是，《增值税暂行条例实施细则》第 26 条和第 27 条以及《营改增实施办法》第 29 条、第 30 条、第 31 条和第 32 条规定了不得抵扣进项税比例的计算公式和已抵扣进项税的调整。与欧盟增值税抵扣权基本规则立法相比，不难发现，我国增值税抵扣权基本规则尚不成体系，主要体现在两个方面：没有单独列章节或专门集中起来进行系统规范，而是分散于不同条款或是在非基本法规中进行规范；诸如抵扣权的产生等基本规则尚没有明确规定。当然，在现有规则方面，还存在部分不完善之处，以下将分别从抵扣权的产生、范围和行使三个基本规则进行一一分析。

二、抵扣权的产生

（一）抵扣权产生与产生时间原理

根据欧盟《2006 年增值税指令》第 167 条的规定，对于作为商品受让人或服务接受者的经营者，抵扣权在可以抵扣的（进项）税变成可以征收（chargeable）的那一刻产生。其中，可征收性是税务机关相对于履行了相应的商品或服务提供的经营者来说的。基于欧盟增值税指令的效力，意大利《1972 年增值税法》第 19 条第 1 款也规定了关于购买或进口的商品和服务的税的抵扣权在税需要征收的时候产生。那么，关于税何时可以征收，又该如何解释？是否与增值税纳税义务的产生时间是一致的？对此，《2006 年增值税指令》作出了肯定的解释。其中，《2006 年增值税指令》第 62 条对纳税义务的产生事例和税的可征收性进行了定义：前者是指这样一类事例，基于这类事例，增值税变得可征收性的必要法律条件得以成就，比如实施了商品的转让、服务的提供。在此刻，对税务机关而言，产生了相应的税收债权，对经营者，则产生了相应的税收债务；后者是指在某一时刻，税务机关可以基于法律的规定向纳税人征收税款，即使货款可能被延迟支付。同时，根据《2006 年增值税指令》第 63 条的规定，纳税义务产生事例的发生伴随着税成为可征收性，也就是说纳税义务的产生与税的可征收性是一致的，作为一般规则，两者都是商品转让或服务提供的时候，即商品交付或服务履行完成的时候。[1]需要进一步明确的是，商品转让或服务提供对应的就是上述纳税义务产生的事例，商品转让或服务提供的时候也就是指增值税应税交易发生的时间，从实体上决定了纳税义务的产生。而税的可征收性指的是从程序上纳税义务的产生时间，虽然在很多情况下与应税交易发生的时间是一致的，但是在特殊情形下，税的可征收性有可能早于或晚于应税交易发生的时间。上述欧盟增值税指令的规定没有很好区分这一点。例如，在商品转让或服务提供之前，先开具发票或先支付价款，税的可征收性也就具备了。我国《增值税法》在征收管理的第 5 章第 28 条就是如此规定的。据此，对同一笔增值税税款而言，通过在税的可征收性（对商品或服务提供的经营者而言）和税的可抵扣性（对商品或服务的购买者而言）之间建立关联，欧盟《2006 年增值税指令》第 167 条规定的抵扣权产生时间也是从程序的角度而言的，即将抵扣权的产生时间规定为从程序上的纳税义务产生时间。当然，从实体的角度，抵扣权的产生也是取决于应税交易的发生，对应购买方为自身的经营活动实施（发生）商品或服务的购买，即同一笔交易和同一笔增值税税款，对购买方而言，就是抵扣权的产生。

这样，根据欧盟增值税指令和意大利等内国增值税法这样的一种关于抵扣权产生时间的规定，国库利益和纳税人利益都得到了保障，可以避免各自承担税款预融资的成本，如果规定抵扣权的产生时间早于或晚于纳税义务产生时间的话。其中，由于以应税交易发生的时间为纳税义务产生的时间，比如只要商品的所有权发生转移，无论是否实际收到款项都应计征税款，体现了权责发生制。[2]此外，由于抵扣权在销售方纳税义务产生的时候产生，对于购买方纳税人而言，也意味着无须等到其所购买的商品或服务被实际地使

---

[1] See Ben J. M. Terra, Peter J. Wattel, *European Tax Law*, *Abridged Student ed.*, Kluwer Law International, 2012, p. 199.

[2] 不过，采用权责发生制，事实上对那些延迟支付价款的经营者反而产生了一项现金流利益，而由商品或服务的销售方承担了相应的负担，尤其是其中的中小企业，因为他们必须立即向税务机关缴纳税款。为此，欧盟《2006 年增值税指令》第 167 条又规定了一项例外规则，就中小企业可以实行现金收付制，即直到他们收到价款才产生纳税义务、购买方纳税人也只能到它们支付价款后相关进项税抵扣权才产生。由于我国《增值税法》在纳税义务产生时间的规定上，也有采用权责发生制，因此这类中小企业作为销售方可能遭受的现金流利益方面损失的情形，在我国也可能发生。但鉴于简化税制的要求，我国当前不宜采用这类例外规则，未来可以考虑是否引入，对此不再论述。

用、在这之前就可以进行进项税的抵扣了，如果满足下文将阐释的抵扣权的实质条件，这也体现了欧盟增值税立即抵扣的原则。当然，如果事后所购买的商品或服务实际在企业征税业务中的使用出现偏差，可以通过抵扣调整的规则予以纠正。这样，纳税人被更好地免于承担税负，即使是现金流方面的负担。这些都体现出对增值税中性原则的有力贯彻。

（二）抵扣权产生时间规则的构建

关于抵扣权何时产生，我国《增值税暂行条例》《营改增实施办法》以及2024年《增值税法》都没有一个明确的规定。对此，首先需要指出的是，抵扣权产生的时间不是抵扣权行使的时间。国家税务总局发布但已经失效的《关于调整增值税扣税凭证抵扣期限有关问题的通知》（国税函〔2009〕617号）曾规定纳税人应在开具增值税专用发票等抵扣凭证之日起180日内到税务机关办理认证，并在认证通过的次月申报期内，向主管税务机关申报抵扣进项税额。该规定并不能被认为是关于抵扣权产生时间的规则，该规定解决的是抵扣权需要在法定期限内行使的问题，纳税人的抵扣权产生时间也不能被理解为抵扣凭证开具之日。而纳税人抵扣权行使的法定日期，也只能以明确规定的抵扣权产生之日为起算时间。退一步说，如果以开具发票等抵扣凭证之日为抵扣权产生的时间，纳税人才可以实施抵扣的话，根据《增值税法》第28条关于纳税义务在收讫销售款项或者取得销售款项索取凭据的当日产生（先开具发票的，为开具发票的当日产生）的规定，虽然国库利益可以得到保障，但存在纳税人承担一定不利益的可能性，比如购买方在支付货款后，销售方迟迟不开发票，这样税务机关可以按时计征相关税款，而购买方却迟迟不能抵扣，因而损失现金流的利益。

关于抵扣权产生时间的规则，这里需要明确的是，抵扣权的产生并不意味着纳税人可以立即行使抵扣权，抵扣权的行使还需要满足其他一些条件，比如需要拥有证明纳税人购买商品或服务的凭证，比如发票，其中还需要进行发票认证。这些关于抵扣权行使的规则，在欧盟增值税指令和意大利等欧盟成员国增值税法中也都有详细规定。不过，需要进一步指出的是，当期的进项税的抵扣权是否在当期产生与是否可以在当期行使而伴随当期的销售税而被抵扣，都与纳税人的利益，特别是在现金流方面的利益紧密相关。抵扣权的产生和抵扣权的行使是两个不同的增值税抵扣权基本规则，而我国仅仅对后者进行规范，同时在抵扣权的产生时间和纳税义务的产生时间两个基本规则之间也仅仅对后者进行规范，反映了我国增值税立法在抵扣制度方面还以管理思维为主导。不过，也正是抵扣权行使条件的限制，即便是在未来的增值税法完善中引入抵扣权的概念并明确规定抵扣权产生时间，也并不会对现有的增值税征管秩序造成冲击。相反，在一定程度上可以达成在增值税立法中纳税人权利保护和国库利益维护之间的平衡。

因此，以纳税人抵扣权角度来规范抵扣制度，在增值税法明确规定纳税人抵扣权的基础上，需要就抵扣权何时产生进行明确规定。事实上，下文将讨论的抵扣权范围和行使中的有关问题也是与抵扣权何时产生紧密相关的。那么，应该如何来引入抵扣权产生时间的规则？首先需要明确的是，发票开具的时间与纳税义务产生的时间是两个不同的概念，应税交易的发生或支付价款时也产生纳税义务，而此时不一定开具发票，或者说纳税义务产生时间在实践中并不一定与发票开具时间相一致，尽管通常发票开具的时间通常就在应税交易发生的时间。因此，简单易发票开具时间为抵扣权产生的时间。这样，在未来增值税法完善中，中性原则的遵守是界定抵扣权产生时间的基准。而中性原则也包括在现金流方面的中性要求，具体而言，包括购买方厂商、销售方厂商和政府在内的三方，都不应当在增值税征收和缴纳过程中承受相应的不利益。现有规则对纳税人在现金流方面的利益的保护是不足的，而未来增值税法完善需要对纳税人权益进行保护，包括避免纳税人在现金流方面的损失。对此，针对同一交易的增值税，购买方抵扣权的产生应当与销售方纳税义务产生的时间是一致的。在我国增值税立法中，在引入该规则的时候，可以借鉴欧盟增值税立法的经验，规定可以抵扣的税的抵扣权在纳税义务产生的那一刻产生。这也满足了增值税立刻抵扣要求，而事后如果商品或服务实际在征税业务中的使用发生偏差，可以通过抵扣调整的规则予以解决。当然，以上抵扣权产生时间的规则是关于程序上的产生时间，至于实体上抵扣权的产生，正如上文已经指出的，取决于应税交易的发生。

三、抵扣权的范围

抵扣权的范围是关于什么是可以抵扣的增值税？换言之，怎样范围内的进项税才可以抵扣？对此，比较明确的是，购买的商品和服务只有被用于应税交易，或者说只有基于应税交易目的的使用，购买的商品和服务上被征收的进项税才可以被抵扣。进一步而言，可以抵扣的进项税的量与基于应税交易的使用成正比。事实上，当商品或服务基于应税交易目的而使用，可抵扣的税款应当是在购买商品或服务时所承担的所有的税款，体现为增值税抵扣完整性的特点。[1]而购买的商品和服务被用以不产生销项税的免税交易或非应税交易时，相关的进项税就全部不能被抵扣，[2]这一抵扣权的限制乃是为保障税收中性、公平竞争和财政收入的必要措施。[3]为此，不管是《增值税暂行条例》第 10 条和《营改增实施办法》第 27 条，还是 2024 年《增值税法》第 22 条，都规定适用简易计税方法计税项目、[4]免征增值税项目、非正常损失项目、购进商品或者服务用于集体福利或者个人消费等对应的进项税不得抵扣。其中，适用简易计税方法计税项目按销售额乘以征收率 3% 计算应税税额，因为征收率很低，不再有进项税抵扣。[5]而欧盟《2006 年增值税指令》第 168 条则直接规定商品和服务在基于应税交易目的被使用的范围内的进项税允许被抵扣。当然，这仅仅是一般的原则性规定，为了更全面、准确地理解可抵扣的进项税这一概念，需要对基于应税交易目的的使用这一条件进行详实的解析。

（一）相关性原则

基于税收中性原则和简化适用的目的，抵扣权应当在商品或服务购买完成的时候或者说在进项税纳税义务产生的时候产生，纳税人无须等到购买的商品或服务被实际使用的时候才行使，这也体现了增值税的立即抵扣原则。不过，在抵扣权产生时，购买的商品和服务到底最终会以什么目的而使用事实上是不确定的，纳税人可能会将购买的商品和服务从原来的基于应税交易

---

〔1〕　Cfr. L. Salvini, *La detrazione nella Sesta Direttiva e nell'ordinamento interno: principi generali*, Padova, 1997, p. 1044.

〔2〕　欧洲法院在 2006 年的一项判决中明确强调了这一点。See Para. 24 of ECJ's judgment of 30 March 2006（Case C-184/04）.

〔3〕　在经营者实施免税交易时，由于没有销项税，进项税再被抵扣，就有违公平以及会对财政收入造成损失，而在经营者实施非应税交易时，事实上此时该经营者成了最终消费者，进项税再被抵扣，有违本意为确保经济活动中的税收中性的原则。

〔4〕　指一般纳税人销售特定的商品或提供特定服务，可选择按照简易办法依照销售额乘以 3% 征收率计算缴纳增值税。其中特定的商品和服务包括县级及县级以下小型水力发电单位生产的电力、建筑用和生产建筑材料所用的沙、土、石料、用微生物、微生物代谢产物、动物毒素、人或动物的血液或组织制成的生物制品、自来水、营改增试点纳税人提供的公共交通运输等试点服务等 10 项。参见财政部、国家税务总局《关于简并增值税征收率政策的通知》（财税〔2014〕57 号）。

〔5〕　为便于下文论述，除了特别需要，适用简易计税方法计税项目这类属于我国增值税法特有的不产生抵扣权的交易不再提及。相关分析参照同属经营活动的免税交易。

目的的使用转变为基于免税交易的使用，或者相反。此外，还存在实际未使用的情况，如非正常损失。因此，抵扣调整便不可避免，而由于抵扣调整的存在，之前基于立即抵扣原则的抵扣，就被称为是初始抵扣。因此，对于进项税抵扣的必要条件之基于应税交易目的的使用的理解，必须建立在立即抵扣和初始抵扣的基础上。

1. 意大利税法中的相关性原则

首先，显而易见的是，基于应税交易目的的使用并不是指购买的商品或服务实际地被用于应税交易中。相反，对它的认定是建立在商品或服务购买之时对商品或服务在未来应税交易中使用的合理评估之上的。因此，问题就在于满足什么样的条件就可以成立这样一种合理评估，进而可以立即抵扣相关的进项税？对此，我国现有增值税法规缺乏明确的解释。意大利税法则是根据所得税法中的关于成本费用扣除的相关性原则（principio d'inerenza）对这一问题进行了解释。[1]这是因为意大利在其《1972年增值税法》里也没有明确地规定相关性原则，但可以通过相关条款的解读推断出相关性原则。《1972年增值税法》第19条第1款规定，纳税人可以从销项税的总额中抵扣已经由或者应当由它承担的、在经营活动中实施的进口或购买的商品和服务上征收的增值税税款总额。根据该条规定，可以推断出作为进项税抵扣的必要条件在于商品或服务的购买（或进口）是基于纳税人实施经营活动的需要，也就是说商品或服务的购买对于经营活动的实施是必要的，或者说，无论如何是有关的，进项税才可以抵扣。[2]当然，这里的经营活动必须是涉及应税交易的活动。这样，相关性原则就表现为商品或服务的购买与纳税人实施的应税交易存在一项关联时，进项税就可以抵扣，并不要求购买的商品或服务被实际使用。与之相对应，认定这种关联的存在仅要求商品或服务在经营活动中具有通常的可使用性即可。需要特别指出的是，作为欧盟《2006年增值税指令》解释者的欧洲法院对于这种关联，从因果关系的角度进行了解释，

---

〔1〕 关于增值税抵扣与相关性原则，cfr. Marco Greggi, *Il ruolo d'inerenza e le ragioni della detraibilità dell'imposta*, in aa. vv., Lo Stato della Fiscalità dell'Unione Europea（a cura di Di Pietro）, 2003, I, pp. 377-434.

〔2〕 Cfr. Antonio Paladino, *Inerenza all'esercizio d'impresa e detraibilità IVA*, in *Diritto*, il 8 giugno 2001, disponibile nel sito seguente: https://www.diritto.it/inerenza-allesercizio-d-impresa-e-detraibilita-iva-orientamenti-giurisprudenziali/.

认为当包括增值税在内的进项成本与销项交易之间存在这样一种因果关系，就表明这项成本与销项交易有关，进项税就可以抵扣：纳税人在事前承受进项成本，是为了事后能够获得作为征税税基的经济收益。[1]而这一点，可以说，与所得税法关于成本费用扣除的（与企业生产经营活动）相关性原则是一致的。因此，可以将基于应税交易目的的使用理解为基于应税交易目的的购买，满足这一条件，相关进项税的抵扣权就应当被赋予纳税人，即使他们是在过去执行这些应税交易，[2]或者由于外部的情况（变化），他们不能够按照原计划的应税交易来实际使用那些进项交易购买的商品或服务。[3]总之，相关性原则的解释，贯彻了增值税立即抵扣的特征，也说明了立即抵扣是建立在合理的预期（商品或服务会适用于应税交易）的基础上，从而可以尽可能消除纳税人在实施经济活动中的增值税负担，实现税收中性原则。

其次，当基于合理预期确定购买的商品或服务与应税交易存在关联时，进项税就可以抵扣，不用等到商品或服务的实际使用。那么，反过来说，如果确定购买的商品或服务是与免税交易或非应税交易存在关联时，情况又应该如何？事实上，对于纳税人而言，尤其对实施混合交易的纳税人而言，即同时从事应税交易和免税交易，甚至还实施非应税交易的纳税人，[4]进项税的立即抵扣并非绝对，而是需要进行一定修正。根据意大利增值税法中的直接可归属标准（criterio di riferibilità diretta），当购买的商品或服务直接可归属于（具有确定的去向，通常基于会计上的分开核算）免税或非应税交易时，相关进项税的抵扣权在一开始就被排除了，而没有必要一直等到查实商品或服务实际使用的时刻。[5]换言之，购买的商品或服务直接用于非应税、免税、集体福利和个人消费的，不产生进项税抵扣权。因此，在纳税人实施混合交易的情形，为排除抵扣权而对基于免税或非应税交易目的的使用进行理解时，需要结合相关性原则和直接可归属标准，查明分别与应税交易、免税交易或非应税交易相关联的商品或服务购买。当然，如果在纳税人实施混合交易的情形，无法将购买的商品或服务直接归属于某项特定的应税交易、免税交易

---

〔1〕 See ECJ's judgment of 8 June 2000 (Case C-98/98).

〔2〕 See ECJ's judgment of 3 March 2005 (Case C-32/03).

〔3〕 See Para. 20 of ECJ's judgment of 15 January 1998 (Case C-37/95).

〔4〕 按照我国增值税法，是指纳税人在应税项目之外，兼营免税项目等。

〔5〕 Cfr. Enrico Fazzuni, *Il diritto di detrazione nel tribute sul valore aggiunto*, CEDAM, 2000, p.74.

或非应税交易时，就需要根据下文讨论的比例抵扣规则来行使相应的抵扣权。

再次，存在一类特殊商品或服务，根据一般评估，这类商品或服务几乎不可能在应税交易和免税交易中使用，而是具有极高的可能在实践中基于非经济活动或私人目的而使用，或者说基于最终消费而使用。也就是说，根据相关性原则，这类商品或服务的购买通常并不与企业的生产经营活动相关。这样，这类商品或服务的抵扣权通常就可以直接在立法中予以明确限制。比如在我国，纳税人接受旅客运输服务、餐饮服务、居民日常服务、娱乐服务和自用的应征消费税的摩托车、汽车、游艇的进项税曾不得抵扣。[1]而欧盟《2006年增值税指令》第176条规定，对于一些诸如奢侈品和娱乐支出等严格来讲不属于经营支出上的增值税，在任何情况下都不得抵扣。[2]意大利在其《1972年增值税法》第19条之一详细规定了抵扣权需要受到限制的商品和服务，包括飞机、汽车、船、摩托车、奢侈品、酒店服务、食品和饮料、食品和饮料配送服务、居住目的的建筑物（和租赁服务）、旅客运输服务、汽车道路过境服务、代表处开支以及公共移动无线电服务终端设备等。当然，上述条款同时规定，如果相关商品构成企业（自由职业者除外）自有活动的客体，或者被企业专门作为工具在其自有活动中使用，如运输企业对汽车的使用，[3]抵扣权仍然存在。商品构成企业自有活动的客体是指当商品的使用得以实现和定性企业正常实施的活动，如汽车销售商或汽车租赁公司购买汽车、食品销售商购买食品等。我国曾将作为提供交通运输业服务的运输工具和租赁服务标的物的摩托车等排除在外，事实上也体现了这一点。

最后，意大利税法在对进项税抵扣的必要条件进行解释时所采用的相关性原则对我国增值税立法与实践同样是适用的，甚至可以在未来增值税法完

---

〔1〕 参见《营改增实施办法》第27条和财政部、国家税务总局《关于在上海市开展交通运输业和部分现代服务业营业税改征增值税试点的通知》（财税〔2011〕111号，已失效）第24条。

〔2〕 此外，《2006年增值税指令》第177条进一步规定，成员国可以基于周期性的经济原因，将全部或部分资本产品或其他商品从抵扣制度中完全或部分排除。对于这类抵扣权的限制，这里不再讨论。

〔3〕 即意大利税法中的所谓工具性原则（principio di strumentalità）。根据该原则，当购买的商品或服务对于实施经营活动而言是一种手段或工具时，即商品或服务的购买表现为手段性或工具性时，相关的进项税就可以抵扣。Cfr. Francesca La Face, *Strumentalità dei beni acquistati, detrazione IVA solo con la prova*, in *FiscoOggi*, il 4 maggio 2009, disponibile nel seguente sito：https://www.fiscooggi.it/rubrica/giurisprudenza/articolo/strumentalita-dei-beni-acquistati-detrazione-iva-solo-prova.

善中采取（企业）所得税法的做法明确规定与企业生产经营活动相关的进项成本中的增值税才可以抵扣。对此，需要强调的是，如果在增值税法中明确规定相关性原则，进项税相关的对象应该是经营活动，而不是应税交易，否则可能会限制可抵扣的进项税范围，毕竟应税交易理解起来容易狭隘，即仅限于对外销售商品或服务的交易。不过，需要注意的是，作为该原则基础的抵扣权行使的立即抵扣和初始抵扣的特征，我国现有增值税抵扣权规则并没有完全体现出来。一方面，虽然在我国，纳税人抵扣权的（不）行使也无需等到购进商品或服务被实际使用的时刻，但是并没有规定抵扣权在可以抵扣的税成为可征收的时刻产生。另一方面，我国还没有引入完整的抵扣调整制度，目前仅规定进项税扣减的情形，而没有规定调高的情形。[1]因此，为了使基于应税交易的使用的解释（即商品或服务的购买与征税的经营活动有关）更具有说服力，我国也需要在这些规则方面进行规定或完善。此外，在抵扣权限制方面，2024年《增值税法》已经把这类商品和服务的范围作了进一步限缩，在第22条规定不得抵扣的进项税时，不仅删去了与企业经营活动很相关的贷款服务，还删去了旅客运输服务，[2]餐饮服务、居民日常服务、娱乐服务也仅仅限于购进并直接用于消费的服务，这无疑也利好这些服务业的发展。换言之，除了购进并直接用于消费的餐饮服务等三类服务，没有其他抵扣权直接被排除的特殊商品和服务了。这是立法的很大进步，较欧盟增值税指令和意大利增值税法的规定，也更值得称赞。考虑到从某种意义上没有百分之百、绝对不会与经营活动相关的商品或服务，一刀切排除特殊商品或服务的抵扣权，虽然符合效率，但是会减损公平。此外，即使不再规定抵扣权直接被排除的特殊商品和服务，也不意味着国家税收利益会受危害，这是因为还有抵扣权的实质条件（相关性原则）来删除不得抵扣的进项税。餐饮服务等三类服务虽然没有被完全排除，但是规定直接用于消费的相关服务不得抵扣进项税，事实上，跟适用相关性原则来判断可抵扣进项税的结果是一致

---

〔1〕　比如，规定在购进的商品或服务已经作了进项税额，后来又改变用途（用于非应税交易、免税交易、集体福利和个人消费等和发生非正常损失等情形），进项税额需要转出。但未规定增加抵扣进项税的情形，比如上述情形的相反情形。相反，欧盟《2006年增值税指令》第184条明确规定，当初始抵扣高于或低于纳税人应具有的抵扣额时，该初始抵扣应当进行调整。

〔2〕　事实上，旅客运输服务从2019年起就可以进项税抵扣了。参见财政部、税务总局、海关总署《关于深化增值税改革有关政策的公告》（中华人民共和国财政部、国家税务总局、中华人民共和国海关总署公告2019年第39号）。

的。此外，企业购进这三类服务，很有可能是用于个人消费和集体福利，此时，还可以直接按照购进商品或者服务用于集体福利或者个人消费这一类不得进项税抵扣的项目来排除抵扣权。

2. 欧洲法院三步骤法理论

这里需要进一步明确的是，基于应税交易目的的使用，是否仅指在特定、直接的应税交易（销售商品或服务）中的使用？或者说仅指与特定、直接的应税交易存在关联或因果关系？还是应该作范围更大的解释？例如，我国税务实践曾对企业为实施研发活动（非增值税应税服务）所购买的设备或原材料的抵扣问题而争论不已。[1]对此，欧洲法院在相关判决确立的三步骤法理论作了一个很好的诠释。[2]

根据三步骤法理论，判断纳税人在某一特定的进项交易上负担的增值税是否可以抵扣，第一步是确定该进项交易是否与某一特定的销项交易（应税交易或免税交易）存在直接和即刻的关联，其中，直接和即刻的关联当进项交易和销项交易之间存在因果关系就可以认定存在。[3]如果存在因果关系，就可以认为为实施进项交易而支付的成本（包括增值税）构成了销项交易的直接成本。进一步说，如果与应税交易存在因果关系，相关增值税就可以完全抵扣，相应地，如果与免税交易之间存在因果关系，相关增值税上就不能被抵扣。这一步，其实在于确定特定的进项成本是否可以直接归属于某项特定的应税交易或免税交易。这样，当与特定的应税交易或免税交易不直接构成因果关系时，相关的进项税原则上是不能抵扣的。这时，可以启动第二步，确定这一特定的进项成本是否与纳税人经营活动中的（被明确限定的）部分活动存在因果关系。如果存在，就可以认为这部分进项成本构成了企业部分经济活动的经营开支的组成部分。而当企业这部分经营活动的交易都是应税交易，相关的增值税就可以抵扣。这样，如果经过前面两个步骤，都没有形成可抵扣的进项税时，还可以启动第三步，确定特定的进项成本是否与纳税

---

[1] 参见赵红梅：《对增值税进项税额确定及抵扣问题的探讨》，载《税务研究》2012年第7期，第91页。

[2] See ECJ's judgment of 13 March 2008（Case C-437/06），judgment of 22 February 2001（Case C-408/98）and judgment of 26 May 2005（Case C-465/03）.

[3] See A. J. Doesum, G. J. Norden, "The Right to Deduct under EU VAT", in *International VAT Monitor*, n. 5, 2011, p. 325.

人的整体经营活动存在因果关系。如果存在，就可以认为这部分进项成本构成了纳税人一般经营成本的组成部分，进而被包含在纳税人提供的商品或服务的价格之中了。进一步说，相关增值税是否可以抵扣以及能被抵扣多少，就取决于这些经营活动包括多少应税交易和免税交易，在这种情况下，相关增值税需要根据下文分析的比例抵扣规则而进行抵扣。[1]如果经过三个步骤，仍然没有形成可抵扣的进项税，那么就确实不能抵扣了。

为了更好地理解三步骤法理论，这里以阿比国民（Abbey National）案为例进行说明。[2]在该案中，苏格兰互助保险公司（Mutual Assurance）除了从事免增值税的保险业务外，还从事房产租赁业务作为该部分业务的一部分，拥有一用于商业目的建筑物125年的使用权并将其转租，就转租该建筑物业务选择缴纳增值税。1992年，该保险公司将建筑物125年的使用权和相关基于转租的权利都转让给另一家公司。而该转让属于（部分）企业整体资产的转让，属于增值税非应税交易。不过，该保险公司因为这笔转让业务而接受了法律等专业服务，这样承担了一笔征收于这些专业服务提供上的增值税税负。而该案争议在于该笔增值税能否被抵扣以及能在多大程度上被抵扣。具体表现为在与取得法律等专业服务相关的进项成本无法直接归属于某一应税交易的前提下，应当是认定与企业整体资产转让交易相关联，还是与该公司从事的房产租赁业务这一特定的部分经营活动相关联，还是与该公司整体经营活动（保险业务和房产租赁业务）相关联。在第一种情况，涉及非应税交易，全部不得抵扣，在第二种情况，涉及应税交易，可以全部抵扣，在第三种情况，涉及免税和应税交易，按比例部分抵扣。欧洲法院最后否定了第一种情况的适用，认为相关增值税抵扣权的存在，认可了第二种和第三种情况，但由成员国法院根据具体案情判断属于其中的哪种情况。

据此，可以认为欧洲法院的三步骤法理论在抵扣权范围的确定中给予了纳税人"相对宽松"的标准。基于应税交易目的的使用的并不仅仅局限于在某一特定的应税交易使用的情形，还包括在纳税人特定部分经营活动甚至整个经营活动中使用的情形，如果这部分经济活动或整个经济活动存在应税交

---

〔1〕　See A. J. Doesum, G. J. Norden, "The Right to Deduct under EU VAT", in *International VAT Monitor*, n. 5, 2011, p. 328.

〔2〕　See ECJ's judgment of 22 February 2001 (Case C-408/98).

易的话。换言之，进项税的抵扣并非以直接归属于某项应税交易、成为直接成本为唯一情形，如果与特定部分经营活动或整个经营活动存在因果关系的话，作为间接成本，比如经营的一般成本，进项税还是可以部分或全部抵扣。而这也说明了增值税抵扣权全面性的特征，即抵扣权的范围应面向纳税人开展的所有活动或与之相关联，并不是仅仅针对某项特定、直接的交易。[1] 而欧洲法院之所以如此解释，乃是旨在避免这样的情况：如果基于免税或非应税交易的使用的商品或服务上课征的增值税在任何情况下都不得抵扣的话，就会导致对生产性消费征税。这样，如果某项免税或非应税交易有助于企业部分经营活动或整体经营活动的实施，抵扣权仍然具有存在的可能。这是因为增值税是一种仅对私人消费征收的税，需要完全消除或尽可能减轻纳税人为实施经营活动而负担的增值税。显然，欧洲法院的三步骤法理论对我国亦有很大启示作用，比如按照三步骤法理论，研发活动是为企业的最终生产应税产品服务的，构成与企业征税的部分经营活动关联，购买的设备或原材料就间接构成了产品成本的组成部分，就可以抵扣。

（二）比例抵扣

增值税纳税人，尤其是其中的大型企业，在实践中除了实施增值税应税交易外，往往同时还有可能实施增值税免税交易或非应税交易。这样，就可能出现两种情况：第一种情况是，纳税人购买的商品和服务可以直接归属于特定的销项交易或者说特定的免税交易和非应税交易。在这种情况下，该笔进项交易对应的进项税或者可以全部抵扣或者不能抵扣，比如购进原材料的情形；第二种情况是，纳税人购买的商品和服务只能归属于纳税人实施的整体活动，包括应税交易、免税交易或非应税交易，无法直接归属于某项特定业务，或者说无法区分出其中可以抵扣的和不可以抵扣的进项税额，比如购进水电的情形。在这种情况下，可以抵扣的进项税额只能按照纳税人应税交易在其整体活动中的比例来计算，实施所谓的（预）比例抵扣。

1. 经营活动范围内的部分抵扣

在讨论比例抵扣之前，有必要先对增值税应税交易、免税交易和非应税交易的区别进行总结，这里以欧盟增值税法为例。应税交易和免税交易共同

---

〔1〕 Cfr. L. Salvini, *La detrazione nella Sesta Direttiva e nell'ordinamento interno: principi generali*, Padova, 1997, p. 1044.

属于欧盟增值税指令中的"经济活动"这个概念，[1]在我国通常称为经营活动。事实上，原则上只要构成"经济活动"，就都应当纳入增值税的应用范围之中。而有些经济活动虽然在主体、客体、空间等方面都符合应税行为的构成要件，其之所以被免税，乃是基于一些特定的外部政策目的和缘由，比如促进具有公共利益的活动（社会、教育、文化产业等）的发展，基于牵涉到增值税在相关交易（比如金融保险服务）应用的技术难度问题，或者鉴于其他税种的介入为避免过重的税负（比如不动产交易）。而非应税交易，其不并属于指令中的"经济活动"，其本身并不符合增值税应税行为的构成要件，比如作为非经营者的个人实施的交易（不符合主体要件），债权或经营企业整体等转让（不符合客体要件），因此其天然地不应当被纳入增值税的应用范围之中，还比如购买的商品或服务基于私人目的的使用，慈善机构实施的无对价给付的慈善活动，控股公司购买、持有、发行和销售股份，只要不是由经销商执行的，原则上被认为是非经济活动。[2]与欧盟增值税法相比，我国《增值税法》并没有"经营活动"的概念，尽管第6条规定了四类非应税交易，[3]都属于非经营活动。此外，《增值税法》第22条规定，用于适用简易计税方法计税项目、免征增值税项目、集体福利或者个人消费的购进商品或服务的进项税不得抵扣。其中，与增值税征税项目一样，不产生抵扣权的适用简易计税方法计税项目、免征增值税项目都属于经营活动的范畴。而用于集体福利或者个人消费，是非应税交易，属于非经营活动的范畴。不过，非经营活动的类型显然不只这两类。

　　不管是欧盟增值税指令还是我国增值税法，目前关于比例抵扣的规定都

---

　　[1]　根据《2006年增值税指令》第9条第1款的规定，增值税纳税人是指任何独立地、在任何地点实施任何经济活动（economic activity）的人，不管该经济活动是基于怎样的目的或结果（whatever the purpose or results of that activity）。其中，经济活动是指生产者、商人或提供服务的人员的任何活动，包括矿业、农业活动以及（自由）职业活动，而为了获取收入而进行的具有持续性特征的有形或无形财产的开发利用也被特定被界定为这里所指的经济活动。其主要特征在于：（1）经济活动实施主体的广泛性；（2）经济活动的经常性；（3）经济活动实施的独立性；（4）经济活动的理由对于承认实施经济活动主体增值税主体资格不具有重要性；（5）主体实施经济活动的目的、结果的非相关性。参见翁武耀：《欧盟增值税指令中增值税纳税人范围的界定》，载《中国税务报》2010年5月5日。

　　[2]　不过，在欧洲法院斯凯孚（SKF）案（Case-29/08）判决中，持股公司在对子公司经营进行管理的情况下，销售持有的子公司股份被认定为是经济活动。

　　[3]　包括：（1）员工为受雇单位或者雇主提供取得工资、薪金的服务；（2）收取行政事业性收费、政府性基金；（3）依照法律规定被征收、征用而取得补偿；（4）取得存款利息收入。

仅仅针对经营活动，而在计算可以或者不可以抵扣的进项税的比例时，作为非经营活动的增值税非应税交易并不考虑在内。换言之，关于商品或服务被用于经营活动和非经营活动时的抵扣比例计算方法，欧盟《2006年增值税指令》没有明确规定，因为其在规范计算可以抵扣的比例时，分母仅仅包括应税交易和免税交易的营业额，而我国《营改增实施办法》第29条在规范计算不可以抵扣的比例时，分子也仅仅包括简易计税方法计税业务和免征业务交易额。但是，根据欧洲法院在赛古伦塔（Securenta）案判决中指出，[1]关于经营活动和非经营活动的抵扣比例的计算，应当由成员国来规定合适的方法和标准，同时在适用顺序上应当先于通常所说的比例抵扣。因此，牵涉经济活动和非经济活动的比例抵扣又被称为预比例抵扣（pre-pro rata deduction）。因此，当纳税人同时从事应税交易、免税交易和非应税交易，而进项成本被同时用于或归属于三项不同的业务之中时，其可以抵扣的进项税计算，通常分两步来进行：第一步，计算预抵扣比例，即计算出经营活动占整个经营和非经营活动的比例，然后乘以进项税。第二步，计算比例抵扣，即计算应税交易占整个经营活动的比例，乘以上一步计算出来的数额，最后得出可以抵扣的进项税额。我国《增值税法》目前还没有关于比例抵扣的规定，但是规定比例抵扣也是必然的，例如在《增值税法实施条例》中规定。那时，也需要考虑预比例抵扣的问题。

2. 比例抵扣的计算

根据《营改增实施办法》第29条的规定，不得抵扣进项税的比例为当期简易计税方法计税项目销售额和免征增值税项目销售额合计与当期全部销售额之比。从中可以得出，我国抵扣比例计算主要是以按月进行并且以月交易额为计算依据。不过，需要特别指出的是，《营改增实施办法》第29条还规定税务机关可以依据年度数据对不得抵扣的进项税额进行清算，目的在于对按月计算与按年度计算的不得抵扣进项税间可能产生的差异进项调整。这样，事实上也引入了按（当）年交易额计算比例的方法。当然，在应计算交易额范围方面，包括纳税人实施的所有交易。对此，欧盟增值税法对此又是如何规定的，理由又是什么？

欧盟增值税指令为了简化税的适用，通常并不是以购买的商品或服务在

---

〔1〕 See ECJ's Judgment of 13 March 2008（Case C-437/06）.

应税交易、免税交易等中实际使用的量为依据，[1]而是基于对实际使用估算下的概括抵扣（detrazione forfettaria），以前一年相关业务的交易额为依据按年度计算并确定为一个固定值。不过，这也决定了这一计算出来的比例对于当年寻求比例抵扣的进项交易而言具有临时性的特点，在下一年最终的比例确定后相关抵扣还需要进行调整。欧盟《2006 年增值税指令》第 175 条对此进行了明确规定。而这样规定的缘由亦是基于欧盟增值税立即抵扣的原则，为了实施立即抵扣，可抵扣进项税比例的计算需要在商品或服务购买时就确定，而不能推迟到商品或服务被使用时才确定抵扣的比例。[2]此外，为了能更好地反映商品或服务实际在各类交易中的使用等经济现实，根据《2006 年增值税指令》第 173 条的规定，欧盟成员国还可以授权或要求纳税人根据其不同的经营部门确定多项抵扣比例，只要会计等按照每一个经营部门分别进行设置保存。[3]

在比例抵扣计算方面，关于作为计算依据的交易额，根据《2006 年增值税指令》，以下这些交易（主要是金融交易）的交易额需要被排除：(1) 纳税人销售基于经营目的而使用过的资本产品；(2) 偶尔的不动产和金融交易；(3) 第 135 条第 1 款第（b）到（g）项规定的基于偶尔的方式实施的免税交易。[4]此外，需要特别指出的是，根据欧洲法院的判例，对于一般企业而言，收到的股息不能作为交易额计算在内，因为持股不是一项经营活动，股息不是经营活动的对价。此外，收到的利息也不能作为交易额计算在内，因为提供贷款也不是一项经营活动，其不构成企业应税交易直接、永久和必要的扩展。[5]不难看出，欧盟增值税法在规定比例抵扣计算依据时，主要将偶尔性

〔1〕　虽然欧盟《2006 年增值税指令》第 173 条规定了成员也可以采取这种所谓实际使用公式（actual-use formula）。

〔2〕　Cfr. Enrico Fazzuni, *Il diritto di detrazione nel tribute sul valore aggiunto*, CEDAM, 2000, p. 80.

〔3〕　该条还规定了欧盟成员国还可以授权或要求纳税人根据进项交易实际使用的量为依据计算抵扣比例。

〔4〕　具体包括提供信贷和提供信贷者对信贷的管理、提供信用担保等交易、关于存款、支票等交易、关于股票、公司债券及其他证券等交易、关于货币、银行票据等交易和成员国确定的特定投资基金的管理等。事实上，这些金融交易之所以享受免税待遇，主要原因在于这些交易在税基确定方面的技术难度。参见翁武耀：《对金融业应该制定怎样的增值税应用规则?》，载《中国税务报》2012 年 8 月 22 日。

〔5〕　See Mandy Gabriël, Herman Kesteren, "Calculation of the（Pre-）Pro Rata under EU VAT law", in *International VAT Monitor*, n. 5, 2011, p. 333.

交易的营业额排除在外，主要基于以下两点的考虑：一方面，比例抵扣，以上一年度交易为计算依据、按年度计算，毕竟是一种概括性抵扣，而为了更好地贯彻税收中性原则，更客观地反映进项交易在应税交易和免税交易间的归属，需要以企业正常的经营状况来计算比例，这样就需要将对于一般企业而言偶尔实施的不动产、金融交易排除出去；另一方面，不同于预比例抵扣，比例抵扣毕竟仅适用于企业的经济活动，因此如果偶尔性的交易不构成经营活动的一部分，那就需要排除出去。不过，至于什么样的活动属于企业持续性实施的活动，意大利税法关于企业自有活动（attività propria dell'impresa）的概念对此作了界定，即只有那些构成企业自有活动交易的营业额才可以作为依据。企业自有活动（属于经营活动）是指为直接实现企业章程目的，在企业通常的经营活动范围内，企业习惯性地和正常地实施的活动，基于这一活动企业被第三人所熟知，而那些以偶尔方式实施的交易，都不属于企业自有活动的范畴。[1]这样，不同于银行、股票经销商等，如果纳税人实施提供信贷、股票转让等欧盟《2006年增值税指令》第135条第1款第（b）到（g）项规定的免税交易不构成其自有活动，在确定抵扣比例的时候，相关交易额不计算在内。而对于与这些免税交易相关的进项税，适用的是直接可归属标准，相应地就绝对不能被抵扣。[2]

我国增值税关于抵扣比例的计算规定，按当期计算，不利于简化适用，也没有像按年度计算那样可以更好地反映企业经济现实，毕竟在一个年度内企业经营会存在波动。而关于税务机关可以依据年度数据对不得抵扣的进项税额进行清算的规定，实际已反映出我国已经意识到这一问题。因此，未来《增值税法实施条例》不管是修改为按年度计算（以上一年度的比例进行初始抵扣）还是继续规定按当期计算，都需要规定最终按年度数据确定本年度比例进行调整或清算，这也可以促使我国在增值税领域引入年度申报制度。对于同时经营不同业务的大型企业而言，按不同经济部门分别计算比例，亦可以考虑实施，毕竟这样有助于更好反映不同经济部门的经济现实。当然，对于年度数据，即交易额，目前将全部销售额都纳入（分母）计算范围的规定并不科学，这是否意味着所有交易的销售额都需要纳入进来？为了更好地反

---

〔1〕 Cfr. Enrico Fazzuni, *Il diritto di detrazione nel tribute sul valore aggiunto*, CEDAM, 2000, p. 88.

〔2〕 Cfr. Enrico Fazzuni, *Il diritto di detrazione nel tribute sul valore aggiunto*, CEDAM, 2000, p. 91.

映企业经济现实，借鉴欧盟增值税法的经验，可以考虑作进一步解释，以企业自有活动为范围计算交易额，排除那些偶尔性（金融）交易和非经营活动的交易额，尤其是股息和利息。

四、抵扣权的行使

基于抵扣权，增值税纳税人就其在生产经营活动中承担的进项税事实上拥有了向国库求偿的权利，而抵扣权的产生和范围规则决定了这一可以向国库求偿的进项税的产生时间和范围，不过这样一笔税收债权在此时仍然是抽象的，而要最终实现这笔税收债权，需要通过抵扣权的行使规则将其具体化。因此，如果说抵扣权的产生和范围规则是增值税抵扣权制度中的实体性规则的话，抵扣权的行使规则就是程序性规则。

（一）抵扣权行使的形式条件

根据欧盟《2006 年增值税指令》第 168 条第（a）项的规定，作为抵扣权的客体，进项税是指纳税人就另外一个纳税人向其实施或将要实施的商品或服务提供而应当支付或已经支付的增值税。因此，为了行使抵扣权，当纳税人有义务支付这一增值税时就足矣。而这一时刻的成就，最终需要通过发票开具记载相关税额来实现。相应地，欧盟《2006 年增值税指令》第 178 条第（a）项进一步规定，为了行使抵扣权，纳税人必须拥有相应的发票。这样，发票（包括纸质和电子发票[1]）的拥有就成为纳税人行使抵扣权的一项必要条件，纳税人可以抵扣的增值税税额也只能是发票中记载的。而在意大利《1972 年增值税法》中，虽然没有明确规定为了行使抵扣权必须拥有发票，但是第 25 条规定了纳税人行使抵扣权必须将发票先行登记，据此仍然可以推断出这一必要条件。与欧盟增值税立法一致，我国增值税法也确认了这一条件。针对绝大多数的应税交易，我国《增值税暂行条例》第 8 条在明确进项税额为纳税人购进商品或者接受服务支付或者负担的增值税额后，规定从销售方取得的增值税专用发票上注明的增值税额准予从销项税额中抵扣。

---

〔1〕 为应对电子商务的迅猛发展，欧盟在 2010 年 7 月 13 日出台了所谓增值税发票第二指令（Council Directive 2010/45/EU），对欧盟《2006 年增值税指令》中关于发票的条款进行了修改，明确定义了电子发票，并要求成员国同等对待电子发票与纸质发票。该指令从 2013 年 1 月 1 日起生效。

此外，根据现行法规，[1]纳税人申报抵扣进项税前必须先行对增值税专用发票进行认证也确认了上述条件。不过，在发票类型方面，与欧盟增值税法未设置专用发票有所不同，我国基于特别监控的目的，目前使用的是增值税专用发票。[2]需要特别一提的是，2024年《增值税法》第16条仅仅规定凭增值税扣税凭证从销项税额中抵扣进项税额，至于抵扣凭证是否还限于增值税专用发票，有待《增值税法实施条例》的确定。

抵扣权的行使必须拥有作为文件要素之发票。尽管这是程序方面的形式条件，但与抵扣权的产生和范围所确定的实体性条件一样，对于纳税人行使抵扣权而言，都至关重要。事实上，购买商品或服务的纳税人从销售方取得了发票，就可以行使抵扣权。这样，抵扣权的行使，一方面不以纳税人向销售方预先支付（通常随价款）税款为必要，即使事后没有支付给销售方，另一方面，也不以纳税人从销售方取得商品或接受服务为必要，即不以交易实施为必要。这与发票除了具有抵扣凭证的功能外还是税务机关管控税源的工具有关，因为发票的开具对于销售方而言，也意味着其向税务机关缴纳税款义务的产生。不过，这样的规定也再一次确认了增值税抵扣所应具有的立即性特征。那么，拥有发票对于抵扣权行使而言，是否就是绝对的？仅仅基于拥有发票就可以认定抵扣是合法的吗？当然，答案是否定的，原因在于拥有发票虽然是必要条件，但仅仅是形式条件，而非实质条件，[3]其需要受到来自抵扣合法性实质方面的限制：用文件证明的在发票中记载的交易的存在、该交易是应税交易以及税额实际支付，其中，税额实际支付是在满足前面两种情形、但发票中记载的税额大于实际应当支付的情形下。[4]

---

〔1〕 参见国家税务总局《关于取消增值税扣税凭证认证确认期限等增值税征管问题的公告》（国家税务总局公告2019年第45号）。

〔2〕 事实上，在意大利，除了通常的发票之外，可以用作类似抵扣凭证的，还包括自我发票（autofattura）、"补全"的外部发票（fattura estera "integrata"）和海关收据等。其中自我发票是指在一些法律明确规定的情形，购买商品或服务的纳税人自己给自己开具发票，比如因赠与或免费获得商品或服务、商品或服务被用于企业主个人或家属等自我消费和从非居民纳税人购买等情形。"补全"的外部发票是指由外国企业开具的发票，其中所谓补全是指计算出税额、将对价等其他因素换算成欧元（如果不是以欧元计价的话）。在我国，则还包括公路内河货物运输业统一发票、机动车销售统一发票和海关进口增值税专用缴款书等。

〔3〕 Cfr. L. Salvini, *La detrazione nella sesta direttiva e nell' ordinamento interno: principi generali*, Padova, 1997, p. 1052.

〔4〕 Cfr. Enrico Fazzuni, *Il diritto di detrazione nel tribute sul valore aggiunto*, CEDAM, 2000, p. 41.

（二）发票与抵扣权行使的实质条件

根据抵扣权行使的实质条件，对于拥有发票而行使抵扣权合法性限制主要来源于以下三类情形：交易不存在下的发票开具，通常被称为虚开发票；交易不征税（免税）下的发票开具，即基于错误将交易置于征税；错误开具发票，即发票记载的税额比实际的多。

1. 发票与不存在交易

意大利最高法院在 2013 年的一项判决中再次强调，仅是发票开具（即使记载合规）并不能证明交易的实有性，纳税人不能仅仅因为交易在发票中记载这一事实而可以行使增值税抵扣权和所得税成本费用扣除权，纳税人需要证明相关交易的实际存在。[1]因此，毫无疑问的是，如果开具发票对应的交易不存在，纳税人不得对发票中记载的税额进行抵扣，即抵扣权被排除。那么什么样的情况可以构成不存在的交易？不存在交易首先存在于发票中记载的交易从未发生或部分发生的情形，这属于客体的不存在交易，其次还存在于交易在不同于发票中记载的主体之间发生，这属于主体的不存在交易。需要特别强调的是，不存在交易不仅仅存在于发票中记载的交易完全缺失的情形，还包括任何在交易现实与它在发票中记载的事实之间出现偏差的情形，比如主体的不存在交易。这类不存在交易特点在于尽管交易完成、商品纳入受票方企业的财产管理中，交易中的一方或双方是不真实的，比如是纸上公司。不管是哪种情形，开具的发票都属于虚开发票，而具有处罚性。此外，虽然发票中记载的税不能被抵扣，但还需要缴纳给税务机关，[2]这从某种程度上也体现了对非法行为的处罚。不过，关于不存在交易，还需要对两个重要问题进行深入的阐述。

（1）善意取得虚开发票

第一个重要问题是，纳税人如果善意取得虚开的发票，是否可以行使抵扣权？对此，欧洲法院根据对纳税人信赖利益和法律确定性的保护，在多项判决中认可纳税人善意取得虚开发票下的抵扣权，[3]尤其是在"旋转木马"

---

〔1〕　Cfr. la sentenza 15 ottobre 2013, n. 23325, della Corte di Cassazione.

〔2〕　Valerio Giuliani, *Fatture a società inesistenti. la buona fede va provata*, in *FiscoOggi*, il 16 novembre 2011, disponibile nel seguente sito: https://www. fiscooggi. it/rubrica/giurisprudenza/articolo/fatture-societa-inesistenti-buona-fede-va-provata. 意大利《1972 年增值税法》第 21 条第 6 款对此进行了规定。

〔3〕　See ECJ's judgment of 6 July 2006 (Cases C-439/04 and C-440/04) and judgment of 12 January 2006 (Cases C-354/03, C-355/03 and C-484/03).

式的增值税欺诈的情形下。这类情形的特点在于交易真实发生、但开具发票的销售方未缴纳相关增值税而消失，[1]即属于主体的不存在交易。不过关键在于如何认定纳税人是善意取得虚开发票和相关的举证责任。对此，欧洲法院认为所谓善意，是指纳税人并不知道也不可能知道（已经尽到了所有谨慎处理的义务）基于商品购买而参与到了税收违法行为中。[2]此外，意大利最高法院进一步认为，纳税人需要就其善意举证，并且特别强调，仅仅证明实际取得了商品或服务并进行了相关的对价支付是不够的，因为第一个证明事实在主体的不存在交易中是固有的，而第二个证明事实本身并不能确保纳税人与（任何的）违法行为不存在关联。[3]

不同于上述欧盟增值税法注重保护纳税人抵扣权的立场，我国现行增值税法并没有认可纳税人善意取得虚开发票下的抵扣权。根据国家税务总局《关于纳税人善意取得虚开的增值税专用发票处理问题的通知》（国税发〔2000〕187号）的规定，善意取得虚开发票仅限于同时满足以下条件的情形：购货方与销售方存在真实的交易；销售方使用的是其所在省等地区的专用发票；专用发票注明的销售方名称、印章、货物数量、金额及税额等全部内容与实际相符；没有证据表明购货方知道销售方提供的专用发票是以非法手段获得的。不难看出，在我国虚开发票的认定，多了两种情形，未使用所在省等的发票和非法手段取得发票，这与我国对增值税专用发票进行特别管理有关。不过，我国也明确排除了客体和主体不存在交易下的虚开发票善意取得的可能性，而仅存在于销售方非法获得增值税专用发票这样一种情形。而这与欧盟增值税法关于善意取得虚开发票的范围相比，应该说范围更窄也更加严格，至少主体不存在交易下的善意取得虚开发票被排除了。[4]此外，即使认定纳税人善意取得虚开发票，根据该文规定，虽然不需要受处罚，但纳税人不得进行进

---

〔1〕 关于这类增值税欺诈，参见周优：《欧洲单一市场中跨境交易的增值税欺诈——专访意大利博洛尼亚大学法学院阿德里亚诺·迪·皮耶特罗教授》，载《国际税收》2014年第2期，第52~56页。

〔2〕 See ECJ's judgment of 6 July 2006 (Cases C-439/04 and C-440/04) and judgment of 12 January 2006 (Cases C-354/03, C-355/03 and C-484/03).

〔3〕 Cfr. la sentenza n. 17377 del 24 luglio 2009, della Corte di Cassazione.

〔4〕 例如，A运输企业与B企业签订运输合同运输一些货物，而事实上A企业通过C企业的货车将这批货物运输给B企业，对此B企业不知道也不可能知道。最后A企业开具发票给B企业。虽然交易真实存在，发票也经过认证，目前，我国税务机关完全可以以主体不符合交易现实为理由，认定虚开发票，而否定B企业的抵扣权，即使B企业是善意取得该发票。

项税抵扣，不能行使抵扣权。[1]此外，根据国家税务总局《关于纳税人对外开具增值税专用发票有关问题的公告》（国家税务总局公告2014年第39号），如果同时满足以下条件时，受票方纳税人可以行使抵扣权：纳税人向受票方纳税人销售了货物或者提供了应税服务；纳税人向受票方纳税人收取了款项或者取得了索取销售款项的凭据；纳税人按规定向受票方纳税人开具的增值税专用发票相关内容，与所销售货物或者应税服务相符，且该增值税专用发票是纳税人合法取得，并以自己名义开具的。那么这一规定能解读为我国对纳税人善意取得虚开发票下抵扣权的认可吗？答案是否定的，就像该文自己所称的那样，如果同时满足这些条件，很难再认定是虚开发票的情形了。我国目前这样一种否定善意取得虚开发票下的抵扣权的做法，显然是为避免税款被抵扣却无法从虚开发票人那里征收到该税款的风险，不过这一做法不利于纳税人合法权益的保护，也不利于纳税人信赖利益和法律确定性的保护。因此，伴随未来增值税法的完善，尤其是向兼顾国库利益和纳税人权益理念的转变，有必要认可纳税人善意取得虚开发票下的抵扣权，尤其是在虚开发票上的税款税务机关得以征收的情形，当然纳税人需要承担善意取得的举证责任。

（2）发票提前开具

第二个重要问题是，发票提前开具是否构成不存在交易下的虚开发票？而在解答这一问题之前，首先需要明确何谓提前？即正常的发票开具时间是什么时候？对此，一般的规则是在交易发生的时刻开具发票。不过欧盟《2006年增值税指令》没有明确规定，而是由成员国内国法进行规定。比如意大利《1972年增值税法》第21条规定，发票在交易实施的时候开具。此外，瑞士、芬兰、法国和丹麦也规定在商品转让或服务提供完成的时候开具发票。[2]这样的规定，实质上确保了发票开具时间与纳税义务产生的时间相一致。[3]我国

---

〔1〕 仅规定纳税人如果能够重新从销售方取得合法、有效专用发票的，可以抵扣。不过，在实践中，纳税人很难再从销售方取得符合规定的发票，因为通常这类销售很难再找到，并且在很大情形，那时已经无法再正常营业了。

〔2〕 Cfr. Roberta Rinaldi, *La semplificazione delle modalità di fatturazione*, in AA. VV., Lo Stato della Fiscalità dell' Unione Europea（a cura di Di Pietro），2003, I, p. 448.

〔3〕 根据欧盟《2006年增值税指令》第63条的规定，增值税在商品或服务提供的时候可以征收。

《发票管理办法》第 8 条也明确确认了这一点。

基于此，可以认为所谓发票的提前开具是指在交易发生之前进行发票的开具，具体表现为在商品尚未交付或运送、服务提供尚未履行的情况下发票开具。而提前开具发票似乎被这样的一种规定完全合法化了：不管怎么样，如果发票已经开具，交易应当被视为已经实施了或者纳税义务已经产生了。[1]不过，提前开具发票应当在一个限定的时间范围内实施，否则将导致不存在交易下的虚开发票。而这一时间范围应当限定于相关交易已经在法律上存在这一时点，或者说以商品或服务的购买在民法上已经发生为界限。[2]这样，如果在当事人就交易还没有达成协议、合同还没有签署等法律上合同成立之前开具发票，就将构成不存在交易下的虚开发票，抵扣权行使就是非法的。而在法律上合同成立之后，在合同还没有履行或交易还没有实施之前开具发票，不能认为是一种不存在交易下的虚开发票，抵扣权可以行使。[3]此时，从民法上来看，交易是存在了。事实上，关于提前开具发票的这一结论，在事后因销售方的原因商品没有交付或运送的情形下也成立。因为一方面，购买方的对价支付义务并不与销售方的商品交付义务相对应，另一方面，销售方没有履行交付义务，引起的仅仅是已签署合同的解除问题，并不导致交易的不存在，也就不会导致购买方行使抵扣权的非法化。[4]而在合同解除的情形下，税法方面的后果是纳税人可以开具抵扣修改凭证。

发票提前开具这样一种合法情形的界定，对于税务实践具有很大的意义。比如，在融资租赁交易中，如果供货人没有向承租人交付租赁商品，根据承租人的要求从该供货人购买商品的出租人（租赁企业）能否抵扣该笔商品转让交易而承担的进项税，尤其是在供货人和承租人之间是关联方而有意对租赁企业进行欺诈的情形下。意大利最高法院曾判决租赁企业不得行使抵扣权。[5]而基于这里对发票提前开具的讨论，这一判决已经在不再被意大利学界所认同了。对此，首先需要明确的是，租赁商品未交付仅仅导致供货方的不履行

---

〔1〕 例如，意大利《1972 年增值税法》第 6 条规定，之前已经全部或部分支付对价的或已经先开发票的，以支付对价或开发票的时刻为交易已经实施的时刻。

〔2〕 Cfr. Luigi Rastello, *Diritto tributario – Principi generali*, CEDAM, 1994, p. 92.

〔3〕 当然，虚假合同（contratto simulato）的情形除外。

〔4〕 Cfr. Enrico Fazzuni, *Il diritto di detrazione nel tribute sul valore aggiunto*, CEDAM, 2000, p. 46.

〔5〕 Cfr. la sentenza 24 maggio 1999, n. 5038, della Corte di Cassazione.

责任，而并不表明交易的不存在。[1]其次，关于租赁企业和供货人之间就商品而签署的买卖合同，在性质上属于合意合同，而不是要物合同，商品的交付仅仅涉及合同的履行。[2]这样，如果买卖合同签署后，供货人开具发票，租赁企业就可以行使抵扣权，因为此时并不属于不存在交易下的虚开发票。在我国，提前开具发票的情形也很多。例如，在研发活动领域，会出现很多这样的现象：正常经营的研发企业，与客户签订了研发合同，收取了研发费用，开具了专用发票，但研发服务还没有发生或者还没有完成。对此，显然不能认为是研发企业虚开了发票，而受票方此时已经可以行使抵扣权了。

2. 发票与非应税、免税交易

这里所要讨论的问题是，如果纳税人真实地实施了一项交易，但是是非应税交易或免税交易，比如企业资产的整体转让或残疾人专用轮椅转让，而销售方错误地将其作为应税交易而开具发票，这时，购买方能够基于该发票行使抵扣权吗？根据我国相关规定，这种情形应当属于开票有误，发票作废处理或开具红字发票。[3]因此，可以认为这种情形下的抵扣权，在我国是被否定的。不过，对于该问题，在意大利曾引起过持久争议，值得阐述。

需要明确的是，意大利税务机关对于该问题一直持坚定的否定立场，其收入总局早在1983年公布的一项税收决议案就否定了抵扣权。[4]而是否应当否决的争议主要发生在意大利最高法院和税法学界。最高法院先是在1993年一项判决中持认可的立场。[5]至于认可的理由，也是主张认可的意大利学者所认同的，可以归纳为以下几点：销售方反正也是需要按照发票向税务机关缴纳税款；抵扣权排除的情形仅仅限于欺诈或非法的情形，比如在不存在交易的情形下，或者商品或服务购买与生产经营活动无关；与错误开具发票（税额比实际应当支付的更大）的情形没有差别，都是支付了更多的本来没有

---

[1]　Cfr. Anello Pietro, Buonvino Susanna, *Contratto di leasing e utilizzazione di fatture per operazioni inesistenti*, in *Corriere Tributario*, n. 48, 1995, p. 3351.

[2]　Cfr. Filippi Piera, *Operazioni inesistenti e locazione finanziaria: profili fiscali*, in *Corriere Tributario*, n. 24, 1991, p. 1755.

[3]　参见《发票管理办法实施细则》第 26 条和第 27 条。

[4]　Cfr. la Risoluzione ministeriale n. 343376 del 7 dicembre 1983 – Tasse e Imposte indirette sugli affari.

[5]　Cfr. la sentenza 10 luglio 1993, n. 7602, della Corte di Cassazione.

的税额，而后者可以行使抵扣权等。[1]

事实上，欧洲法院在天才控股公司（Genius Holding BV）案中就按照发票抵扣这一基本问题，就主张抵扣权的行使不能扩大到"应当支付的税"，仅仅因为该税在发票中记载了，而如果任何一项在发票中记载的税都可以被抵扣的话，包括在非应税交易下的发票开具和错误开具发票的情形，就很容易产生欺诈。[2]现在，意大利最高法院自身也已经改变了上述立场，在1999年一项判决中认为对于被错误地置于征税的交易而言，形式上的合规性，如发票开具、销售方缴纳税款、购买方登记发票等，并不合法化购买方对税款的抵扣。[3]意大利学界目前也基本认同否定的立场，认为应该以增值税征税的基本原理作为判断依据：基于只有应税交易才需要缴纳增值税、纳税人才可以就承担的增值税行使抵扣权，对于非应税交易或免税交易而言，不仅购买方向税务机关申请抵扣没有根据，税务机关向销售方征收税款和销售方要求购买方承担税款都没有根据；开具发票而产生缴纳税款义务是为了应对欺诈行为，仅仅开具发票不能将非应税交易或免税转化为应税交易；而如果仅仅因为有发票，就合法化抵扣，会产生也合法化虚开发票下的税款抵扣的风险；既然抵扣权的行使不以销售方已经缴纳税款为条件，即没有缴纳税款，抵扣权也可以行使，反过来，销售方即使已经缴纳了税款，也不能合法化抵扣权的行使。因此，不能与是否向税务机关缴纳税款相挂钩。[4]关于最后一点，可以说，抵扣权是否可以行使（只能限于应当支付的税款）与税款是否已向税务机关缴纳（只要税款在发票中记载了缴纳义务就产生）之间不存在一个对应关系。如果因为税款已经向税务机关缴纳而允许抵扣，事实上仍然会给国库利益造成损害，因为在免税交易情形下，如果被认为是征税的，没有被修改过来，在比例抵扣的计算时，会提高可抵扣的比例。当然，在否定抵扣

---

〔1〕 Cfr. Tesauro, *Istituzioni di diritto tributario - parte speciale*, Torino, 1999, p. 220. 关于错误开具发票可以行使抵扣权的情形是指在交易征下的开具发票，因发票开具人错误（比如税率、税基或税额计算错误）而将比实际支付更大的税额记载在发票中，而这时纳税人具有选择是否开具修改凭证的权利，如果选择不开具修改凭证，那么对于销售方就应当按照未修改的发票缴纳税款，而购买方也可以按照此发票行使抵扣权。当然，事实上购买方也应该按照此发票将税款支付给销售方的。在增值税中性原则下，可以节省纳税人遵从成本和税务机关征纳成本。

〔2〕 Cfr. ECJ's judgment of 13 December 1989（Case C-342/87）.

〔3〕 Cfr. la sentenza 10 giugno 1998, n. 5733, della Corte di Cassazione.

〔4〕 Cfr. Enrico Fazzuni, *Il diritto di detrazione nel tribute sul valore aggiunto*, CEDAM, 2000, pp. 52-53.

权的情形下，税务机关已经征收的税款就属于不应当征收的税，基于增值税中性原则，这时应该退还给善意开具发票的销售方，销售方再归还给购买方，如果后者已先支付价款的话。[1]

（三）发票认证与抵扣申报

为实现向国库求偿进项税的权利和基于抵扣权行使的目的，纳税人必须经过发票登记或认证和在纳税申报中主张抵扣这两个程序环节。对此，意大利《1972年增值税法》第19条第1款原来规定，抵扣权可最迟通过抵扣权产生当年的第二年年度申报、但基于抵扣权产生时的条件行使。不过，在2017年，该条缩短了抵扣权行使的期限，修改为通过抵扣权产生的当年的年度申报中行使。此外，该法第25条规定，发票必须在纳税人周期清算或年度申报时进行登记。同样，在2017年，该条也修改了发票登记的期限，修改为在抵扣权产生所在的周期清算前登记，或者无论如何在关于发票取得当年的年度申报提交的期限内登记。例如，纳税人在2017年取得发票，发票涉及的交易也是2017年的交易，发票在2017年12月31日之前登记，纳税人最迟在2018年1月16日的清算中实施抵扣，或者，发票在2018年1月1日至4月30日之间登记，纳税人在2018年4月30日前提交2017年年度申报中实施抵扣。再如，纳税人在2018年取得的发票，但是发票涉及的交易是2017年的交易，发票在2018年12月31日之前登记，纳税人在这一年的某个周期清算中实施抵扣，或者，发票在2019年1月1日至4月30日之间登记，在2019年4月30日前提交2018年年度申报中实施抵扣。[2]对于意大利这一规定，可以通过以下内容进行解读。

1. 发票的登记（认证）

由于抵扣权的行使以拥有发票为必要条件，尽管只是形式条件，但基于监控的目的，这也意味着只有基于经过登记或认证的发票，抵扣权才可以行

---

〔1〕 Cfr. Gaetano Reale, *Detraibilità possibile solo se la cessione è imponibile*, in *FiscoOggi*, il 15 marzo 2008, disponibile nel seguente sito: https://www.fiscooggi.it/rubrica/giurisprudenza/articolo/detraibilita-possibile-solo-se-cessione-e-imponibile. 欧洲法院在2007年3月15日的一判决认为购买方应当向销售方索要这笔税款（基于民事关系），后者应当开具发票修改凭证。See ECJ's judgment of 15 March 2007 (Case-C-35/05).

〔2〕 Cfr. R. Fo., *Diritto alla detrazione Iva: l'impatto della nuova disciplina*, in *FiscoOggi*, il 17 gennaio 2018, disponibile nel seguente sito: https://www.fiscooggi.it/rubrica/normativa-e-prassi/articolo/diritto-alla-detrazione-iva-limpatto-della-nuova-disciplina.

使。关于发票登记或认证，一个重要的问题是何时应当履行这一义务。对此，意大利现有规定事实上将义务的履行限定于纳税人实施周期清算或年度申报的时候，具体而言，是指纳税人基于确定应纳税额或剩余可抵扣税额（进项税大于销项税的时候）的目的而需要计算某发票上记载的进项税时，才必须在周期清算或年度申报时登记。换言之，在实施某一周期清算时，纳税人并不想计算某发票上记载的进项税，就不需登记该发票。当然，最迟需要在第二年的年度申报中实施登记，否则纳税人将失去相关进项税的抵扣权。我国原来限定在开具发票之日起 180 日内到税务机关办理认证，[1] 不过，目前已经取消了发票认证的期限，这无疑更有利于保护纳税人的抵扣权。不过，需要注意的是，实际履行时限的差异，事实上与纳税人这样一项权利密切相关：纳税人可以等到购买的商品或服务在实际被使用的时候行使抵扣权。不过，为了防止纳税人推迟行使抵扣权而滥用这项权利，比如在对于比例抵扣影响很大的国家免税交易作出调整的情形，意大利规定不管纳税人什么时候行使抵扣权，都按照抵扣权产生时的条件进行。我国在取消发票认证时限的情况下，更需要规定类似的条款，以应对纳税人可能的滥用行为。

2. 抵扣申报

发票登记或认证完之后，就是申报抵扣。我国原来规定在认证通过的次月申报期内申报抵扣进项税额，目前也已经取消了申报抵扣的期限，更有利于纳税人抵扣权的保护。当然，这也要求上述提到的按照抵扣权产生时的条件进行抵扣的规定的引入。而关于申报，意大利目前规定增值税纳税人需要同时履行周期清算（又称为周期申报）和年度申报义务。关于前者，根据纳税人营业额大小，分别实施月清算和季度清算（作为针对小型企业的简化规则）。[2] 这里以月清算为例，纳税人必须在每月 16 日之前结算前一个月的应纳税额或剩余可抵扣税额。[3] 我国规定与之类似，例如，根据《增值税法》第 30 条第 2 款的规定，纳税人以一个月或者一个季度为一个计税期间的，自期满之日起 15 日内申报纳税。不过，与我国不同的是，意大利还规定了年度

---

〔1〕 参见国家税务总局《关于调整增值税扣税凭证抵扣期限有关问题的通知》（国税函〔2009〕617 号）。

〔2〕 Cfr. Silvia Mencarelli etc. , *Introduzione allo studio giuridico dell' imposta sul valore aggiunto*, Giappichelli, 2012, p. 120.

〔3〕 Cfr. Sergio Mogorovich, *IVA 2014*, Maggioli, 2013, p. 146.

申报，即在第二年的 4 月 30 日前提交。在年度申报中，需要计算整个年度的应纳税额或剩余可抵扣税额，而基于周期清算的税的缴纳也具有了预缴的性质。

（四）剩余可抵扣税额的处理

通过申报，抵扣权行使的结果又是怎样？对此，首先需要明确的是，在拥有发票并登记或认证完之后，可抵扣的进项税就成为一项可以向税务机关求偿的税收债权，而通过抵扣权的行使该税收债权得以实现，具体则表现为在申报中与当期应缴纳的销项税进行内部相抵，结果便是当期应纳的税额或剩余可抵扣税额。不过，这里所要讨论的是对于剩余可抵扣税额，应该作怎样的进一步处理。而可能的处理方式包括结转（在下一个申报期继续抵扣）、退税和与其它税种的税收债务进行外部相抵。对此，根据意大利相关法律，除了可以结转之外，纳税人还可以在年度申报时申请退税或进行外部相抵。不过，关于退税，只有在满足特定的条件下才可以实施，以防止造成国库利益的损失和节省征管成本。比如，退税数额不低于大概 2582 欧元，纳税人经常实施的销项交易的税率低于其进项交易适用的税率或实施了出口货物或提供国际服务（交易额超过全部交易交易额的 25%）等。[1]此外，纳税人通常还要提供担保。[2]而关于外部相抵，是在意大利 1997 年第 241 号立法令里引入的，根据该法令，事实上纳税人就剩余可抵扣税额可以与其应当向国家缴纳的各类税种和给付相抵销。[3]

我国增值税法原来仅仅规定结转，即作为留抵税额，只能在下个月可以继续抵扣。不过，我国从 2019 年开始，对满足特定条件的纳税人，已经实施增值税期末留抵税额退税制度。[4]同时，《增值税法》第 21 条也已经将纳税人的留抵税额退税权入法，即可以选择在当期申请退还。这也大大提升了对纳税人抵扣权的保护，这是因为过剩的可抵扣税额是一项纳税人对国库的税收债权，需要赋予纳税人选择实现其债权的自由。当然，《增值税法》第 21

---

〔1〕　参见意大利《1972 年增值税法》第 30 条。

〔2〕　Cfr. Silvia Mencarelli etc., *Introduzione allo studio giuridico dell'imposta sul valore aggiunto*, Giappichelli, 2012, p. 137.

〔3〕　Cfr. Silvia Mencarelli etc., *Introduzione allo studio giuridico dell'imposta sul valore aggiunto*, Giappichelli, 2012, p. 121.

〔4〕　参见财政部、税务总局、海关总署《关于深化增值税改革有关政策的公告》（中华人民共和国财政部、国家税务总局、中华人民共和国海关总署公告 2019 年第 39 号）。

条也规定需要按照国务院的规定申请退还，这可以理解为申请留抵税额退税还是要满足一定的要求或条件。对此，从国库利益维护（包括征管效率）的角度，应当说是合理的，也可以兼顾纳税人利益保护与国库利益维护之间的平衡。当然，相比于目前的条件，退税的要求或条件需要更加宽松。事实上，意大利增值税法规定的条件有些苛刻。至于外部相抵，这也是纳税人选择实现其债权的一种正当方式，考虑到企业长期需要缴纳的两个税种就是增值税和所得税，与所得税债务的抵销会更有价值。为此，我国在未来增值税完善中，作为外部相抵的制度基础，并从与所得税年度申报相协调的角度，可以考虑引入增值税年度申报制度，便于外部抵销。当然，留抵税额外部相抵的对象不限于所得税债务。为此，可以借鉴意大利增值税立法的经验，可以适用民法关于债务抵销的理论，毕竟税收也是一种债，结合《税收征收管理法》的修改，[1]规定纳税人可以就其过剩的可抵扣税额申请与其担负的其他税种的税收债务进行抵销，尤其是与年度申报下的所得税债务，抵销实施更加便利。

---

〔1〕 关于税收债务抵销，在我国目前不宜以一般规则的方式规定准用民法上抵销制度，而是以法律特别规定为限，比如这里增值税剩余可抵扣税额的情形。关于税收债务抵销在我国的应用分析，参见施正文：《税收债法论》，中国政法大学出版社 2008 年版，第 194~206 页。

第九章

企业所得税不征税、免税收入的规范

2007 年《企业所得税法》的出台结束了我国沿用十多年的内、外资企业两套所得税制度并存的"双轨制"，这是我国在经济体制改革全面推进的历史发展过程中，在落实科学发展观、构建和谐社会的进程中及在加入世贸组织五年过渡期届满之后，在财税领域所作的重大举措。此后，《企业所得税法》一直沿用至今，仅仅在 2017 年和 2018 年经历过两次微调。[1]事实上，相比于原来的《外商投资企业和外国企业所得税法》和《企业所得税暂行条例》，《企业所得税法》有不少创新制度和规则，包括不征税收入和免税收入的规定。对这两类收入异同的比较研究，探究规则的进一步完善，不仅有助于《企业所得税法》的实施和适用，还有助于推动所得税法理论的发展。为此，遵循提出问题、分析问题、解决问题的思路，有必要分别对不征税收入、免税收入的规定进行深入探讨。

一、不征税收入的规范

《企业所得税法》第 7 条规定的不征税收入包括财政拨款、依法收取并纳入财政管理的行政事业性收费、政府性基金以及国务院规定的其他不征税收入。这是我国第一次在税法中确认不征税收入这一概念。在此之前，上述相关收入属于免征企业所得税的收入。[2]事实上，《企业所得税法》确认的不

---

〔1〕 关于 2017 年的修改，企业发生的公益性捐赠支出，超过年度利润总额 12% 的部分，《企业所得税法》第 9 条新增允许在未来三年内结转扣除的规定。关于 2018 年的修改，非居民企业在中国境内设立两个或者两个以上机构、场所的，可以选择由其主要机构、场所汇总缴纳企业所得税，《企业所得税法》第 51 条第 1 款将选择的条件由"经税务机关审核批准"改为"符合国务院税务主管部门规定条件的"。

〔2〕 参见国家税务总局《关于印发〈事业单位、社会团体、民办非企业单位企业所得税征收管理办法〉的通知》（国税发〔1999〕65 号，已失效）。

征税收入概念及其具体项目在世界范围内也都可以算作首创，至少是罕见的。[1] 那么，不征税收入缘何不征税、其性质如何、其与免税收入的区别又是如何，而现行规则又存在哪些不完善之处，需要分别分析。

（一）立法缘由及与免税收入的区别

1. 不征税收入的不可税性分析

根据确定所得的"净资产增加说"，凡是能增加纳税人负税能力的经济收益都构成所得。其中，收益可以理解为给纳税人带来的一种可以可靠计量的经济利益。相比于个人所得税法，企业所得税法对于所得的确定往往采用"净资产增加说"，或者说更为彻底地采用"净资产增加说"，我国《企业所得税法》也不例外。这是因为对企业的税收征管效率更高，同时，这也更符合量能课税原则和普遍（平等）征税原则。为此，《企业所得税法》第6条明确规定"企业以货币形式和非货币形式从各种来源取得的收入"都要纳税，同时，在列举八项典型收入类型后还规定了"其他收入"作为兜底条款，而《个人所得税法》并没有上述规定。据此，可以合理推断的是，《企业所得税法》规定的应税所得范围要大于《个人所得税法》规定的应税所得范围，同时，企业取得的收益默认都是应税的（包括免税的），不征税的收益是例外，且需要特别规定。而自然人取得的收益只有明确规定应税的才是应税的，没有明确规定应税的收益，或者不属于《个人所得税法》第2条规定的9类所得和第4条规定的免税所得的收益，就属于不征税所得。例如，自然人间的赠与所得（除不动产外）。这也是为什么《个人所得税法》没有规定不征税所得的原因之一。需要补充的是，在《企业所得税法》中应税所得的范围很宽，不征税收入的范围很窄，这与企业所得税相对宽松的成本、费用扣除制度有关。换言之，与取得收入或实施经营活动相关的成本、费用可以据实扣除的范围也很宽，为此，一些收入即使没有规定为不征税收入，也可以通过接下来的成本、费用扣除实现不征税的效果。例如，基于补偿的保险赔款收入，也可以纳入企业所得税年度收入总额之中，相关财产损失进行税前扣除即可。如果损失大于赔款收入，在全综合计征制度下，就更有利了。这是因为如果规定为不征税收入，与该收入相关的成本、费用（包括损失）就不得税前扣除了。与此不同的是，个人所得税成本、费用扣除通常按比例扣除，

---

〔1〕 参见解学智主编：《公司所得税》，中国财政经济出版社2003年版，第1~717页。

且综合所得仅仅是少数几类特殊所得。最后,《企业所得税法》规定不征税收入与企业所得税的纳税人范围有关。具体而言,除了企业,纳税人还包括具有法人资格的其他组织,包括事业单位、社会团体等非营利性组织,而相关不征税收入的取得者往往是这些组织。至于财政拨款等收入确定为不征税收入的特别缘由,毕竟都是收益,且不存在征管困难,需要分别进一步分析。

（1）财政拨款

除对政府部门的拨款以外,财政拨款是政府根据预算安排通过财政部门直接向事业单位、社会团体等组织提供财政资金,以保障这些组织的正常运转。此外,财政拨款也可表现为财政补助、专项财政补贴等,比如对农业、教育、医疗、环保、文化等领域的特别财政资金投入。事业单位、社会团体等组织获得相应的财政拨款,鉴于这些组织本身的特性,如基于来自公法的约束或受政府管理,职能是履行公共服务的提供、实施公益活动,有净收益也不得分配于组织管理人,尤其是纳入预算管理,[1]不管是从财政拨款收益获取目的,还是从使用的角度,该项收入都具有突出的公益性。而一项收入具有公益性,就不应该对其征税,[2]因此不应对财政拨款征税。不过,如果单纯基于公益性,还不足以阐释财政拨款不征税收入的属性,毕竟基于公益性,给予免税待遇也是可以的。对此,首先,也不能完全从效率的角度来论证,即从政府的角度而言,如果对财政支出的拨款进行征税又转为财政收入,好比左手送出去的钱右手又拿回了一部分,似乎不符合效率原则。不过,考虑到政府也分不同层级的政府,如果是地方政府的财政拨款,纳入征税还是有一定意义的,毕竟仅仅是一部分财政收入回到财政拨款的地方政府,还有一部分财政收入由中央政府取得。此外,如果政府用财政拨款的资金发放工资,工资取得者也是要缴纳个人所得税的。之所以需要纳税,还是因为自然人取得这笔收入并不会用于提供公共服务或公益活动。其次,论证还是要回到公益性本身,即事业单位、社会团体取得的财政拨款收入的公益性的特殊性何在?具体而言,财政拨款只能用于这些组织提供公共服务或实施公益活动,这部分收入通过预算和决算以及收支平衡要求,公益性能得到严格保障,

---

〔1〕《企业所得税法实施条例》第 26 条第 1 款规定:"企业所得税法第七条第（一）项所称财政拨款,是指各级人民政府对纳入预算管理的事业单位、社会团体等组织拨付的财政资金,但国务院和国务院财政、税务主管部门另有规定的除外。"

〔2〕参见张守文:《财税法疏议》（第 2 版）,北京大学出版社 2016 年版,第 141 页。

且能严格被限制于未来提供公共服务或实施公益活动所需的成本之内。何况，如果存在结余资金，也需要上缴国库。[1]换言之，即使按照收入减去成本，也不会有净所得，将财政拨款规定为不征税收入就可以避免计算收入和成本所带来的额外成本。这也可以视为是另一种基于效率的立法考量，当然，前提也是财政拨款收入和支出单独核算，与其他收入、开支分开。何况，征税目的也是为提供公共服务。与此不同的是，由于企业的营利性质且不像事业单位、社会团体受公法严格管理，即使企业取得财政拨款在满足特定的条件下也可以按照不征税收入处理，但在5年（60个月）内未发生支出且未缴回政府的部分，将转变为应税收入。[2]这也间接说明了上述事业单位、社会团体取得的财政拨款被规定为不征税收入的缘由。

（2）行政事业性收费

行政事业性收费是指国家机关、事业单位、代行政府职能的社会团体及其他组织根据法律、行政法规、地方性法规等有关规定，依照国务院规定程序批准，在向公民、法人提供特定服务的过程中，按照成本补偿和非营利原则向特定服务对象收取的费用。《企业所得税法实施条例》第26条第2款据此界定了行政事业性收费，即"在实施社会公共管理，以及在向公民、法人或者其他组织提供特定公共服务过程中，向特定对象收取并纳入财政管理的费用"。显然，同上述财政拨款，行政事业性收费也具有一样的特殊公益性，收入不超过成本、单独核算，按不征税收入也是另一种基于效率的立法考量。当然，事业单位、社会团体要将行政事业性收费都用于提供公共服务，收费也没有带来该组织负税能力（额外纳税的能力）的增加。此外，征税目的也是为提供公共服务，而行政事业性收费也是一种对政府的强制性财产给付，税收不能征收于另一种强制性财产给付之上。需要补充的是，违法收取的行政事业性收费自然不能满足上述作为不征税收入的条件，应当纳入征税范围。

---

〔1〕 总体上，中央部门的结余资金，由财政部发文收回，各部门根据财政部的文件，上交国库。地方部门的结余资金，基本上也是按照财政部门发文、上交地方国库的流程。参见《中央部门结转和结余资金管理办法》（财预〔2016〕18号）、《吉林省省级部门财政拨款结转和结余资金管理办法》（吉财预〔2013〕847号）等。

〔2〕 参见财政部、国家税务总局《关于专项用途财政性资金企业所得税处理问题的通知》（财税〔2011〕70号）。

（3）政府性基金

政府性基金是指各级政府及其所属部门根据法律、行政法规和中共中央、国务院有关文件规定，为支持某项公共事业发展，向公民、法人和其他组织无偿征收的具有专项用途的财政资金。[1]不过，《企业所得税法实施条例》第26条第3款界定的政府性基金并非针对政府作为所有人而言的，而是针对企业作为代收人而言的，尽管政府性基金本身未变。换言之，不征税收入是针对企业而言的，显然，这里之所以规定为不征税收入是因为该项收入并非归属于作为代收人的企业。事实上，这一规定并非必要，这是因为根据量能课税原则负税能力自有性的要求，可以排除企业对政府性基金的纳税义务。政府对于收取的政府性基金，可以基于特殊公益性以及基于"征税者不对自己征税的原理"，[2]自然也不产生纳税义务。

（4）其他不征税收入

根据《企业所得税法实施条例》第26条第4款的规定，《企业所得税法》第7条所称国务院规定的其他不征税收入是指：企业取得的、由国务院财政、税务主管部门规定专项用途并经国务院批准的财政性资金。为此，其他不征税收入仅仅是针对企业而言。例如，符合条件的软件企业按照财政部、国家税务总局《关于软件产品增值税政策的通知》（财税［2011］100号）规定取得的即征即退增值税款，如果企业专项用于软件产品研发和扩大再生产并单独进行核算，就属于不征税收入。[3]显然，对于这类不征税收入，无法基于公益性以及在收入不超过成本下基于效率的立法考量进行论证，当然也无法基于政府收入（强制性财产给付）和提供公共服务的角度进行论证。此外，单凭专款专用、独立核算也是不能论证的。事实上，即征即退的增值税款作为一项不征税收入，可以从贯彻变相免税待遇的角度进行论证。这是因为即征即退也是一种税收优惠待遇，甚至比免税待遇还优待。企业在免税的情况下不存在对免税利益因为征税而减少免税利益的问题，即征即退也应当避免产生这一问题。此外，按照变相免税，企业在即征即退的情况下实质上也没有取得新的收益。

---

　　［1］　参见《财政部关于加强政府非税收入管理的通知》（财综［2004］53号）。

　　［2］　张守文：《论税法上的"可税性"》，载《法学家》2000年第5期，第15页。

　　［3］　参见财政部、国家税务总局《关于进一步鼓励软件产业和集成电路产业发展企业所得税政策的通知》（财税［2012］27号）。

2. 不征税收入的性质及与免税收入的区别

虽然不征税收入、免税收入对于应纳税所得额的确定在适用结果上是相同的，即都应从企业的收入总额中予以减除，但两者还是存在性质上的重要差异。具体分析，虽然免税收入，如国债利息收入，也不具有可税性，但它在性质上属于税收优惠，是国家基于经济效率、社会公平、政治稳定等政策性的考虑，运用税收政策是在税收法律、行政法规中规定对某一部分特定纳税人和课税对象给予减轻或免除税收负担的一种措施。进一步而言，它是一种税式支出，即国家为达到一定的政策目标，在税法中对正常的税制结构有目的有意识地规定一些背离条款，造成对一些特定纳税人或课税对象的税收优惠，以起到税收激励或税收照顾的作用，基于这些对正常税制结构的背离条款所导致的国家财政收入的减少、放弃或让与。[1]然而，经上述对不征税收入的不可税性分析可知，不征税收入的不可税性更具有刚性和当然性，其不存在一个基于政策性的考量、应收而未收、造成财政收入减少、放弃或让与的问题，也可以说不征税收入的规定对于社会公平、经济效率或财政收入的影响甚小或者为无，这一点尤其体现在行政事业性收费和政府性基金的不征税规定上。为此，应该认为不征税收入不是一种税收优惠，进而也并非税式支出，其与免税收入的区别可简要归纳为：不征税收入本身即不构成应税所得，而免税收入本身已构成应税所得但基于税收优惠政策而予以免除。

（二）规范的问题与完善

从企业所得税的角度，不征税收入的范围应当是有限的，同时也应当严格限制。事实上，与企业所得税法关于不征税收入的规范还存在不完善之处有关，不征税收入在适用中还存在一些问题，需对相关条件作进一步的明确。

1. 财政拨款

首先，相关问题包括：①鉴于不同纳税主体性质的迥异，是否需要区别不同纳税主体，如一般企业与非企业单位，进行分别管理。由于《企业所得税法》是以法人为标准确定纳税主体，因此其适用范围除了一般法人企业外，还包括可能取得应税收入的事业单位、社会团体、民办非企业单位等法人单位，而上述三类纳税主体，以事业单位为例，其主要职能可以说是政府相关职能的一种延伸，它参与社会事务管理，履行管理和服务职能，宗旨是为社

---

[1] 参见申畅：《税式支出问题探讨》，载《经济与社会发展》2006年第10期，第56页。

会服务，主要从事教育、科技、文化、卫生等活动，因此国家一般都会对事业单位予以经常性的财政补助，以保障事业单位履行其相关职能。而作为以营利为目的的一般法人企业，其取得国家的财政补助往往是个别的、短期的，同时一般法人企业取得财政补助的动机往往并非局限于公益性或者非营利性，可能还出于一定的营利性，这样一般法人企业更易出现骗取财政补助、不按规定用途使用财政补助及虚列财政补助的情形，因此有必要区别上述两类纳税主体，特别应加强对一般法人企业不征税收入的确认管理。②为减少地方通过给予特定企业财政补贴导致的不公平竞争问题以及为防止地方不当减少中央收入，是否需要区分中央和地方不同级别的财政拨款。

其次，针对上述问题，关于加强规范企业不征税收入的现行规则，主要是财政部、国家税务总局《关于专项用途财政性资金企业所得税处理问题的通知》（财税〔2011〕70号）。该规范性文件规定，只有满足以下三项条件，企业从县级以上各级人民政府财政部门及其他部门取得的财政性资金才可以作为不征税收入：①企业能够提供规定资金专项用途的资金拨付文件；②财政部门或其他拨付资金的政府部门对该资金有专门的资金管理办法或具体管理要求；③企业对该资金以及以该资金发生的支出单独进行核算。显然，上述三项条件并不能完全保障前文分析的财政拨款作为不征税收入的条件，尤其是特殊的公益性。为此，对于一般法人企业，对其取得的财政拨款，总体上还是应当减少并严格认定不征税收入。这里需要补充的是，财政拨款作为不征税收入，前提是政府以无偿资助形式投入企业，如果政府以资本金的形式投入企业，则应计入企业的所有者权益类账户，当然不存在纳税问题，比如一般计入资本公积的国家相关法律、法规明确规定的政府补助。[1]事实上，减少并严格认定不征税收入，从加强与增值税协调的角度，如果相关财政补助需要计入企业的销售额而征收增值税，企业所得税法也更应当改为应税所得。不过，改为应税所得并不意味着企业就一律需要纳税，基于特定的政策目的，还可以给予其免税待遇。当然，对企业的财政拨款，也可以是用于维护国家安全、发展以及环保、救灾等社会公共利益，此时，对于企业取得不征税收入，至少从程序上设定更高的要求，例如，地方政府的相关财政拨款项目还

---

[1]　相关法规包括《中央预算内固定资产投资补助资金财政财务管理暂行办法》（财建〔2005〕335号）等。

必须经中央的批准，包括国务院以及财政部或国家税务总局的批准，财政拨款方可确认为不征税收入。最后需要补充的是，有关地方政府财政拨款的问题尚需我国预算管理体制的完善才能在根源上加以解决，《企业所得税法》只能辅助性地解决相关问题。

2. 行政事业性收费

首先，鉴于我国目前行政事业性收费管理，特别是地方还存在规范之处，如各种收费项目设立的随意性比较大，对于《企业所得税法》仅仅规定"依法收取并纳入财政管理"这一行政事业性收费作为不征税收入的限定条件，还不足以使《企业所得税法》间接地起到规范管理我国行政事业性收费的作用，还需进一步具体化。换言之，虽然《企业所得税法实施条例》已经进一步明确为"依照法律法规等有关规定"，关于是哪些法律法规，还需要进一步确定，进而明确这些法规对行政事业性收费的具体规范。

其次，规范行政事业性收费现有的法规主要是《行政事业性收费项目审批管理暂行办法》（财综〔2004〕100号），其中关于行政事业性收费项目的审批管理权限可简要概括为：实行中央和省两级审批制度，即中央单位申请的收费项目的设立由国务院财政部门会同计划（物价）部门批准，重要的收费项目报请国务院批准，省级单位或省以下单位申请的收费项目的设立由省级人民政府财政部门会同计划（物价）部门批准，重要的收费项目报请省级人民政府批准。此外，中共中央、国务院《关于治理向企业乱收费、乱罚款和各种摊派等问题的决定》（中发〔1997〕14号）还规定各省、自治区、直辖市人民政府审批的收费项目和收费标准，要分别征得财政部和国家计划委员会（现国家发展和改革委员会）同意。总体而言，我国目前现有的相关规定对解决上文提到的问题具有相当之针对性，也是有效、可行的，因此对行政事业性收费不征税收入的确认条件，可作如下进一步规定：行政事业性收费，中央单位申请的项目依据重要性的不同，分别必须由国务院或财政部会同国家发展改革委审批，省级单位或省以下单位申请的项目依据重要性的不同，分别必须由省级人民政府或其财政、价格主管部门批准。此外，还需要规定纳税人只有在提供相关项目设立和收取的批准文件、证明文件、入库凭证或缴款证明等资料后，税务机关方可确认相关不征税收入。

3. 其他不征税收入

《企业所得税法》第7条授权国务院规定其他不征税收入，即授权国务院根据我国的实际情况，规定除符合条件的财政拨款、行政事业性收费、政府性基金外的其他不征税收入。对此，从贯彻税收法定原则的角度，第 7 条的授权规定有待进一步完善。换言之，不征税收入作为永久性排除项目更具有刚性，应当实行法律保留原则，[1]但考虑到《企业所得税法》难以穷尽未来可能产生的新的不征税收入，同时，不征税收入的形式和名称也可能发生变化，授权国务院规定本身也并非不能接受。不过，授权必须明确，即上述第 7 条的授权规定需要规定其他不征税收入所应当具备的特性，也就是需要规定与上述财政拨款、行政事业性收费、政府性基金或即征即退增值税款相同的特性或类似的特性，包括特殊的公益性、收入不超过公共服务提供所需的成本、代收的政府收入、缺乏实质的收益性以及独立核算。这样，即使授权国务院规定，本质也是国务院行使解释权，且这一权力受到有效制约，也就不违背税收法定原则。对此，福利彩票发行机构销售彩票从销售收入中提取的彩票公益金，对其而言自然是不征税收入，这是因为彩票公益金属于政府收入，需要上缴财政。[2]其他销售收入，作为彩票发行机构的收入，则不属于不征税收入，但可以给予免税待遇。

二、免税收入的规范

《企业所得税法》第 26 条规定的免税收入包括国债利息收入；符合条件的居民企业之间的股息、红利等权益性投资收益；在中国境内设立机构、场所的非居民企业从居民企业取得与该机构、场所有实际联系的股息、红利等权益性投资收益及符合条件的非营利组织的收入。相比于原企业所得税法，免税收入这一概念是《企业所得税法》首次明确规定的。当然就概念本身的意义而言，也仅在于使概念更趋规范、与相关概念（如不征税收入、应税收入或所得）趋于协调。

（一）立法缘由

关于免税收入的性质，在上文谈到其与不征税收入的区别时，已作评析，即它是一种税式支出，本身已构成应税收入但基于税收优惠政策而予以免除，

---

[1] 参见施正文：《"应税所得"的法律建构与所得税法现代化》，载《中国法学》2021 年第 6 期，第 179 页。

[2] 参见财政部《关于印发〈彩票公益金管理办法〉的通知》（财综〔2021〕18 号）。

进一步说是国家根据经济政策目标的需要，在一定时间内免予征税，而在一定时期又可能恢复征税的收入，可以说相关收入的免税待遇并非具有恒久性。这里我们需要对其背后的立法缘由做更进一步的阐明。

分析免税收入规定的立法缘由，需要明确这样一个前提认识，即免税收入的规定是对税收公平原则的违反。在现代税收法律关系中，由于纳税人的地位都是平等的，因此税收公平原则要求税收负担在纳税人之间的分配必须公平合理，而具体衡量税收负担是否公平合理分配的标准，负担能力说已成当今税法理论的通说，进而引申出税收公平原则的具体衡量原则——量能课税原则。量能课税原则要求按纳税人的给付能力进行课税，而所得是衡量纳税人给付能力大小的最优尺度，这里所指的所得更应广泛地来理解。具体而言，应税所得包括通过市场取得的所得、经由市场以外取得的所得、经由私经济活动取得的所得以及公共部门取得的所得。[1]显然，如果按照量能课税原则，企业获得免税收入，应当缴纳企业所得税，这样才符合量能课税原则。所得的免税这样一种税收优惠措施在税负的承担力上是给予特定者特定收入以特别利益的，因此与量能课税原则是相抵触的。那么，能简单地以免税收入违反公平原则为缘由，否定免税收入的规定、认为其是不合理的制度吗？这里便涉及一个价值冲突与衡量的问题。事实上，税收优惠措施往往是以将纳税人的经济活动朝一定方向进行导向为目的，同时也是国家为贯彻、实施一定的经济、社会政策的手段，免税收入的规定同样如此。因此，在衡量公平原则与国家一定的经济社会政策两者体现的价值孰轻孰重，具体说，在判断一项税收优惠措施是否有失公平原则的不合理制度时，关键在于审视此项税收优惠措施的政策目的是否合理、对该政策目的的实现此项税收优惠措施是否有效及通过此项税收优惠措施的实施，税收的公平性在多大程度上受到侵害。[2]

因此，在判别《企业所得税法》规定的几项免税收入是否为合理之前，有必要对这几项免税收入所蕴含的政策目的做一番分析：（1）国债利息收入。首先，国债利息符合应税所得的构成条件，这一点很明确，不再赘述。其次，国债是中央政府发行的债券，是国家一项重要的财政收入来源，国家可以在

---

〔1〕　参见陈清秀：《税法总论》，法律出版社 2019 年版，第 34 页。

〔2〕　参见 [日] 金子宏：《日本税法》，战宪斌、郑林根等译，法律出版社 2004 年版，第 69 页。

国债市场上筹资弥补财政赤字，或者为国家重点项目融通资金，还可以利用国债市场调节货币流通量。因此对国债利息收入予以免税，其政策目的乃是鼓励投资者购买国债、促进国债市场的发展，使国家发行国债的上述功能能有效发挥。（2）股息、红利等权益性投资收益。权益性投资是指投资方企业通过投资取得被投资方企业的相应份额的所有权，从而形成投资方企业与被投资方企业之间的所有权关系，而投资方企业获取的股息、红利等权益性投资收益是从被投资方企业缴纳过所得税、从税后利润中分配得来的，因而对这部分收益征税，会产生经济性重复征税。为此，对这部分收益有条件的免税，其政策目的主要是消除重复征税。进一步而言，鉴于投资方企业还有投资人，其取得股息、红利也面临所得税的征税问题，免税可以消除双重、三重等多重征税。需要特别指出的是，股息、红利符合应税所得的构成条件，这一点也很明确，毕竟这类收入能给投资方企业带来增加负税能力的收益，同时这类收入也不具有特殊的公益性。事实上，经济性重复征税通常仅是减少了投资方企业以及作为自然人的投资方企业的投资人的收益，股息、红利作为免税收入是正确的。相反，如果企业取得的股息、红利是企业所得税不征税收入，自然人的取得股息、红利在个人所得税法下是应税所得，会形成税制间的割裂，毕竟都是所得税且针对同一类收入。（3）符合条件的非营利组织的收入。非营利组织是不以营利为目的，提供科技、教育、文化、体育、卫生、环境保护、社会保障等各类公共服务，以满足社会公共需要为目的的组织。因此对符合条件的非营利组织的收入予以免税，其政策目的在于鼓励非营利组织更好、更广泛地提供公共服务，减轻甚至承担政府的若干社会职能，解决单靠市场不能有效满足的诸多需求。不过，不同于其他两类免税收入，享受免税待遇的非营利组织的收入需要进一步明确范围，这是因为非营利性组织也可以取得不征税收入和应税收入。首先，根据《企业所得税法实施条例》第85条规定，国务院财政、税务主管部门另有规定的除外，非营利组织从事营利性活动取得的收入不享受免税待遇，这是因为这部分收入本身就具有营利性，同时也有助于确保其他企业在市场上的公平竞争。其次，根据财政部、国家税务总局《关于非营利组织企业所得税免税收入问题的通知》（财税〔2009〕122号）的规定，非营利性组织的免税收入包括接受捐赠的收入、财政拨款以外的其他政府补助收入（即从主管部门和上级单位取得的非财政补助收入但不包括因政府购买服务取得的收入）、按规定收取的会费、不征税收入和免税收入孳生的银行存款利息收入以及财政部、国家税务总局规定的其他收入。显然，这些收入都不是营利性收入，但是能给非营利性组织带来负税能力的增加，换言之，没有固定与这些收入对应且超过这些收入的成本支出，因此不具备特殊的公益性。

基于以上分析，《企业所得税法》关于免税收入的规定虽然有违税收公平原则，同时也对财政目的、经济效率产生了影响，[1]但其背后的政策目的是合理且有效的，或者说它突破了形式公平，但保有了实质公平与正义，因而是正当的。

（二）规范的问题与完善

鉴于相关内容在实际中的复杂化，《企业所得税法》免税收入的规定在适用中的问题可简要概括为如何使各免税收入项目进一步具体化，切实保证各项免税收入规定背后的政策目的能有效实现。此外，还需要探讨地方公债利息收入是否也应当像国债利息收入一样给予免税待遇。

1. 国债利息收入

国债利息收入是指企业持有国债而取得的利息所得，它相对于企业经营国债的所得，即在二级市场上买卖国债的所得而言，对后者应按规定缴纳企业所得税。虽然《企业所得税法》明确规定国债利息收入为免税收入，《企业所得税法实施条例》第82条也进一步明确国债利息收入是指企业持有国务院财政部门发行的国债取得的利息收入，国债外延到底包括哪些尚需进一步的界定。对此，有必要对我国自20世纪80年代以后，国债发行的情况作一简介，也是对国债的外延作一概括：（1）普通国债，我国曾经把短期普通国债和长期普通国债都叫作国库券，从1995年开始，不再称国库券，而改称"无记名国债""凭证式国债"和"记账式国债"，发行始于1981年，以后基本每年都发行；（2）国家重点建设债券，仅于1987年发行过一次，是财政部当年为调整投资结构、保证国家重点建设项目的资金需要而决定发行的；（3）国家建设债券，性质类似于国家重点建设债券，也仅于1988年发行过一次；（4）财政债券，是国家为筹集建设资金，弥补财政赤字所发行的国债，已发行多次，发行对象是各专业银行、综合性银行及非银行金融机构；（5）特种债券，也称特种国债，是由国库券派生而来，一共发行过三次，目的是解决政

---

[1] 参见李金桐：《租税各论》，五南图书出版公司2004年版，第151页。

府资金不平衡的问题、促进经济协调发展，发行对象主要为全民所有制企业、集体所有制企业、私营企业、金融机构、事业单位和社会团体等；（6）保值债券，又称保值公债，是80年代后期我国面临较严重的通货膨胀之时，为吸引资金、稳定通货、增加财政资金，财政部于1989年发行的带有保值补贴的国债；（7）基本建设债券，并非标准化的国债，不是由中央政府直接发行，而是由政府所属机构发行的，是一种政府机构债；（8）特别国债，为增加国有商业银行的资本金，经八届人大常委会审议通过、国务院批准，财政部于1998年8月发行的特种国债；（9）长期建设国债，为执行积极的财政政策，经九届人大常委会审议通过，财政部于1998年9月向四大国有商业银行发行的专项用于国民经济和社会发展急需的基础设施投入的国债，之后又连续多年发行。[1] 此外，在2024年，20年、30年、50年的超长期特别国债也开始发行。[2] 综上所述，《企业所得税法实施条例》关于国债利息免税收入的规定，可以对国债的外延进行适当的列举，尤其是那些长期稳定发行或有效的国债，比如普通国债、特别国债等。

与国债利息收入免税相关的一项问题是，地方公债利息收入是否也应当免税，毕竟《预算法》在2014年修订时已经赋予地方（主要是省级政府）发行公债的权力，目前地方公债收入也已经是地方财政收入的重要组成部分，用于地方公共服务提供、基础设施建设等。对此，企业所得税法也应当给予地方公债利息收入免税待遇，并限制于省级政府财政部门发行的公债利息收入。不过，目前是由国务院基于《企业所得税法》第36条关于税收优惠授权的规定来实现，且直接由财税部门通过颁布税收规范性文件来规定。[3] 换言之，同国债利息收入免税，从优惠政策稳定性的角度，修改《企业所得税法》第26条，在国债利息收入后面增加地方公债利息收入，更加合适。

2. 股息、红利等权益性投资收益

股息是指按一定的比率对每股金额发给的息金，红利是指按照规定股息

---

〔1〕　参见中国证券业协会编：《证券市场基础知识》，中国财政经济出版社2006年版，第61～63页。

〔2〕　参见财政部办公厅《关于公布2024年一般国债、超长期特别国债发行有关安排的通知》（财办库〔2024〕94号）。

〔3〕　参见财政部　国家税务总局《关于地方政府债券利息免征所得税问题的通知》（财税〔2013〕5号）。

比率分派利润外尚有盈余，再分派于各股东的税后利润。股息、红利等权益性投资收益的最大特性在于其是投资方企业从被投资方企业的税后利润（累计未分配利润和盈余公积）中分配取得的，属于已征过企业所得税的税后利润。鉴于对防止企业筹资模式、企业分配利润和保留利润、公司和非公司企业资源配置的扭曲的需要，[1]应避免对权益性投资收益重复征收所得税。而在国际上处理权益性投资收益重复征税问题的方式主要有：股息扣除法、双税率法、归集抵免法及免税法，[2]而《企业所得税法》则采用了免税法，当然，是有条件的免税法。事实上，鉴于权益性投资收益是免税收入，即本身属于应税所得，才可以对免税设置条件。对此，《企业所得税法实施条例》第83条对条件进行了明确。首先，针对居民企业之间的权益性投资收益，有两项条件，分别是居民企业直接投资于其他居民企业取得的投资收益以及不包括连续持有居民企业公开发行并上市流通的股票不足12个月取得的投资收益。第一项限制条件将基于间接投资取得的投资收益排除在免税之外，无疑旨在鼓励直接投资，这是因为直接投资能带来就业促进等更多利于社会、经济发展的好处。第二项限制条件的规定是为了抑制投机，鼓励长期的生产经营性投资。其次，在中国境内设立机构、场所的非居民企业取得的权益性投资收益，也有两项条件，分别是取得的权益性投资收益与在中国境内设立的机构、场所有实际联系以及不包括连续持有居民企业公开发行并上市流通的股票不足12个月取得的投资收益。第一项限制条件意味着必须是非居民企业在中国境内设立的机构、场所拥有和控制投资的股权，这是因为非居民企业在中国境内设立的机构、场所取得收入需要像居民企业一样在我国正常缴纳企业所得税，产生与我国居民企业之间投资收益一样的经济性重复征税问题，我国企业所得税法就需要独立处理这一问题。第二项限制条件的规定也是为了抑制投机。

通过解读上述权益性投资收益免税的条件，应当说限制的条件本身是可以接受的。不过，《企业所得税法实施条例》还需要进一步对什么是直接投资这一关键条件进行明确，例如，投资者对被投资的企业资产及其经营有直接

---

[1] 参见苑新丽：《我国股息重复征税减除方法的选择》，载《税务与经济》2004年第2期，第71页。

[2] 股息扣除法、双税率法主要应用于公司（企业）所得税环节，归集抵免法主要应用于个人所得税环节，免税法在公司（企业）所得税环节、个人所得税环节都可应用。

的所有权和控制权，并列举一些常见的方式，包括开办独资企业、与企业合资办企业、购买被投资的企业一定数量的股票等。此外，对于非居民企业而言，何为权益性投资收益与其在中国境内设立的机构、场所有实际联系，也应当参考直接投资来解释。当然，权益性投资收益免税的条件不应再进一步限制，相反，作一定的放宽是可行的。事实上，国家税务总局《关于企业股权投资业务若干所得税问题的通知》（国税发〔2000〕118 号，已失效）曾规定，如果投资方企业适用的所得税税率高于被投资企业适用的所得税税率的，其取得的投资所得应按规定还原为税前收益后，并入投资企业的应纳税所得额，依法补缴企业所得税。换言之，从适用相同税率或更高税率的被投资企业分回的权益性投资收益才免税。显然，在《企业所得税法实施条例》已经规定相关免税条件下，这一条件不能再增加。

3. 非营利组织的收入

《企业所得税法》规定只有符合条件的非营利组织的收入才是免税收入，因此在探究符合什么样的条件才可以免税的具体问题时，容易产生一种理解困难："符合条件的非营利组织的收入"，其中"符合条件"这一限定条件既可以理解为对"非营利组织"的限定，也可以理解为对"收入"的限定。对此，首先需要肯定的是，至少收入肯定是要符合条件的，即是特定的收入才能免税。换言之，以收入行为性质的不同而决定是否予以免税，而非以行为主体的不同在免税上予以一刀切，理由如下：（1）目前，我国相关非营利组织的收入状况比较复杂，其中既有非营利性收入（包括不征税收入），同时鉴于以非营利组织在追求其非营利性宗旨的过程中经营某项营利性副业，并无不利影响，因此又有相当之营利性收入，而这又具有一定合理之处；（2）针对非营利组织收入的现状，我国现有相关法规对非营利组织是否课税的处理就是通过区分收入的性质而给以不同待遇，除了不征税收入，对其取得的生产、经营所得等收入，一律缴纳企业所得税，对其取得的非营利性收入予以免税；（3）其他理由还包括国外相关立法例的借鉴，比如美国《国内收入法典》即区分规定非营利组织的免税收入和应税收入，日本等亦同。[1]最后，关于如何对非营利组织免税的问题，主要还是看其行为本身的性质，而不是

---

〔1〕　参见刘磊：《非营利组织的所得课税问题研究》，载《涉外税务》2005 年第 7 期，第 14 页。

看该主体本身通常是属于哪一类的主体，这应该是一个基本的原则。[1]

其次，考虑到同样的收入，如赠与收入，会因取得的主体不同税收待遇会有差异，而为何存在税收待遇的差异，与不同主体在性质、运转方式、对收入的处理等方面存在差异有关。为确保这一点，对非营利性组织的概念无疑也需要作一个界定，尤其是从税法的角度界定，并解释出为何收入在由主体取得时却享受免税。而这也会直接影响到非营利组织税收优惠制度的法定性和公平性，同时也会影响非营利组织的健康发展。关于如何界定，可以考虑如下几个方面：（1）美国《国内收入法典》将非营利组织定义为组织的一种，该组织限制将盈余分配给组织的人员，同时属于为公共利益服务而给予免税鼓励的团体；[2]日本《民法典》规定"有关祭祀、宗教、慈善、学术、技艺和其他公益的社团或财团，不以营利为目的，经主管厅许可，得成为法人"，韩国法律中亦有类似规定。[3]（2）我国现有相关法规主要对特定的非营利组织有所界定，比如《事业单位登记管理暂行条例》第2条第1款规定，事业单位是指国家为了社会公益目的，由国家机关举办或者其他组织利用国有资产举办的，从事教育、科技、文化、卫生等活动的社会服务组织。《社会团体登记管理条例》第2条第1款规定，社会团体是指中国公民自愿组成，为实现会员共同意愿，按照其章程开展活动的非营利性社会组织。[4]（3）在理论界，有学者将具有组织性、非政府性、非营利性、自治性及志愿性这五个特征的组织统称为非营利组织。[5]亦有学者认为非营利组织是指依据一定法律成立的，具有稳定的组织形式、固定成员和领导结构的，在政府组织和企业组织之外而独立运作，发挥特定的社会功能、不以营利为目的、关注于特定的或普遍的公众、公益事业的民间团体等。[6]最后，基于对国外相关立法的借鉴、

---

〔1〕 参见张守文：《财税法疏议》（第2版），北京大学出版社2016年版，第141页。

〔2〕 参见安体富、王海勇：《非营利组织税收制度：国际比较与改革取向》，载《地方财政研究》2005年第12期，第4页。

〔3〕 参见徐孟洲、侯作前：《论非营利组织的税法地位》，载《江西财经大学学报》2004年第3期，第68页。

〔4〕 其他还比如《基金会管理条例》对基金会的界定、《民办非企业单位登记管理暂行条例》对民办非企业单位的界定。

〔5〕 参见安体富、王海勇：《非营利组织税收制度：国际比较与改革取向》，载《地方财政研究》2005年第12期，第4页。

〔6〕 参见刘磊：《非营利组织的所得课税问题研究》，载《涉外税务》2005年第7期，第13页。

统摄我国相关特别法规的考量及对相关学者观点的参考，以此抽象出非营利组织的核心特征，非营利组织可界定为依法成立的、基于一定社会职能、不以营利为目的、从事特定的公益事业的社会组织，其中不以营利为目的或非营利性是最本质特征，即举办者不以任何形式分配利润。事实上，目前《企业所得税法实施条例》第 84 条对非营利组织需要同时符合的 7 项条件很好地体现了上述界定，[1]当然也更加全面。

综上所述，为正确理解和适用，《企业所得税法》第 26 条关于"符合条件的非营利组织的收入"的规定可以作进一步完善，例如，修改为"符合条件的非营利组织取得的除不征税收入、营利性收入以外的收入"。

---

[1] 包括：（1）依法履行非营利组织登记手续；（2）从事公益性或者非营利性活动；（3）取得的收入除用于与该组织有关的、合理的支出外，全部用于登记核定或者章程规定的公益性或者非营利性事业；（4）财产及其孳息不用于分配；（5）按照登记核定或者章程规定，该组织注销后的剩余财产用于公益性或者非营利性目的，或者由登记管理机关转赠给与该组织性质、宗旨相同的组织，并向社会公告；（6）投入人对投入该组织的财产不保留或者享有任何财产权利；（7）工作人员工资福利开支控制在规定的比例内，不变相分配该组织的财产。

改革开放以来，我国经济社会发展取得了巨大成就，公民收入持续快速增长，收入来源也日渐多元化，生活水平得到了显著提高。不过，经济社会领域中的一些深层次矛盾也依然存在，例如，公民就业不充分，收入分配不公，导致贫富差距扩大，尤其是中低收入家庭在教育、养老、医疗、住房等方面还面临一些问题。就被寄希望于解决这些问题的个人所得税改革而言，如果依然像以往历次个税法的修订那样，仅仅（就工资薪金所得）围绕费用扣除标准提高、税率调整以及存款利息征免税等内容展开，显然是无法解决这些深层次矛盾的。换言之，个人所得税急需一次真正的改革，从基本制度层面改变个税的征收方式，使个人所得税承担起符合新时代要求的应有功能。在这一背景下，2018 年 8 月 31 日，我国《个人所得税法》迎来了自该法颁布以来最大的一次修订，具有革命性的意义。这是因为修订的《个人所得税法》将工资薪金、劳务报酬、稿酬和特许权使用费四项收入合并计税，同时增加子女教育、继续教育、大病医疗、住房贷款利息或住房租金以及赡养老人支出六项专项附加扣除，开启了我国个人所得税法综合计征制度（以下简称"个税综合计征制度"）的改革。此外，在 2022 年，国务院又新增 3 岁以下婴幼儿照护支出专项附加扣除。[1]个税综合计征制度，可以定义为在纳税人一定范围的所得合并计税的前提下，有关综合所得范围以及与综合所得相配套的费用扣除、纳税申报单位、累进税率等规则的总称。综合计征制度在《个人所得税法》中的引入，意味着我国个税在施行 28 年后终于迈过了分类所得税制的门槛，走向综合所得税制，但这仅仅是这一制度改革的开端，围

---

〔1〕 参见国务院《关于设立 3 岁以下婴幼儿照护个人所得税专项附加扣除的通知》（国发〔2022〕8 号）。

绕这一制度的落实与进一步完善，依然存在诸多问题与争议。事实上，不仅《个人所得税专项附加扣除暂行办法》（以下简称《专项附加扣除暂行办法》）和《个人所得税法实施条例》为落实综合计征制度所规定的相关内容存在争议，而且在未来很长一段时间内，通过对《个人所得税法》的进一步修订，还需要对综合计征制度相关内容进行修改和补充。这涉及我国个税综合计征制度构建与完善之根本目的的探究，以及良法善治下该制度所应满足之基本要求的检视，为此，需要从更高的层面与要求来论证与规划个税综合计征制度。2022年党的二十大报告指出，中国式现代化是全体人民共同富裕的现代化，实现全体人民共同富裕是中国式现代化的本质要求。据此，推进共同富裕无疑构成了论证与规划个税综合计征制度的更高层面和要求。而2024年党的二十届三中全会也明确提出"完善综合和分类相结合的个人所得税制度，规范经营所得、资本所得、财产所得税收政策，实行劳动性所得统一征税。"

"没有任何税比所得税更为民主、更富有人性及社会性。"[1]事实上，国家与公民之间的权力（利）关系在个人所得税上得到了充分而深入的展现：个人所得税不仅关系我国收入分配关系的调整和税制结构的优化，而且涉及每一位公民的切身利益，包括生老病死，同时关系到纳税人多项宪法所保护的基本权利，例如，生存权、私有财产权、平等权等。为此，上述提及的更高层面与要求即为宪法的层面和要求，换言之，需要从纳税人基本权利保护的角度构建并完善个税综合计征制度，而这与实现共同富裕的目标是一致的。宪法虽然赋予了国家课税的权力，但上述纳税人宪法上基本权利构成了国家课税权实施的限制条件，个税综合计征制度改革亦不例外。为此，有必要检视我国个税综合计征制度是否在保护宪法上相关纳税人基本权利还需更进一步，并对如何完善进行全面而深入的讨论。

一、基本权利与综合计征制度检视必要性

个税综合计征制度与纳税人的切身利益紧密相关，涉及诸多基本权利，同时，由于综合计征制度需要承担的个人所得税功能的多样化和复杂性，使得综合计征制度的设计和完善争议颇多。在当前我国强调依法治国，尤其是

---

[1]　葛克昌：《所得税与宪法》，北京大学出版社2004年版，第3页。

依宪治国的背景下，对个税综合计征制度从宪法上基本权利保护的视角进行检视，必要性不言而喻。

（一）在宪法的框架内修订个人所得税法

宪法作为根本大法，在我国法律体系中具有最高效力的价值和规范体系，任何法律的制定和修订都应当以宪法为基础。在法治国家，宪法是一切组织和个人的最高行为准则，而依法治国的根本是依宪治国。当前，法治原则已经成为我国《宪法》的基本原则，依法治国也已成为我国国家治理的基本方略，围绕综合计征制度展开的个人所得税法修订必须在宪法的框架内实施。进一步而言："在现代法治社会，国家权力的合法性来源于人民的依法授权，其形式要件表现为人民通过宪法来配置国家权力，宪法是权力获得与运行的最高规范依据，其实质要件在于权力运行的根本目的在于增进人民福祉，保障人权。"[1] 课税权作为国家一项重要的权力，必须首先以宪法作为其规范和运行的依据，并以保障公民基本权利为根本目的。换言之，虽然我国《宪法》规定公民有依照法律纳税的义务，但是包括个人所得税法在内的税收法律必须是合宪之法，而是否合宪涉及国家课税权实施的边界。事实上，没有一个税种像个人所得税那样能直接调整国家与公民之间的利益关系，牵涉到诸多公民宪法上的基本权利，而这些基本权利即构成国家课税权实施是否合宪的边界。

我国《宪法》规定了诸多公民基本权利，尤其是 2004 年《宪法修正案》加入"国家尊重和保障人权"条款以后，公民基本权利得到了宪法更为全面的保护。例如，《宪法》第 13 条规定的私有财产权（以下简称"财产权"），第 33 条规定的人权（包含生存权、自由权、发展权等内容），以及第 33 条同时规定的平等权，第 42 条规定的劳动受保护的权利（尤其是关于提高劳动报酬），第 45 条规定的在年老、疾病或者丧失劳动能力的情况下的物质帮助权，第 46 条规定的教育权，第 47 条规定的创造性工作受鼓励和帮助的权利，第 49 条规定的婚姻、家庭受保护的权利以及子女受抚养教育、父母受赡养的权利，等等。显然，这些基本权利个税综合计征制度改革都有所涉及。

（二）贯彻宪法关于纳税人基本权利的规定

为实现"税法之革命"，需以宪法思维研究税法问题，用宪法规范审查税

---

〔1〕 范电勤：《"调解优先、调判结合"的宪法审视》，载《法学》2012 年第 8 期，第 101 页。

收法律。[1]宪法规定的纳税人基本权利是审查税收法律是否符合宪法的重要依据。可以肯定的是，在所有税种之中，个人所得税是与生存权、财产权、平等权等基本权利关系最为直接的税种，因此，个税综合计征制度改革最需要关注这些基本权利。事实上，"保障公民的基本权利是宪法实施的最终目的，宪法中关于国家目标、国家权限、基本义务等方面的规定是保障和实现基本权利的手段，通常不可优先于基本权利适用"。[2]据此，一方面，国家课税权的实施，例如围绕个税相关功能而实施的个税改革，也应以贯彻、落实公民的基本权利为目的。换言之，国家课税权的正当合理性正是源自公民基本权利的保护，公民基本权利的实现是税源创造的前提。[3]另一方面，纳税人基本权利的贯彻、落实也需要依赖具体法律制度的安排。具体而言，尽管宪法文本中规定了公民生存权等基本权利保护，但这仅仅是基本原则，并不代表保护上述基本权利所需的社会处境与条件已然完善。换言之，宪法上的规定更多地表达的是一种超越现实社会的理想境界，以体现"取法乎上"之意义，[4]而宪法基本原则到社会现实的转换，需要诸多具体法律进行制度安排以付诸实施。税法，尤其是个人所得税法，无疑也需要在这些基本原则的指导下做出具体的制度安排。事实上，宪法与个税综合计征制度之间衔接以及后者对前者贯彻的完备程度，决定了公民相关基本权利实现程度。

（三）实现综合计征制度改革所承担的个税功能

在我国现阶段，个人所得税应当承担的功能，总体上可以概括如下：在发挥组织财政收入的基础上，强化调节收入分配，并兼顾低收入阶层最低生活保障、中等收入阶层培育等内容。显然，个税综合计征制度改革是实现个税功能的突破口，而纳税人相关基本权利保护与之有着重要关联。事实上，两者的关联不仅在于个税相关功能的实现可能会侵害相关基本权利，例如，

---

[1]　参见葛克昌：《租税国的危机》，厦门大学出版社 2016 年版，第 155 页。

[2]　陈征：《国家从事经济活动的宪法界限——以私营企业家的基本权利为视角》，载《中国法学》2011 年第 1 期，第 98～109 页。

[3]　参见汤洁茵：《纳税人基本权利的保障与实现机制：以个人所得税为核心》，载《中国法律评论》2018 年第 6 期，第 53～54 页。

[4]　参见魏健馨：《女性人权保护的宪法学审视》，载《南开学报（哲学社会科学版）》2015年第 1 期，第 132 页。

在组织财政收入功能过程中，尤其是需要提高个税收入规模的过程之中，[1]需要注意避免对纳税人生存权、财产权的（过度）侵害。两种的关联更在于个税部分功能的实现与基本权利的保护有着高度的一致性，换言之，更好地保护相关基本权利有助于个税相关功能的实现，具体如下：

首先，关于个税的调节收入分配的功能。[2]个税作为最典型的直接税，是调节收入分配的最理想工具。因此，个税应当不断强化调节收入分配的功能。而原个人所得税法由于实行分类计征，同时分类过多过细，工薪阶层等中低收入阶层纳税最实，而高收入者通过收入来源多样化进行筹划，实际税负并不高，个税调节收入分配的功能难以有效发挥。事实上，以往围绕费用扣除标准提高、税率调整的个税法修订，从相对意义上而言，反而进一步拉大了贫富之间的差距。[3]因此，缩小贫富差距、实现社会公平是个税综合计征制度改革的一项重要任务，而这正是纳税人（实质）平等权所要求的。

其次，关于个税的低收入阶层最低生活保障、中等收入阶层培育功能。个税在组织财政收入时，应确保低收入阶层最低生活保障，自无须多言。需要特别说明的是对中等收入阶层利益的保护，要避免因个税上述两项功能的实施，而造成这一群体税负过重。这是因为中等收入阶层的培育与扩大，有利于社会税收和谐和稳定，扩大中等收入者的比重也是改革的一项重要目标。当前，满足"人民日益增长的美好生活需要"已经成为我国各项改革的重要政策指向，涉及人民切身利益的个税改革无疑更需要遵循这一政策指向。事实上，在当前中等收入阶层家庭养老、育儿费用、住房等方面压力不断增加的背景下，减轻税负对于这一群体美好生活的追求至关重要。同时，在收入再分配领域，个税并非唯一有效工具，房地产税等其他直接税以及财政支出

---

〔1〕　我国目前个税的收入规模还非常有限，2018 年个人所得税收入为 13872 亿元，占全部税收收入总额的 8.9%，与 2018 年综合计征制度改革加大扣除有关，2019 年个人所得税收入下降到 10388 亿元，占全部税收收入总额比重也下降到 6.6%。参见财政部国库司：《2018 年财政收支情况》，载 http://gks.mof.gov.cn/tongjishuju/201901/t20190123_3131221.htm，最后访问日期：2020 年 12 月 1 日；财政部国库司：《2019 年财政收支情况》，载 http://gks.mof.gov.cn/tongjishuju/202002/t20200210_3467695.htm，最后访问日期：2020 年 12 月 1 日。此外，正如在本书第三章已指出的，2023 年个人所得税收入比重有所提高，但也还仅是 8.2%，低于发达国家的相关水平。

〔2〕　参见施正文：《分配正义与个人所得税法改革》，载《中国法学》2011 年第 5 期，第 35 页。

〔3〕　参见陈少英：《附加福利课税是个人所得税法改革的突破口》，载《法学》2014 年第 5 期，第 81 页。

工具也可以发挥有效作用，因此，个税的调节收入分配功能不应当被过分强调。[1]这样，培育、扩大中等收入阶层，自然是个税综合计征制度改革需要兼顾的，确保相应收入水平区间内的个税税负适当低平。[2]显然，更好地保护低收入阶层的生存权、中等收入阶层的财产权有助于实现个税的本项功能。

最后，关于个税的其他功能。个税作为重要的财税调控工具，综合计征制度改革还需要兼顾个税吸引境外人才、鼓励智慧创造等诸多功能，这无疑与纳税人创造性工作受鼓励和帮助权等宪法上权利的实现相关。

（四）解决综合计征制度改革争议问题

2018 年个税综合计征制度改革，受到我国全社会的高度关注，对于如何制定相关规则，社会各界也展开了广泛讨论，并产生许多争议问题，尤其是社会民众对 2018 年 6 月 29 日公布的《中华人民共和国个人所得税法修正案（草案）》。事实上，该草案在向全社会征求意见后，在 1 个月内，共收到了超过 13 万条的意见，关注度远高于同期征求意见的任何法律草案，[3]这些意见特别集中在合并所得范围、费用扣除标准、税率结构调整、专项附加扣除等方面，也就是集中于综合计征制度的构建和完善方面。考虑到 2018 年《个人所得税法》修订的内容，除了少数几处变化，[4]基本上延续了上述草案的规定，社会民众对现行个税综合计征制度的意见可以说并没有实质性的消除，争议问题依然存在，例如，综合计征的所得项目范围是否合理、综合计征所得基本费用扣除是否完善、专项附加扣除实施规则如何完善、累进税率下税负是否过重等问题。这些问题的意见难以一致，往往是因为不同观点是基于不同前提和价值理念所做出，而从纳税人基本权利保护的层面讨论这些问题，最有可能达成共识。事实上，以往个人所得税改革困难重重，而修法又争议不断，与缺乏明确方向有关，具体而言，与纳税人基本权利保护指引有关。因此，从基本权利保护的视角对个税综合计征制度进行检视，有利于争议问题的解决，发挥定分止争的作用。

---

〔1〕 参见徐建炜、马光荣、李实：《个人所得税改善中国收入分配了吗——基于对 1997—2011 年微观数据的动态评估》，载《中国社会科学》2013 年第 6 期，第 71 页。

〔2〕 参见贾康、梁季：《我国个人所得税改革问题研究——兼论"起征点"问题合理解决的思路》，载《财政研究》2010 年第 4 期，第 7~9 页。

〔3〕 参见赵鹏：《个税改革征集意见逾 13 万条》，载《北京日报》2018 年 7 月 30 日。

〔4〕 例如，专项扣除增加赡养费用，应税所得取消"其他所得"项目，劳务报酬等三项合并所得允许在减除 20% 的费用后合并等。

二、基本权利与综合计征制度检视理念与路径

根据我国《宪法》关于诸多公民基本权利的规定，个税综合计征制度改革涉及的纳税人基本权利非常丰富，为力求全面，除了生存权、财产权和平等权，检视还需要覆盖其他一些基本权利。那么，基于这些不同的基本权利，个税综合计征制度检视应当如何展开？尤其是当检视同时涉及多项有所冲突的基本权利的时候，如何进行平衡？是否存在优先顺位？这就需要从整体上把握检视的脉络。

（一）基本权利与课税权的平衡

个税的征收代表国家课税权的行使，本身必然会对公民生存权、财产权等基本权利产生限制，因此国家课税与公民基本权利保护之间存在矛盾，个税综合计征制度改革无疑需要对两者进行平衡。不过，根据上文指出的是，国家课税权的正当合理性正是源自公民基本权利的保护，平衡应当秉持基本权利作为国家课税权扩张界限的理念，以基本权利保护为综合计征制度改革追求的价值。这样，对综合计征制度从基本权利保护的视角进行检视时，需要把握基本权利是否构成了课税权的防御体系，以防止过度课税。[1]

（二）不同基本权利检视的顺位

在基于相关权利保护对综合计征制度各项规则进行检视之前，需要明确相关权利保护检视的顺位，换言之，需要明确综合计征制度改革对相关权利保护关注的顺位，从某种角度这也反映相关权利保护在当前个税法中价值地位的差异。对于公民而言，首先关注的无疑是生存问题，当然，对于生存的关注，会延伸出对财产的关注，这是因为拥有必要的财产对于生存而言非常重要，尽管从逻辑上而言并非必要条件。因此，从理论上，生存权在公民权利体系中居于基础性的地位，财产权等其他权利可以视为是生存权的衍生权利。[2]这样，虽然在生存权和财产权之间，优先性应当赋予生存权，但是由于财产权不仅是生存权的基础，同时也是生存权的必然要求（诉求），财产权的重要性不言自明。事实上，从西方近代历史的角度，财产权曾被视为一项

---

〔1〕 参见汤洁茵：《纳税人基本权利的保障与实现机制：以个人所得税为核心》，载《中国法律评论》2018年第6期，第60页。

〔2〕 参见杨鑫：《生存权的基本内涵及其在人权体系中的地位》，载《武汉科技大学学报（社会科学版）》2014年第2期，第166页。

自然权利，享受绝对权利的待遇，私人财产因而具有固有而自然的道德合法性，财产权不能被课税直接侵蚀，非基于"受益"标准而课征的任何财产给付都被视为非正义。[1]直到 20 世纪初以来，伴随着秉持干预主义、社会连带主义以及实质平等主义的逐步盛行，国家明确具有了公共负担分配者的角色，国家对市民社会进行深入干预、调节以及对社会财富进行再分配有了充分的依据。此时，基于财产权对课税进行限制的考量下降了，进而强调为了社会公平通过课税对个人财产权进行限制。[2]此时，伴随限制财产权的社会本位立法，实质平等权成为公民在新的时代下更进一步的诉求，这是因为此时人不再仅仅是自然的人，同时也是存在于社会关系之中的人。据此，因为公民首先是自然的人，再是社会的人，生存权、财产权保护要优先于（实质）平等权保护。

　　具体到个税，纳税义务课征于有负税能力的公民，从所得的角度，公民取得的净所得才体现其负税能力，这是个人所得税产生的起点，在此基础上，国家才可以取得税收收入，从而导致也仅导致对财产权的限制。如果在公民不具有负税能力下对其课征所得税，例如，公民取得的所得低于其最低生活保障所需要的费用，虽然直接限制的是公民财产权，但是最终侵害的是公民生存权。因此，首先需要关注生存权保护，其次关注财产权保护，最后才是平等权保护。此时，在已经施加源于国家收入取得需要的限制基础上，可以基于平等权保护，进一步对财产权施加源于收入再分配需要的限制，但是基于财产权保护，因限制而产生的税负不能过重。据此，可以认为平等权保护的实现应当以生存权、财产权保护（表现为生存权不得受侵犯、财产权仅受合理的限制）实现为基础。例如，为实现劳动所得和资本所得的平等课税，两类所得都应当能够享受附加专项扣除这一生计费用的扣除（基于生存权的保护），而非都不适用。再如，为实现实质平等，对于高收入阶层课征更多的税，也是建立在税负合理的情况下，如果税负过高甚至达到没收效果，收入调节效果也只能昙花一现，最终将导致社会整体财富创造的下降。这里需要补充的是，对财产权的限制在多大程度上是合理，即税负在多大程度上是可

---

〔1〕　参见［意］佛郎科·卡罗：《道德、国库（税收）和所有权》，翁武耀译，载《学说汇纂（第 4 卷）恢复原状与责任的承担》，窦海阳译，中国政法大学出版社 2012 年版，第 136 页。

〔2〕　参见［意］佛郎科·卡罗：《道德、国库（税收）和所有权》，翁武耀译，载《学说汇纂（第 4 卷）恢复原状与责任的承担》，窦海阳译，中国政法大学出版社 2012 年版，第 137～138 页。

以接受的，不同国家以及同一国家的不同时代会有所不同。

具体到我国，关于财产权和平等权以及其他基本权利之间应当如何权衡和兼顾，还需进一步阐释。我国法治尚在建设之中，公民自由权以及财产权依然需要加以特别保护。为此，当前包括个税改革在内的相关制度改革，在贯彻财富再分配等社会职能的时候依然需要关注公民财产权的保护，并应将其置于基础或前提的地位。显然，对于存在一定矛盾和紧张关系的财产权和（实质）平等权而言，上述这样一种关系的处理是符合我国国情需要的。而这也与我国个税应有的功能（或课税目的）相一致，即在组织财政收入的基础上强化调节收入分配，并兼顾低收入阶层最低生活保障、中等收入阶层培育等。事实上，从推进共同富裕的角度，为实现消除两极分化、消除分配不公，不能仅仅调节高收入，即降低高收入阶层的收入水平，还更需要提高低收入阶层的收入水平以及保持中收入阶层的收入水平。为此，在一定程度上，上述先关注生存权保护、再关注财产权保护、最后关注平等权保护，与推进共同富裕也是契合的。因此，要更加关注我国个税综合计征制度改革，因为综合所得、累进税率下可能使一部分中高收入阶层税负增加。为此，仍然实行一段时间非完全综合所得制模式，保留累进税率但减并档次、降低最高边际税率，采取基本扣除与专项（附加）扣除相结合的费用扣除制度，以实现在（实质）平等权保护下对财产权保护的加强。总之，整体而言，基本权利保护检视下的个税综合计征制度，需要从生存权保护着手，注重社会弱势群体（例如妇女、子女、老人）的特殊保护，其次合理保护财产权，最后强化社会贫富差距的调节。

（三）比例原则在基本权利保护检视中的应用

任何对公民宪法基本权利进行限制的法律，都需要接受比例原则的检视，而法律限制基本权利必须为了追求正当的目的，其中具体手段还应当满足妥当性、必要性、手段与目的衡平性的要求。[1]事实上，比例原则追求法律实体内容本身的正当性，这一点与量能课税原则是相同的，不过不同于后者，比例原则为权衡相互冲突的实体利益提供了一项理想工具。具体而言，个税综合计征制度改革在落实个税应有的功能时，例如组织财政收入、调节收入分配，追求的目的是正当的自无可异议，甚至其中也是源于公民基本权利的

保护，例如平等权。但是，这一改革显然存在限制公民基本权利的可能性，例如生存权、财产权。此外，个税综合计征制度改革也要落实国家一些调控政策，例如鼓励创新、智慧创造，其中所追求的目的的正当性也无可异议，甚至也是源于公民基本权利，即创造性工作受鼓励和帮助的权利。显然，这些调控政策的实施，也会限制公民基本权利，即平等权。这样，除了基本权利中的核心部分不容受侵犯以外，个税综合计征制度改革涉及基本权利其他部分的限制还需符合比例原则，也就需要在公民相关基本权利与国家相关改革、政策目的之间进行权衡。例如，为实现组织财政收入的目的，个税综合计征制度改革需要保护生存权，尤其不得侵害其中涉及生存基本需求部分，同时，也不能过于损害财产权；再如，为实现调节收入分配的目的，改革可以降低中低收入阶层税负（同时保护生存权和财产权），而不是增加高收入阶层的税负（同时保护财产权），这也是考虑到调节收入分配可以通过加强税收征管或其他诸多个税以外的措施来实现；又如，为鼓励创新、智慧创造，除了首先需要明确相关政策有宪法上的依据以外，改革所引入的相关税收优惠措施必须妥当、满足必要性并避免对平等权的过度损害。

三、基本权利与综合计征制度内容与不足

基本权利保护的具体检视是在对个税综合计征制度检视整体考量的基础上，基于纳税人相关基本权利保护的要求，评价我国现行综合计征制度，并阐释其问题与不足。

（一）综合计征制度基本权利保护整体检视

相比于个税分类（所得）计征制度，即每一类应税所得对应一类独立的费用扣除、税率等规则，个税综合计征制度在贯彻、落实纳税人相关基本权利方面更加优越：（1）在平等权保护上，最为明显，这是因为，在综合计征制度下，多项不同所得的合并、按年计算综合所得，加上纳税人在谋取不同所得时产生的收益和损失存在相互冲抵的可能性，更能全面、准确反映纳税人的真实负税能力。在此基础上，才能更好地落实量能课税原则，并更好地发挥个税收入调节分配的功能。此外，合并后的所得，尤其是性质相同的所得合并课税，适用统一的费用扣除和税率规则。其中，费用扣除规则往往包括更为复杂、数量更多的扣除项目，以更加符合个税个体化课税的要求，同时税率规则也往往采取累进税率，以力度更大的方式调节收入分配。（2）在

生存权保护上，一方面，由于需要确保公民用于最低生活保障的那部分所得不课税，因此生计费用的扣除至关重要。虽然，分类计征制度亦可以设计这部分费用的扣除，但由于往往规定仅在某一类特定应税所得下扣除，不如综合计征制度在综合所得（至少多项所得）下扣除可行性更大。另一方面，综合计征制度往往能更大范围地考虑公民家庭成员的最低生活保障，体现在上述提到的更为复杂、数量更多的扣除项目上。（3）在财产权保护上，鉴于分类计征制度对各类所得主要实行比例税率，综合计征制度未必更优。从历史的角度看，在财产权保护为本位的时代，个人所得税制度更多地采用分类计征制度，[1]也可以反映上述这一点。

根据上述，虽然分类计征制度在生存权、财产权和平等权的保护上亦可以有所作为，但是由于综合计征制度更加注重公平价值，分类计征制度更加注重效率价值，撇开制度实施的成本与执行性问题，前者无疑可以更好地保护这些权利。对此，正如下文将指出的那样，相比于之前的分类计征制度，我国现行综合计征制度在纳税人相关基本权利保护上更进一步。当然，这一关于综合计征制度相比于分类计征制度更加优越的论述，更多的是从理论或者一般经验的角度，但这并不意味着一国引入综合计征制度，其在实在法上对基本权利的保护就绝对会更加完善，这还取决于其相关具体规则的设计是否更加有利于保护相关基本权利，尤其是需要综合考量相关权利保护的平衡以及顺位，鉴于相关权利保护亦存在冲突的可能性。

（二）生存权保护检视

我国《宪法》明确规定保障人权，而生存权是一项基本人权并在人权体系中占主导地位，自无异议。此外，我国《宪法》还规定了公民享有物质帮助、社会保障、劳动、教育等权利，这些权利属于生存权保护的范围也应无异议。但从后者衍生出的一项问题是，从客体的角度，我国生存权所要保护的"生存"含义是什么？显然，根据我国现阶段的发展水平，社会主要矛盾已经转化为人民日益增长的美好生活需要，这里的生存不仅仅指生命、温饱和健康，还应包括一定程度的文化性生活，因此，是指"健康且文化性的最

---

〔1〕 参见王茂庆：《个人所得税法改革的价值定位——以人权为标准》，载《山东科技大学学报（社会科学版）》2008年第1期，第33页。

低限度生活"。〔1〕这也与我国《宪法》对上述相关权利的规定以及我国加入的《经济、社会及文化权利国际公约》相关规定相一致。〔2〕此外，从主体的角度，宪法除了普遍性地规定公民享有生存权以外，还对一些特殊主体予以特别规定。我国《宪法》一方面规定了婚姻、家庭受保护的权利以及子女受抚养教育、父母受赡养的权利，另一方面还规定了年老、疾病或者丧失劳动能力者等弱势群体享有物质帮助、社会保障权。据此，我国《宪法》对于上述弱势群体以及家庭成员（特别包括需要抚养和赡养的子女和父母〔3〕）的生存权也给予了特别规定。

因此，个税综合计征制度改革，为更好地贯彻宪法对生存权的保护，在内容上需要尊重纳税人健康且文化性的最低限度生活，在主体上除纳税人以外，还要特别关注其家庭成员以及相关弱势群体。在力度上，基于基本权利保护的整体考量，个税综合计征制度改革需要加强上述生存权的保障并作为首要任务和重点，据此，可以走"少取""让利"的收缩型改革路径。〔4〕事实上，这一路径也可以实现以及强化个税的累进性，〔5〕同时，不同于对高收入者的"多取""多予"的扩张型改革路径，着重生存权保护的个税综合计征制度改革，基于收缩型改革路径在实现调节收入分配功能时也更符合比例原则，这是因为这一改革路径在保护生存权的同时，对财产权的限制更小。

基于生存权保护的考量，个税综合计征制度改革需要着重在生计费用扣除规则方面进行完善，即为维持生活、发展所需要的最低限度的所得不得课税，而相关的成本支出必须在税前进行扣除。对此，除了要确保纳税人个人生存权保障费用得以税前扣除以外，还要特别确保纳税人家庭成员以及相关弱势群体生存权保障费用得以税前扣除，这部分无疑需要特别规定。从《个人所得税法》所规定的内容来看，即将综合所得对应的基本支出扣除额按月计算从3500元提高至5000元，同时增加子女教育等七项专项附加扣除，应

〔1〕　陈业宏、曹胜亮：《个人所得税法实质正义的缺失考量——以纳税人家庭经济负担为视角》，载《法学杂志》2010年第5期，第30页。

〔2〕　参见《经济、社会及文化权利国际公约》第11条、第12条、第13条和第15条。

〔3〕　根据《专项附加扣除暂行办法》第29条的规定，父母是指生父母、继父母、养父母，子女是指婚生子女、非婚生子女、继子女、养子女。

〔4〕　参见宋治：《基于生存权保障的〈个人所得税法〉改革及完善》，载《武汉大学学报（哲学社会科学版）》2016年第3期，第122页。

〔5〕　Cfr. Dario Stevanato, *Flat tax tra progressività e deduzioni*, in Il Sole 24 Ore, 27 giugno 2017.

当说对纳税人及其家庭成员生存权保护的规定做出了很大改善。对此，需要进一步说明两点：（1）基本扣除额 5000 元，从当前以及全国范围的平均数值来看，从保障正常情况下纳税人的生存权而言并非不可接受，毕竟这一数额仅仅是为满足吃、穿、行基本生计费用，即满足专项附加扣除不涵盖的生存权保障费用。同时，并入综合所得的劳务报酬、稿酬和特许权使用费也是扣除直接生产费用后的净所得（减除 20%），[1]也并未冲减基本支出扣除；（2）增加的专项附加扣除，考虑了纳税人及其家庭成员若干生存权保障的特别开支需求：例如，受先前计划生育政策影响，纳税人对父母的赡养成本逐步加大；为享受稀缺的优质教育资源，纳税人不得不为子女支付高昂的教育费用，以提高孩子的竞争力，同时，为应对越发激烈的就业、职场竞争，纳税人继续教育开支不断增加；即使有医疗保险制度，但是大病所需要的医疗费用，纳税人或其家庭成员依然需要承担；受当前房价居高不下的影响，纳税人购买或租用住房成本不断增加。当然，住房贷款利息和租金只能选其一扣除，亦是基于生存权保障所必要支出的需要。这样，《个人所得税法》生存权保障费用扣除，不再仅采取统一、固定标准，而是结合了差别标准，即在一定程度上考虑了纳税人及其家庭成员的实际开支状况，并突显了对公民教育权、健康权、居住权等生存权的保护。需要特别指出的是，根据《专项附加扣除暂行办法》和国务院《关于提高个人所得税有关专项附加扣除标准的通知》（国发〔2023〕13 号）的规定，3 岁以下婴幼儿照护、子女教育、继续教育、住房贷款利息、住房租金以及赡养老人支出都采取了定额扣除，[2]体现了统一、固定标准的一面，并具有合理性。这不仅是基于征管的便利，更是基于生存权保障的需要，这是因为允许扣除的相关支出，不能超过生存权保障的需要，换言之，总体上对于一定范围内的全部公民而言，上述用于最低保障的相关必要支出是固有的，也是一致的。当然，纳税人实施相关定额扣除的前提是存在需要抚养和教育的子女、赡养的老人以及购买或租赁住房、继续教育，这些情况在纳税人之间是存在差异的，此外，差异标准还体现在大病医疗支出采取了据实扣除。

---

〔1〕 参见《个人所得税法》第 6 条第 2 款。

〔2〕 分别规定了 2000 元/月（每名婴儿）、2000 元/月（每名子女）、400 元/月以及 3600 元/年（取得相关证书）、1000 元/月、1500（或 1100 或 800）元/月（不同地区存在差异）和 3000 元/月。

不过，从更好地保护生存权的角度，目前个税综合计征制度尚有一些不足之处：

（1）根据《个人所得税法》第6条以及《个人所得税法实施条例》第15条的规定，生计费用的扣除仅适用于综合所得以及经营所得，这样以这两类所得以外的所得为收入来源的纳税人就不得主张专项附加扣除等生计费用的扣除，虽然一定程度上体现劳动所得轻课税、资本所得重课税，[1]他们的生存权保护就有所不足。[2]

（2）大病医疗支出不包括医保目录范围外的自费支出和赡养老人的医疗费用。《专项附加扣除暂行办法》第11条规定的医疗支出是指医保目录范围内的自付部分，不包括医保目录范围外的自费支出，对纳税人健康权、生命权保护并不全面。同时，第12条虽然规定纳税人配偶、未成年子女发生的医药费用支出也可以由纳税人扣除，但是没有规定纳税人为老人所负担的医药费用支出，这不利于纳税人所赡养老人的健康权、生命权保护。考虑到大病医疗支出更多地发生在老人身上，老人自己往往又没有足够收入来扣除，大病医疗支出扣除实效性也将大为下降。

（3）赡养支出扣除规则过于机械。首先，纳税人扣除赡养老人支出，必须在父母实际需要纳税人赡养的情况下，例如，当父母本身具有退休金或养老金的情况下，也就是父母生存权可以由自身保障的情况下，如果只要父母60岁以上就一概允许纳税人定额扣除，就超过了生存权保障的需要。其次，在非独生子女的情况下，每个纳税人最高扣除额不得超过定额的一半，[3]对于实际上由一人承担赡养费的纳税人而言，其赡养老人支出扣除权未得到保障，这也不利于老人的赡养。最后，由于赡养人包括生父母、继父母、养父母，同时还包括一定条件下的祖父母、外祖父母，实践中纳税人可能存在同时赡养2人以上老人的情况，因此，目前不管赡养人数统一定额扣除，与纳税人实际的赡养支出可能存在较大差异。

（4）房贷专项附加扣除有待完善。首先，相比于《个人所得税专项附加

---

〔1〕　参见叶姗：《个人所得税量能课征的法律构造》，载《北大法律评论》2019年第1期，第238~249页。

〔2〕　参见汤洁茵：《纳税人基本权利的保障与实现机制：以个人所得税为核心》，载《中国法律评论》2018年第6期，第55页。

〔3〕　参见《专项附加扣除暂行办法》第22条。

扣除暂行办法（征求意见稿）》，现行制度增加的扣除期限（最长不超过 240 个月）不利于公民生存权（基本居住权）的保障。这是因为实践中的贷款期限通常最长期限是 360 个月，这样，一方面超过的期间房贷利息无法扣除，另一方面，如果纳税人将贷款期限缩减至 240 个月，每月的还贷压力将陡增，从而影响生活其他基本开支或者降低购买住房的要求。

（5）继续教育专项扣除标准不高、范围也不够宽。首先，学历（学位）继续教育的扣除标准为每月 400 元，远低于全日制学历（学位）教育扣除标准。其次，职业教育扣除范围实践中限于为取得我国人力资源社会保障部制定的《国家职业资格目录》相关证书而接受的职业资格教育，而纳税人接受的职业教育或培训并不限于此，这可能会影响纳税人对职业教育或培训的选择。对继续教育支出扣除的上述限制，不利于纳税人教育权保护，进而也会影响纳税人工作权或职业自由权的保障。

（6）对特定弱势群体生存权保障还有所不足。例如，首先，目前 3 岁以下婴幼儿照护和子女教育附加扣除，对子女的抚养支出考量总体上是可以接受的，不过还可以进一步扩大。其次，对于残疾人等在生活上有额外困难的群体，由于生存权保障的开支要比普通人大，目前专项附加扣除是基于普通人生存权保障设定的，缺乏对这些弱势群体的特别保护。

（7）未引入通货膨胀调整机制。基本支出扣除未与物价指数挂钩，进行每年强制性的调整，无法准确地反映因通货膨胀导致不断变化的实际生存权保障成本，进而加重纳税人实际税负。同理，如果基于仅仅满足生存权保障的需要，在专项附加扣除规定定额扣除或增加扣除上限的情况下，通货膨胀调整机制对专项附加扣除的意义一样重要。

（8）未引入相配套的家庭纳税单位制度。专项附加扣除需要考虑纳税人家庭成员的生存权保障问题，目前规定的专项附加扣除制度也在很多方面体现了这一点，尤其是在 3 岁以下婴幼儿照护、子女教育、继续教育、大病医疗和住房贷款方面允许夫妻之间自由分配允许扣除的定额。这样，在实体层面，现行专项附加扣除规则已经明确开启了对家庭的课税制度。因此，相比于现在以个人为纳税单位，为更好地贯彻对家庭的课税，更加充分考虑以家庭为支付单位的大病医疗费用、住房费用、教育费用、赡养费用等支出情况，换言之，为全面衡量和反映纳税人所处的家庭结构、家庭成员的状况以及由此所决定的费用额度，以避免在课征个税时侵害纳税人家庭成员的生存权，[1]有必要在程序上引入以家庭为纳税单位制度。《个人所得税法》尚未引入这一配套制度，使得推动更多专项附加扣除定额在夫妻之间分配的立法完善更加困难，再加上附加扣除不允许以后年度结转，这样不利于对纳税人家庭成员生存权的保护。

（三）财产权保护检视

纳税人的所得在进行基本扣除、专项扣除、专项附加扣除以后，剩余的所得即为净所得，才代表纳税人的负税能力，虽然跨出了宪法生存权保护特别关注的范围，但由于属于纳税人的私有财产，还在宪法上财产权保护的范围内。换言之，这部分所得作为公民的私有财产，依然不是国家可以任意课税的，即使对这部分所得课税国家需要实现取得财政收入和收入再分配的目的。鉴于所得等私有财产是公民赖以生存以及追求美好生活的基础，基于财产权对国家课税（包括个税综合计征）进行限制，不仅对于公民的生存权保护，而且对于公民美好生活追求的保护，具有重要的意义。此外，对公民财产权任意课税，还将打击公民生产生活的积极性，同时公民的逃避税行为也将增加，事实上，如果课税能够有效保护公民的财产权，公民对税法的遵从将变得更为积极。[2]总之，为实现共同富裕，也要求尊重公民的财产权，包括课税在内。那么，宪法上财产权保护应当如何限制国家课税？总体而言，国家课税不得过度，对公民施加不合理的税负。唯此，课税对基本权利的保护才能得以证成。具体而言，课税对财产权的限制，应当符合比例原则，避免因取得财政收入、收入再分配等目的而使公民承担沉重的负担。事实上，如果公民私有财产背负沉重的税负，财产权的"私有"本质属性将消失，也将背离对财产权的保护。[3]

具体到个税综合计征制度改革，财产权保护的考量具有重要的地位不言自明，尤其是这一制度改革需要兼顾低收入阶层最低生活保障、中等收入阶

---

〔1〕 参见汤洁茵：《个人所得税课税单位的选择：个人还是家庭——以婚姻家庭的保障为核心》，载《当代法学》2012年第2期，第113页。

〔2〕 参见蒋万庚、丁立波：《个人所得税改革与私有财产权的保护》，载《广西大学学报（哲学社会科学版）》2008年第4期，第61页。

〔3〕 参见张翔：《个人所得税作为财产权限制——基于基本权利教义学的初步考察》，载《浙江社会科学》2013年第9期，第69页。

层培育等功能。如果说低收入阶层最低生活保障主要通过生存权保护来实现的话，那么中等收入阶层培育无疑主要需要通过财产权保护来实现。为此，在避免公民所得税负过重这一问题上，由于财产权保护与税率水平密切相关，个税综合计征制度改革则主要需要关注综合所得适用的累进税率。相比于原有制度，2018 年修订的《个人所得税法》扩大了 0 至 3%、3% 至 10% 和 10% 至 20% 三档税率间的级距，[1] 这样就可以避免原来中低收入阶层收入极易适用 20% 以上的中等税率，[2] 降低了这部分人群的税负，也更好地保护了这部分人群的私有财产权。

不过，从财产权保护的角度，目前个税综合计征制度下的累进税率还存在一些不足：（1）总体上降低税负力度还是有限。这是因为 7 级累进、每一级的税率、税率 25% 以后的级距延续原有工资薪金适用的累进税率的规定。首先，7 级税率，尤其是 20% 以后的 4 级税率，依然过多，也变相地缩减了级距，使公民收入更快地适用了更高的税率。其次，税率 25% 以后的级距过窄，使得中高收入阶层收入极易适用中、高等税率。最后，最高 45% 的税率偏高，[3] 使得高收入阶层面临过高的税负，挫伤劳动者的工作、创新热情。事实上，劳动所得适用 7 级累进税率，承担的税负会高于资本所得（目前适用 20% 的比例税率）的税负，亦对个人的劳动权造成了不合理的干预。[4]（2）作为综合所得的稿酬收入、特许权使用费和劳务报酬面临税负增加的风险。尤其是前两项收入计入综合所得以后，将适用最高税率达 45% 的累进税率，相比于原来分类计征下适用 20% 的比例税率，这些收入将面临更高的税负，与国家鼓励创新、智慧创造相冲突。劳务报酬因为适用加成征收，即应纳税所得额超过 2 万元至 5 万元部分，税率提高到 30%，超过 5 万元部分，税率提高到

---

〔1〕 将原有级距基于按年缴纳换算，0 至 3% 的级距从 0 至 18 000 元变为 0 至 36 000 元，3% 至 10% 的级距从 18 000 至 54 000 元变为 36 000 至 144 000 元，10% 至 20% 的级距从 54 000 至 108 000 元变为 144 000 至 300 000 元。

〔2〕 根据世界银行 2019 年最新的标准，低收入标准为人均年收入 1026 美元以下，中下收入标准为 1026 至 3995 美元，中上收入标准为 3996 至 12 375 美元，高收入标准为超过 12 375 美元。See Word Bank, "New country classifications by income level: 2019 - 2020", https://blogs. worldbank. org/opendata/new-country-classifications-income-level-2019-2020, 最后访问日期：2020 年 1 月 10 日。

〔3〕 参见刘剑文、胡翔：《〈个人所得税法〉修改的变迁评介与当代进路》，载《法学》2018 年第 9 期，第 144 页。

〔4〕 参见汤洁茵：《纳税人基本权利的保障与实现机制：以个人所得税为核心》，载《中国法律评论》2018 年第 6 期，第 56 页。

40%，目前也是据此预扣税款，[1]税负增加并不显著，通常发生在多次（分开）取得数额不高的劳务报酬的情形。相反，如果纳税人工资薪金低，一次取得数额高的劳务报酬，税负通常会下降。总体而言，劳务报酬、稿酬、特许权使用费与工资薪金合并以后，如果累进税率在级次、税率等方面未做修改，不仅可能会冲抵前三档税率级距扩大的减税效应，还可能增加同时取得上述多项收入群体的税负。事实上，公民取得的全年一次性奖金可以选择不并入当年综合所得，[2]实行单独计算纳税，[3]间接也印证了综合所得计征后上述税负增加的风险。（3）未引入通货膨胀调整机制。前三档税率级距的扩大，即适用前三档税率的应纳税所得额门槛的提高，与基本扣除额提高一样，从某种角度也反映了对通货膨胀导致公民收入实际购买力下降的回应。不过，由于目前缺乏针对级距的通货膨胀调整机制，各档税率的适用门槛未与物价指数挂钩，进行每年、强制性的调整，纳税人实际税负将不断增加，也不利于财产权的保护。

（四）平等权保护检视

相比于生存权、财产权，平等权是一项内容更丰富、涉及范围更广的纳税人基本权利，也是继生存权、财产权之后，个税综合计征制度改革需要特别保护的公民权利。当然，在个税综合计征制度改革之中，公民平等权保护往往与生存权、财产权交织在一起。事实上，对公民所得进行平等地课税，属于人类追求、实现平等这一基本价值的题中应有之义，[4]而所得的平等课税亦为国家实施课税在我国《宪法》平等原则约束下的一种体现。需要进一步探讨的是，平等课税的标准是什么？对此，根据前文所述，在社会国中应当以实现实质平等的量能课税为标准，唯此才能确保个税收入再分配功能的实现。毕竟量能课税不仅强调同等能力相同课税，更强调不同能力区别课税，

---

〔1〕　参见国家税务总局所得税司编：《个人所得税综合所得年度汇算清缴操作手册》，中国税务出版社 2021 年版，第 41 页。

〔2〕　当然，全年一次性奖金不并入综合所得而单独计税，没有成本、费用的扣除，为此，如果正常的工资薪金等其他综合所得较低，基本扣除额、专项扣除、专项附加扣除等扣除无法被充分使用，全年一次性奖金并入综合所得很有可能更合适。

〔3〕　参见财政部、国家税务总局《关于延续实施全年一次性奖金个人所得税政策的公告》（财政部、税务总局公告 2023 年第 30 号）。

〔4〕　参见孙相磊：《个人所得税之合宪性控制——基于量能课税原则的考量》，载《财税法论丛（第 12 卷）》2012 年第 0 期，第 154 页。

以此实现实质平等。而量能课税下关于公民所得的区别课税，具体可以从以下三个方面来实现：（1）量的区别课税，即单纯根据综合所得的大小判断负税能力的大小并给予税负上的差异，例如通过累进税率，使更大的应纳税所得额承担更高的税负；（2）质的区别课税，即根据应税客体性质上的差异判断负税能力的大小并给予税负上的差异，例如，劳动所得与资本利得、生存权保障费用与所得生产费用分别在应税所得性质和扣除费用性质上存在显著差异，因此存在是否纳入综合所得、是否应当据实扣除的差异；（3）个体化课税，即负税能力大小的判断考虑纳税主体个人以及家庭成员的不同状况，并给予税负上的差异，例如专项附加扣除制度需要特别考量不同纳税人之间在子女抚养、老人赡养、居住保障、生病医疗等方面的不同情况。[1]

根据上述关于所得平等课税的标准，不难发现，相比生存权、财产权保护，我国个税综合计征制度改革在公民平等权保护方面需要关注的制度相对较多，当然已经取得的相关成果也相对更多，例如：（1）现有个税综合计征制度将一部分应税所得合并计征，相比于原先每一项应税所得单独确定纳税义务，更准确反映纳税人的真实负税能力，同时在专项附加扣除规则上考量纳税人家庭成员的经济负担，更准确反映纳税人家庭的综合负税能力，从整体上实现了平等权保护质的进步；（2）将公民基本扣除额提高至每月5000元，增加专项附加扣除，并扩大前三档累进税率的级距，有助于减轻中低收入阶层的税负，实现实质平等；（3）房租专项附加扣除，根据纳税人承租的住房所处城市的不同（分为三档），分别允许纳税人扣除不同定额的租金支出，[2]考虑了我国不同地区满足生存权保障需要的房租差异，即考虑了不同地区间纳税人家庭综合负税能力的差异；（4）目前综合所得课税存在平等权保护的例外，即对于稿酬所得，《个人所得税法》规定减按70%计入综合所得，不同于其他劳动所得，背离量能课税。不过，此例外具有充分的正当理由，即同样为了保护基本权利（公民创造性工作受鼓励和帮助的权利），同时

---

〔1〕 参见刘剑文、胡翔：《〈个人所得税法〉修改的变迁评介与当代进路》，载《法学》2018年第9期，第141页。

〔2〕 根据《专项附加扣除暂行办法》第15条的规定，承租的住房位于：直辖市、省会（首府）城市、计划单列市以及国务院确定的其他城市，扣除标准为每月1500元；除上述所列城市以外，市辖区户籍人口超过100万的城市，扣除标准为每月1100元；市辖区户籍人口不超过100万的城市，扣除标准为每月800元。

为落实这一权利，区别对待亦在可接受的合理范围内。换言之，上述对平等权的限制，基于宪法上的依据并遵循比例原则，从消极的角度说明了对平等权的保护。

不过，从平等权保护的角度，目前个税综合计征制度还存在一些不足：（1）综合所得范围过窄。目前综合所得仅仅包含四项所得，存在范围过窄的问题，以致在准确反映纳税人真实负税能力方面还有所不足。这是因为随着应税所得的增加，产生的边际效用会变小，这样就导致更大的负税能力，结果通常就应当承担更高的税负，[1]例如在累进税率下会适用更高的边际税率。事实上，对于适用累进税率的综合所得而言，更少的所得纳入进来，不利于更好地反映纳税人的真实负税能力，基于量的区别课税，也不利于更好地实现收入的再分配。需要特别一提的是，目前在我国，就经营所得，亏损可以跨年度盈亏相抵，即亏损在五年内从后续年度所得中扣除，[2]但是由于经营所得尚未纳入到综合所得，损失或亏损并不能与综合所得收益相抵，这样，净所得原则并未得到贯彻，纳税人的真实负税能力也未能体现，甚至还可能损害纳税人及其家庭成员的生存权。（2）未引入家庭纳税单位制度。从平等权保护的角度，现行综合计征制度亦缺少家庭纳税单位制度。这是因为家庭是社会的基本细胞，很多消费、储蓄、投资行为是以家庭为单位进行，而不是纳税人个人所能决定的，而相比于以个人为纳税单位，以家庭为纳税单位，将家庭成员取得的相关收入进行综合计税，可更全面地考虑家庭整体经济负担，从而能更好地反映纳税人家庭的综合负税能力。毕竟，个人负税能力的差距还是要体现在家庭负税能力的差距上，基于家庭负税能力的不同进行区别课税，才能实现实质平等。（3）累进税率下量的区别课税涉嫌过度。量能课税要求纳税人负税能力越大承担越重的税负，为此，从量的区别课税角度，累进税率是比较理想的工具。不过，需要强调的是，比例税率亦能满足此量能课税的要求，只不过力度相对更小而已。此外，累进税率需要以宽广的应税所得（税基）为基础，否则将成为一项歧视、不平等的因素，而我国目前综合所得的范围有限，除经营所得以外，其余分类所得适用比例税率。当然，

---

〔1〕　参见张天姣：《个人所得税制模式的比较分析》，载《财贸研究》2017年第4期，第84页。

〔2〕　参见《个体工商户个人所得税计税办法》和《关于个人独资企业和合伙企业投资者征收个人所得税的规定》（财税〔2000〕91号）。

这并不意味着我国综合所得应改为适用比例税率，而是指出目前累进税率中的中高档税率部分存在减并、降低以及扩大级距的空间。否则，基于比例原则的考量，为实施收入再分配功能，量的区别课税存在过度的嫌疑，尤其如果还需要吸引、留住国内外高端人才的话。事实上，关于个税的累进性，除了通过累进税率以外，通过在费用扣除中考虑纳税人个人及家庭成员情况（例如年龄、残疾与否、健康情况等），使中低水平的收入不承担税负或降低税负，也可以确保。[1]

（五）基本权利保护在现行制度下的整体实现状况

在上文分别基于生存权、财产权和平等权对我国现行综合计征制度进行检视之后，有必要对这些基本权利在现行制度下的整体实现状况进行分析和总结。当然，这种分析和总结也需要建立在相关基本权利独立检视的基础上。

首先，可以明确的是，相比于原来的分类计征制度，现行制度在基本权利整体实现上要进步许多。这是因为在相关权利的保护上，现行制度都有着不同程度的进步，同时，现行制度在相关权利保护上还存在的不足，绝大多数并不是改革分类计征制度本身所产生的，这些不足在原来分类计征制度下亦存在，或者更甚。例如，与生存权保护有关的生计费用扣除问题，与生存权和财产权保护有关的通货膨胀调整机制问题，与生存权、平等权保护有关的所得合并、家庭纳税单位制度等问题。事实上，主要在财产权保护上，因为综合所得适用累进税率的关系，现行制度在一定范围内会对该权利产生更大的限制，因而需要在未来进行进一步完善，但这并不能改变现行制度整体上的进步。

其次，关于现行制度在相关权利保护上还存在的诸多不足，从整体上来检视，为得出现行制度还需要进一步完善的结论，还需要分析在特定权利保护下的不足是否出于对其他相关权利保护的需要。换言之，由于相关权利的保护之间可能存在冲突，现行制度基本权利保护整体上的检视需要考虑相关权利保护之间的平衡。不过，需要先行指出的是，根据上文相关权利保护的顺位阐释，现行制度对生存权保护的限制不能基于财产权保护、平等权保护的需要而得到正当化，对于财产权保护的限制，可以基于平等权保护的需要，但是不能基于后者的需要而对前者进行不合理的限制。事实上，在生存权和

---

〔1〕 Cfr. Dario Stevanato, *Flat tax tra progressività e deduzioni*, in Il Sole 24 Ore, 27 giugno 2017.

财产权之间不会存在冲突，两者是一致的，换言之，对财产权的保护可以加强生存权的保护，保护财产权的制度不会侵害生存权，财产权检视下存在的问题不会出于对生存权保护的需要，相反可能更不利于生存权保护。当然，在平等权与生存权、财产权之间确实存在冲突的可能性，因此，需要具体分析上文平等权检视下存在的三项问题：（1）综合所得范围过窄的问题，显然不是出于对生存权保护的需要，甚至还不利于生存权保护。当然，这一问题可能出于财产权保护的需要，因为在适用累进税率的情况下，范围越大税负会增加。不过，这一平等权的问题显然不能忽略，一方面生存权优先于财产权，另一方面可以通过优化累进税率来解决税负不合理增加的问题。（2）未引入家庭纳税单位制度的问题，显然也不是出于对生存权保护的需要，甚至还不利于生存权保护，同时，也未必出于财产权保护的需要。即使是，这一问题同样不能忽略，一方面生存权优先于财产权，另一方面可以通过合理设计家庭纳税单位制度来解决税负不合理增加的问题。（3）累进税率下量的区别课税涉嫌过度的问题，显然也不是出于对生存权保护的需要，同时也不利于财产权保护。因此，现行制度对平等权的限制，并不能从生存权、财产权保护上得到正当化。事实上，从权利保护顺位的角度，生存权保护优先，而考虑到生存权保护范围较宽，现行制度在这方面可以改进的内容也最多，无疑也意味着现行制度对基本权利的实现状况从整体上而言尚不能令人完全满意。总之，围绕相关权利保护上还存在的诸多不足，现行制度有待在未来综合计征制度的改革中进行完善。

四、基本权利与综合计征制度完善

根据上文基于纳税人基本权利保护所实施的检视，可以发现我国现行个税综合计征制度虽然有很大进步，但是从更好地保护纳税人相关权利的角度，依然存在诸多问题，尤其是在伴随以数治税、人工智能等新兴技术应用征管效率不断提高的情况下，个税综合计征制度相关内容需要进一步完善。从上文阐释可知，每一项具体内容不仅相互关联，还可能需要接受多项纳税人基本权利保护的检视。

（一）扩大综合所得的范围

将若干应税所得合并计入综合所得是引入个税综合计征制度最直接相关的内容，并促生成了个税综合计征制度其他相关的内容，其核心问题是如何确定计入综合所得的所得范围及其大小程度。

1. 量的区别课税：应税所得的综合

将应税所得纳入综合所得，可以更好地衡量一个人的负税能力，进而从量的角度，区分不同纳税人之间的负税能力差异，尤其是通过适用累进税率，实现实质平等。因此，从量的区别课税的角度，未来个税法的修订需要扩大目前综合所得的范围。首先，《个人所得税法》第2条规定的第5项"经营所得"应当纳入进来，毕竟其与前四项并入综合所得的所得，在性质上具有一定的一致性，即都属于积极所得，即对所得的生产，所得获得者或多或少需要积极的作为，通常为劳动的投入，尽管也有资本的投入。这一定程度上也符合对劳动性所得统一征税的要求。其次，争议相对较大的是上述第2条规定的余下四项所得"利息、股息、红利所得""财产租赁所得""财产转让所得"和"偶然所得"，即通常所说的消极所得，即作为支付给所得获得者的所得来源的收益，不是由所得获得者积极作为所生产。不过，从量的区别课税角度，需要将这些所得也并入综合所得之中，因为"只要有所得，无论这种所得是周期性的、经常性的，还是偶然性、机会性的所得，都代表着经济能力、纳税能力的增加，都应当综合征税、实行累进税率"。[1]此外，这些所得一方面在数量上往往比前四项所得更大，另一方面往往构成高收入阶层的主要收入来源。因此，如果仅仅对作为中收入阶层主要收入的积极所得实施综合计征，适用累进税率，不仅有违平等权保护，而且不利于收入再分配功能的实现。事实上，综合所得的范围越大，个人所得税法就越有利于实现收入再分配功能。[2]目前，法国、德国、美国等国家实行大综合所得税制（即所有或绝大多数应税所得都并入综合所得），[3]就出于此目的的考虑。同时，扩大综合所得的范围，也有利于以现行分类所得为主要收入来源的纳税人及其家庭成员的生存权和平等权保护。最后，需要特别指出的是，在经营所得纳入综合所得范围以后，经营相关的损失就可以与其他综合所得进行相抵，跨

---

〔1〕 参见朱大旗：《关于完善个人所得税法若干重大问题的法律思考》，载《法学家》2001年第3期，第63~64页。

〔2〕 参见朱大旗：《关于完善个人所得税法若干重大问题的法律思考》，载《法学家》2001年第3期，第64页。

〔3〕 See Hugh J. Ault and Brian J. Arnold, *Comparative Income Taxation: A Structural Analysis*, Kluwer Law International, 2010, pp. 51, 72, 178.

年度的亏损扣除自然也可以相应地适用，有助于生存权和平等权保护。当然，上述综合所得下的损益通算，为防止避税，即也是为保护平等权，以立法明确规定为限，对于其他类型的综合所得，例如，财产转让所得，损益通算需要严格限制，或以必要为条件，或排除外部盈亏相抵。[1]

2. 质的区别课税：综合所得的修正

实行大综合所得税制，亦可能违反平等课税，这是因为不同性质所得之间存在一定的差异，从而在负税能力大小上形成一定的区别。因此，从这个角度而言，哪些所得应当并入综合所得，哪些所得依然进行分类计征，在划分不同性质所得时遵循的标准不应当与负税能力无关，[2]例如：（1）基于所得有无费用扣除。但不管有无扣除，计入综合所得的都是净所得，无费用扣除的所得即意味着净所得，例如利息、股息，而财产转让所得又有费用扣除，但这三类目前都是分类计征。（2）基于所得来源是否具有稳定性。但不管何种所得，都同样代表着负税能力，何况同一所得对于不同的人可能是经常性所得，也可能是临时性所得，例如目前纳入综合所得的稿酬以及分类计征的利息、股息、财产租赁所得等。（3）基于所得控管的难易。此更与负税能力无关，何况控管难易也是相对而言，同时未来税务机关控管能力增强也是必然趋势，所得控管难的问题亦将得到有效应对。

不同性质的所得，代表的负税能力确实有所不同，例如，劳动所得作为积极所得并存在期限，对纳税人产生较大的边际效用，负税能力弱，而资本所得作为消极所得并不存在期限，对纳税人产生较小的边际效用，负税能力强。[3]按此逻辑，劳动所得尚且并入综合所得适用累进税率，利息、股息等资本所得更应并入综合所得。这样，不仅可以使纯以资本所得为收入来源的纳税人享受生计费用扣除，保护这类纳税人的生存权，还可以确保劳动所得和资本所得的平等课税，保护获取劳动所得纳税人的平等权和劳动权。事实上，从性质上认定具有较小负税能力的所得需要更具体的分析，而问题往往集中于资本利得这一所得类型。资本利得作为出售股票、债券或不动产等资本性项目取得的收入，目前包含在财产转让所得中，认定其具有较小的负税

〔1〕　参见陈清秀：《税法各论》，法律出版社2016年版，第181~182页。
〔2〕　下文提到的三项标准，参见施正文：《分配正义与个人所得税法改革》，载《中国法学》2011年第5期，第38页。
〔3〕　参见张天娇：《个人所得税制模式的比较分析》，载《财贸研究》2017年第4期，第84页。

能力，是因为转让产生的增值额往往是在几年甚至十几年间逐步积累起来的，同时数额往往很大，一次性全部适用累进税率予以课税，确实会存在税负过重的问题。因此，可以将资本利得从综合所得中去掉，继续实行分类计征。此外，对于特许权使用费，亦有争议，有学者认为其不属于劳动所得，而属于资本性质的所得，不应并入综合所得。[1] 对此，根据上文阐释，特许权使用费即使属于资本所得，也不妨碍其并入综合所得，但是，如果出于鼓励纳税人智慧创造的目的，可以像稿酬所得那样，在并入综合所得时也给予减计收入的待遇。对于利息、股息（红利）而言，在未来并入综合所得后，如果遵循目前存款利息免税的规定，[2] 可以暂减按 0% 计入综合所得（或暂按免税、不并入）处理，同时，如果遵循目前对持股期限 1 月以上的上市公司股息减免税的规定，[3] 可以暂减按 50% 和 0% 计入综合所得处理。不过，对于上述特定的利息、股息给予减免税待遇，对平等权的背离需要进一步检视，即减免税的目的（促进储蓄、投资和资本市场发展）是否亦具有宪法上的依据，以及为实现这一目的减免税措施是否符合比例原则。而我国《宪法》并没有关于上述目的的明确条款，这样减按 0% 措施是否过度亦存疑，因此未来存在取消或降低减免税待遇的空间。

综上，未来我国在调整综合所得的范围时，应当以量的区别课税为原则，以质的区别课税为例外（或分类计征，或减计收入后并入综合所得），扩大综合所得的范围，逐步实现大综合所得税制。而与此相关的一项问题是，由于《个人所得税法》已经取消了"其他所得"，如果出现第 2 条规定的九项所得以外的应税所得，未来是否应当作并入综合所得处理？对此，鉴于综合所得税制是建立在"净资产增加说"的基础上，[4] 不管未来立法是否引入所得的

---

〔1〕 参见滕祥志：《〈个人所得税法〉修订还可以改进什么》，载《中国发展观察》2018 年第 13 期，第 41 页。

〔2〕 参见财政部、国家税务总局《关于储蓄存款利息所得有关个人所得税政策的通知》（财税〔2008〕132 号）。

〔3〕 参见财政部 国家税务总局、证监会《关于上市公司股息红利差别化个人所得税政策有关问题的通知》（财税〔2015〕101 号）。

〔4〕 参见朱大旗：《关于完善个人所得税法若干重大问题的法律思考》，载《法学家》2001 年第 3 期，第 63 页。

一般概念，只要基于"净资产增加说"认定应税所得，[1]该项所得就应当并入综合所得处理，除非明确规定基于质的区别课税，像资本利得那样需要分类计征。

（二）完善费用扣除制度

从综合所得变为应纳税所得额，个税综合计征制度涉及四个方面的费用扣除，分别是所得的直接生产费用扣除（如劳务报酬所得减除20%）、基本扣除、专项扣除（"三险一金"扣除）、专项附加扣除以及其他扣除（如企业年金、商业养老保险）。事实上，费用扣除制度的完善对于低收入阶层税负的减轻（甚至不课税）尤为重要。基于纳税人基本权利保护的检视，需要特别完善的是专项附加扣除制度。专项附加支出源于纳税人及其家庭成员的生存权保障，与劳动所得之间并无直接的关联，通常情况下不宜实施据实扣除。正如前文所言，基于对生存权保障费用的评估，总体上采取定额扣除是合理的，也兼顾了征管效率。不过，不同于基本扣除可以采取统一标准，专项附加扣除需要考虑纳税人所抚养、赡养家庭成员的基本生活费用以及教育、健康等状况，需要采取个体化，以照顾特殊情况。这也体现了个人所得税对人税的属性，并成为专项附加扣除制度完善的指导原则。换言之，专项附加支出需要考虑纳税人及其家庭成员的特殊情况，在定额扣除上体现负担人口、健康程度等方面的差异。据此，《专项附加扣除暂行办法》需要完善的内容首先应当是第3条所规定的专项附加扣除应遵循的指导原则，[2]即应当将公民生存权保障置于第一位，先规定"利于民生"，再规定"公平合理"和"简便易行"。在这一指导原则下，专项附加扣除的具体内容还需要在以下多个方面进行完善：

1. 优化大病医疗支出扣除

为保护纳税人家庭成员的健康权、生命权，使纳税人切实享受到减负的效果，需要最大限度地允许纳税人负担的大病医疗支出据实扣除，尤其是考虑到目前公民购买商业医疗保险的费用支出，尚不在递延纳税试点的范围内，不允许税前扣除。为此，首先，允许医保目录范围外的自费支出也可以税前

---

〔1〕　例如，投资型保险产品的收益、信托产品收益、财产赠予所得、超过损失补偿标准的赔偿款等。

〔2〕　目前该条规定的内容："个人所得税专项附加扣除遵循公平合理、利于民生、简便易行的原则。"

扣除，采用《个人所得税专项附加扣除暂行办法（征求意见稿）》的规定，《专项附加扣除暂行办法》第 11 条规定的医疗支出修改为"在社会医疗保险管理信息系统记录的（包括医保目录范围内的自付部分和医保目录范围外的自费部分）由个人负担的医疗支出"。其次，对于由纳税人负担的老人大病医疗支出，也应当允许在纳税人收入中进行扣除，当然以纳税人具有赡养义务的老人为限。这样，《专项附加扣除暂行办法》第 12 条可以补充规定"作为被赡养人，老人发生的医药费用支出由其实际负担该支出的子女扣除"。事实上，大病医疗支出税前扣除的减税效应，可以倒逼国家医疗保障服务以及相关公共开支的进一步完善，如能使纳税人自身负担的大病医疗支出减少，减税效应自然降低。

2. 优化老人赡养支出扣除

首先，纳税人扣除赡养老人支出应当以实际支出赡养费用为前提，如果父母等老人自身可以承担基本生活费用的话，例如有退休金（养老金）或其他经济来源的情况下，就不应当再允许纳税人扣除赡养老人支出。这是因为生存权保障允许但也只能在生存权保障的范围内进行相关开支的税前扣除，否则将使得个税综合计征制度背离保障弱势群体、调节收入差距之目的。[1]因此，《专项附加扣除暂行办法》关于赡养支出的第 22 条应当补充扣除除外的规定，即"父母以及其他法定赡养人有退休金（养老金）或其他经济来源的情况下，纳税人不得实施本条所规定的定额扣除"。其次，根据纳税人赡养老人的数量，确定赡养支出定额扣除的大小。[2]这是因为纳税人存在需要同时赡养 2 名以上老人的可能性，例如生父母、继父母、养父母以及祖父母、外祖父母等。因此，这一定额扣除有必要修改为每人赡养支出的扣除额，例如，我国香港地区薪俸税就规定，供养父母及供养祖父母或外祖父母，按每名每年一定数额计免税额。[3]事实上，在上述提到的补充扣除除外规定的情况下，更有必要如此修改。一方面，这是因为可能只有一方才有退休金或养

---

〔1〕 参见陈业宏、曹胜亮：《个人所得税法实质正义的缺失考量——以纳税人家庭经济负担为视角》，载《法学杂志》2010 年第 5 期，第 30~31 页。

〔2〕 参见赵艾凤、姚震：《进一步完善我国个人所得税扣除制度的构想》，载《税务研究》2020 第 9 期，第 41 页。

〔3〕 参见香港特别行政区政府：《薪俸税及个人入息课税：免税额》，载 https://www.gov.hk/sc/residents/taxes/salaries/allowances/allowances/allowances.htm，最后访问日期：2024 年 11 月 28 日。

老金，另一方面，除外规定也可以在一定程度上抵销因上述赡养支出定额扣除修改可能导致的扣除数额激增。进一步而言，在改为每个被赡养人定额扣除以后，需要将定额改为 1500 元/月或更少。最后，在非独生子女的情况下，应当去除每个纳税人最高扣除额不得超过定额一半的规定。虽然该规定可能出于鼓励更多的子女来共同履行赡养义务，但是在实际上由一人承担赡养费的情况下，保护该纳税人的扣除权更有必要。

3. 优化房贷利息支出扣除

为满足居住基本保障需求而贷款购买的首套住房，贷款利息应当作为扣除项目，当然也应当定额扣除。不过，难点在于如何确保扣除的贷款利息是对应居住基本保障需求。相比于现在按年扣除 1000 元/月的"一刀切"做法，理论上按比例来据实扣除，无疑能够更好地保护个别公民为生存权需要所支出的高额贷款利息。具体而言，按家庭人口确定居住基本保障需求的住房面积，例如人均面积 40 平米（这个应当与我国旨在开征的房地产税免税面积一致），贷款购买的住房在这个面积之内的部分，支付的利息应当允许全部扣除，超过这个面积的部分，支付的利息则不可以扣除。当然，从实践征管便利的角度，目前的做法亦可接受，不过扣除标准未来进一步逐步提高。同时，删除《专项附加扣除暂行办法》第 14 条关于扣除期限的规定，退一步，也应当将扣除期限延长至 360 个月。

4. 优化继续教育支出扣除

首先，鉴于学历（学位）继续教育的费用等同甚至高于全日制学历（学位）教育的费用，应当提高学历（学位）继续教育的扣除标准，具体数额上可以与子女教育扣除标准保持一致。其次，扩大职业教育扣除范围，将更多的纳税人支付费用的职业培训也纳入进来，甚至可以延伸至取得相关证书后参加需要自己支付费用的实施部门组织的职业培训。[1] 最后，考虑到纳税人（通常已经成年）在接受继续教育时可能没有收入或者收入较低，应当允许其配偶为继续教育专项附加扣除的主体，换言之，为更好地保护教育权以及工作权、职业自由权，纳税人可以选择由本人扣除，也可以选择由配偶扣除继续教育支出。

---

〔1〕　参见姚乐祖、段晓红：《个人所得税继续教育专项附加扣除制度检视》，载《财会月刊》2021 第 1 期，第 146 页。

5. 提高特定弱势群体生存权保障的力度

首先，新增子女抚养支出附加扣除。相比于对老人的赡养支出，对未成年人子女的抚养支出，父母通常更为注重，数额上也更大，尤其是目前国家鼓励生育。因此，有必要新设子女抚养支出附加扣除，同时，考虑到 3 岁以下婴幼儿照护、子女教育支出可以包含在抚养支出内，或者说，目前规定的这两项附加扣除一定程度上也体现了对子女抚养负担的考量，新设子女抚养支出附加扣除后，可以取消这两项附加扣除。例如，在我国香港地区，薪俸税子女免税额就出于父母对子女生活费和教育费支付的需要。[1]当然，子女抚养支出的扣除定额要高于目前的婴幼儿照护、教育支出扣除定额。其次，增加对生活上有额外困难群体的考量。例如，受养人（包括子女和老人）存在残疾时，公民对残疾受养人的抚养或赡养支出肯定要高于普通受养人的情形。因此，如果不新增特定弱势群体专项附加扣除的话，需要在既有相关附加扣除项目中，例如抚养、赡养支出，补充针对这些特定群体的额外定额扣除，[2]毕竟我国《宪法》对这些群体权利也予以特别保护。当然，如果纳税人自身存在残疾时，应当提高基本扣除标准。

（三）引入家庭纳税单位制度

专项附加扣除制度一定程度体现了对家庭成员合并课税的逻辑，而引入家庭纳税单位制度，更有助于将这一逻辑贯彻到底。这是因为在引入家庭纳税单位制度下，无须像个人纳税单位下立法需要特别规定，除 3 岁以下婴幼儿照护、子女教育、大病医疗、房贷利息支出以外的其他专项附加扣除支出也将得以按照夫妻双方的自由选择在家庭内部实现传递或分配。[3]传递或分配的必要性在于这些支出都属于家庭支出，如果因为夫妻一方收入或任何一方收入不足以满足覆盖扣除的定额，而不允许定额的传递或分配的话，相关家庭成员的生存权就不能得到有效保障。此外，鉴于家庭是最基本的社会单位，从平等权保护，选择以家庭为纳税单位，更有助于平衡纳税人生活福利

---

〔1〕 参见香港特别行政区政府：《薪俸税及个人入息课税：免税额》，载 https://www.gov.hk/sc/residents/taxes/salaries/allowances/allowances/allowances. htm，最后访问日期：2024 年 11 月 28 日。

〔2〕 例如，在美国，针对纳税人或纳税人配偶存在失明的情况，个税生计费用除了标准扣除以外，还可以享受一项额外扣除。See Internal Revenue Service, "Topic No. 551 Standard Deduction", available at IRS. GOV：https://www. irs. gov/taxtopics/tc551，最后访问日期：2020 年 12 月 1 日。

〔3〕 参见范子英：《专项附加扣除：迈向更加科学的个人所得税》，载 http://www.china.com.cn/opinion/think/2018-10/23/content_ 67676779. htm，最后访问日期：2020 年 11 月 20 日。

以及收入水平的巨大差异，实现个税收入再分配的功能。[1]引入家庭纳税单位制度，不会导致女性劳动供给的下降，这是因为我国劳动供给的低家庭关联度弱化了家庭纳税对女性就业的影响，同时，我国家庭关系总体上是比较稳定的，离婚率较低，因此该制度也不会实质性地影响我国的婚姻状况。[2]换言之，相比于婚姻中性，个税综合计征制度的完善应当也可以优先考量公民生存权和实质平等权保护。不过，为尽可能降低家庭课税对婚姻中性的影响，家庭纳税单位制度的适用应当是非强制性的，即赋予纳税人选择以个人或者家庭为单位纳税的权利。当然，完善的家庭纳税单位制度还需要从以下几个方面进行规则设计：

首先，家庭申报的形式与家庭成员范围。家庭纳税单位涉及夫妻合并申报、夫妻单独申报、户主申报以及单人家庭申报四种形式，[3]其中，夫妻单独申报和单人家庭申报总体上可以沿用个人纳税单位制度。因此，这里需要在夫妻合并申报和户主申报两种形式之间进行选择，而两者的差异主要体现在纳税单位内的家庭成员范围的大小，即在多代直系大家庭中，子女和老人是否一律并到同一纳税单位中。考虑到现实生活中夫妻才具有最紧密的财产关系（即夫妻共同财产），同时，夫妻关系的确定有明确的法律依据，为简化税收征管，应当先行考虑仅采取夫妻合并申报一种形式。[4]换言之，以夫妻作为家庭纳税单位，加入应当由该夫妻抚养的子女和赡养的老人（夫妻各方的父母），作为该纳税单位的家庭成员，这些家庭成员的相关生存权保障费用在该夫妻合并申报中予以扣除。法国、美国等其他国家在实施夫妻合并申报制度方面亦有丰富的经验。[5]需要进一步阐释的是，作为夫妻联合申报下家庭成员的子女和老人，根据我国《民法典》第1067条关于抚养费、赡养费支

---

[1] 参见李华：《家庭还是个人：论我国个人所得税纳税单位选择》，载《财政研究》2011年第2期，第33页。

[2] 参见李华：《家庭还是个人：论我国个人所得税纳税单位选择》，载《财政研究》2011年第2期，第33页。

[3] 参见陈业宏、曹胜亮：《个人所得税法实质正义的缺失考量——以纳税人家庭经济负担为视角》，载《法学杂志》2010年第5期，第33页。

[4] 参见黄凤羽：《个人所得税综合计征的制度设想》，载《税务研究》2011年第3期，第42页。

[5] See Hugh J. Ault and Brian J. Arnold, *Comparative Income Taxation: A Structural Analysis*, Kluwer Law International, 2010, pp. 52, 176.

付义务的规定，应当只能是未成年或不能独立生活的子女和无劳动能力或生活困难的父母（这与个人为单位纳税申报下相关附加扣除条件相一致，例如老人赡养支出），即存在实际由夫妻承担的抚养或赡养支出，否则子女或父母应当独立进行申报纳税。

其次，家庭合并课税的其他内容。"在家庭这个共同体之下，配偶双方必须根据家庭的总体成本——收益的分析，决定包括市场工作、家务劳动、家庭闲暇、人力投资在内的家庭活动的安排以及不同家庭成员之间在家庭中的劳动分工，并最终决定家庭的总收入和总支出"，[1]因此，除了支出端，例如家庭成员抚养或赡养支出，收入端也应当以家庭为单位进行课税。鉴于我国应当采取夫妻合并申报这一种形式，合并夫妻双方的所得即可，当然这里的所得仅指综合所得。换言之，仅以作为家庭核心的夫妻双方的所得为基础进行纳税申报，而不是以全体家庭成员的全部所得作为基础进行纳税申报。事实上，在夫妻合并申报下，其他家庭成员（子女或父母）或者未成年（或不能独立生活）或者无劳动能力（或生活困难），通常情况也无应纳税的所得。此外，需要强调的是，在支出端，在进行专项附加扣除之前，夫妻各自的基本扣除和专项扣除支出应当先行从合并的所得中扣除，其中，基本扣除可以按照个人独立申报的两倍进行扣除。

最后，应纳税所得额的修正。相比于个人纳税单位制度，家庭纳税单位制度下，夫妻双方的所得和家庭成员相关支出合并课税后得出的应纳税所得额无疑更高，此时如果直接适用累进税率，得出的应纳税额很有可能会超过夫妻分别独立申报纳税得出的应纳税额之和。因此，为避免对婚姻的惩罚，同时也为认可家庭主妇（夫）家务劳动的贡献，在继续实施累进税率的情况下，可以借鉴大多数国家的经验，采取针对应纳税所得额的"除二再乘二法"，即夫妻合并课税得出的应纳税所得额先除以二，得出金额适用累进税率，得出的税额再乘以二。[2]

（四）完善累进税率制度

累进税率制度作为综合计征制度改革的一项重要内容，在基本权利保护

---

〔1〕 参见汤洁茵：《个人所得税课税单位的选择：个人还是家庭——以婚姻家庭的保障为核心》，载《当代法学》2012年第2期，第113页。

〔2〕 参见汤洁茵：《个人所得税课税单位的选择：个人还是家庭——以婚姻家庭的保障为核心》，载《当代法学》2012年第2期，第119页。

检视下，完善的指导思想即为通过级次的减少、中高档税率的降低以及级距的扩大来合理减低税负，主要针对中等收入阶层。对此，尤其需要考虑到的是，未来伴随着并入综合所得的所得范围扩大，甚至形成大综合制度，纳税人的应纳税所得额将大幅度提高，如果不对累进税率制度进行完善，纳税人税负将会不合理地增加，不利于鼓励纳税人劳动致富和激发创新活动，同时，也不利于我国保持个税的国际竞争力，会使得高收入者（人力资本和物质资本）逃离我国。这是因为考察英国、美国、意大利、印度等国家最近十几年的个税改革，关于累进税率，减少级次、降低税率、扩大级距已经发展成为一种趋势。[1]此外，累进税率制度在减少级次、降低税率、扩大级距以后，可以简化税率结构、降低税负，进而简化征管、有利于保证税率的有效性。[2]这样，累进税率制度的调节收入再分配功能将得以实际有效发挥，虽然力度可能会小一些，但是相比于无法有效实施的高累进税率，无疑更优。这是因为对于高收入阶层而言，降低名义税率（但确保高收入者累进税率下的平均税率高于比例税率）能够增加其纳税的遵从度，使其实际税负增加。当然，高收入阶层税负的增加主要还是应当依靠加强反逃避税等税收征管来间接实现，而我国修订中的《税收征收管理法》正旨在加强自然人征管，信息化、大数据时代背景下税务机关现代征管能力的不断提高又提供了现实可能性。那么，为完善累进税率制度，应当如何缩减级次、降低中高档税率以及扩大级距？

首先，缩减级次。目前7级累进税率，级次偏多，增加了综合计征制度的复杂性，有必要参照目前经营所得适用的5级累进税率，至少缩减至5级，[3]这样亦有助于未来将经营所得并入综合所得之中。关于如何缩减，从简化的角度，可以采取删除目前7级税率中的2级税率的方法，这样，同样参照经营所得适用的5级累进税率，并从降低高收入者税负的角度，可以直接取消25%和45%两档税率。当然，缩减至4级亦可以考虑，但这也应当是最少的级次了，具体可以通过删除30%这档税率来实现，使得各税率从低到高之间

---

〔1〕　参见袁建国、胡明生、陶伟：《国外个人所得税改革趋势及借鉴》，载《税务研究》2017年第7期，第54~55页。

〔2〕　参见贾康、梁季：《我国个人所得税改革问题研究——兼论"起征点"问题合理解决的思路》，载《财政研究》2010年第4期，第12页。

〔3〕　参见施正文：《分配正义与个人所得税法改革》，载《中国法学》2011年第5期，第40页。

的差距呈现逐步扩大的趋势。其次，降低中高档税率。事实上，按照上述先行的缩减级次，基本上已经降低了中高档税率，这样问题可以进一步转化为35%的最高一档税率是否还有进一步降低的空间。对此，通过横向比较其他国家个税累进税率中的最高一档税率，绝大部分亚洲国家都在35%以下（我国45%税率位列第三高，仅次于日本和以色列），同时绝大部分美洲国家也都在35%以下，[1] 未来我国35%的最高一档税率依然有进一步降低的空间，但是最低不能低于30%。再次，扩大级距。事实上，按照上述先行的缩减级次，我国目前后几档税率之间的级距就可以实现扩大的效果。例如，在取消25%这一档税率以后，从减税的角度，应当将适用20%税率的级距从144 000元/年至300 000元/年扩大到144 000元/年至420 000元/年。那么，在此基础上，是否还应当进一步扩大级距？对此，考虑到所得的综合计征下数额增长更快、越容易适用更高一档的税率，综合所得范围越广，级距就应当越宽，例如，目前经营所得累进税率级距就小于综合所得的累进税率级距。因此，未来伴随综合所得范围逐步扩大，级距也应当进一步扩大。最后，修正针对夫妻合并申报的累进税率。在引入家庭纳税单位制度以后，由于夫妻双方应纳税所得额要大于夫妻各自的应纳税所得额，如果还是适用当前针对个人申报的累进税率，往往会适用更高一档的税率，不利于夫妻合并申报。因此，除了上文提到的针对应纳税所得额的"除二再乘二法"以外，作为替代措施，亦可以对累进税率采取相关修正，以配合家庭纳税单位制度的实施。对此，除了规定更低的税率以外，[2] 更简便也更公平的做法是，将至少前几档税率适用的门槛进行翻倍。

（五）引入通货膨胀调整机制

如何消除因通货膨胀所引起的公民生活成本逐年增加、每单位所得负税能力逐年下降的不利影响，涉及公民宪法上生存权和财产权保护，个税综合计征制度改革必须进行考量。对此，《专项附加扣除暂行办法》第4条规定，"根据教育、医疗、住房、养老等民生支出变化情况，适时调整专项附加扣除

---

〔1〕 See Trading Economics, "List of Countries by Personal Income Tax Rate", available at tradingeconomics. com: https://tradingeconomics. com/country-list/personal-income-tax-rate，最后访问日期2020年11月29日。

〔2〕 参见汤洁茵：《个人所得税课税单位的选择：个人还是家庭——以婚姻家庭的保障为核心》，载《当代法学》2012年第2期，第118页。

范围和标准"，很大程度上反映了专项附加扣除需要与公民逐年变化的实际最低生活保障费用保持一致的立法意图。不过，单凭这一条款显然还不能在费用扣除方面有效保护公民的生存权。一方面，"适时调整"不等于每年、强制性的调整，调整者能否伴随通胀进行及时调整且调整幅度与通胀匹配，都令人存疑。另一方面，"适时调整"仅针对专项附加扣除，与纳税人个人生存权保障密切相关的基本扣除标准也需要"适时调整"。因此，引入通货膨胀调整机制，对基本扣除标准、专项附加扣除中的扣除定额标准或扣除上限进行每年、强制性的调整，是更为科学的做法，法国、美国等国家也普遍采取这一做法。[1]此外，对于纳税人自身而言，由于通胀因素的存在，在不同年份，体现同等负税能力的所得数额存在差异，而在保持累进税率的情况下，很有可能发生同等负税能力的所得面临不同税负、相同所得税负不断增加的问题。因此，从财产权保护的角度，借鉴法国、美国等国的经验，[2]通货膨胀调整机制也需要应用于累进税率级距的调整。

---

〔1〕　See Hugh J. Ault and Brian J. Arnold, *Comparative Income Taxation: A Structural Analysis*, Kluwer Law International, 2010, p. 48; Internal Revenue Service, "IRS provides tax inflation adjustments for tax year 2019", available at IRS. GOV: https://www.irs.gov/newsroom/irs-provides-tax-inflation-adjustments-for-tax-year-2019, 最后访问日期：2020年12月1日。

〔2〕　See Hugh J. Ault and Brian J. Arnold, *Comparative Income Taxation: A Structural Analysis*, Kluwer Law International, 2010, pp. 48、176.

第十一章

避税、逃骗税的新近治理

　　避税以及逃骗税行为，不仅是我国，也是其他国家重点打击的危害税收利益的行为。为此，治理避税、逃骗税行为一直是各国的重要议题，治理手段也是多方面的。其中，对于跨境逃避税行为，开展国家间行政合作和税法协调是最有效的治理手段，而对于国内逃骗税行为，通过刑事处罚精准打击税收犯罪是基本而有效的治理手段。事实上，在这两个方面，从国际层面和我国国内层面，新近分别有重要的制度、规则出台，有必要进行探讨。

一、跨境逃避税的国际治理

（一）FATCA 与涉税信息国际交换

　　曾几何时，向海外转移、隐匿资产，成为富豪们一项趋之若鹜的选择。逃避缴纳本国高额的税收，无疑是这一选择背后重要的因由。鉴于此，2010年美国率先出台了一个关乎美国公民海外账户的法案，即《海外账户税收合规法案》（Foreign Account Tax Compliance Act，FATCA）以打击海外逃税。因为即便是美国，也会出现财政资金短缺，尤其是 2007 年国际金融危机爆发以来，包括美国在内的西方国家都面临巨大的财政压力。

　　作为推动《海外账户税收合规法案》在全球实施的重要一步，2014 年 6月 27 日美国成功"迫使"我国与其签署或达成实质性的共识以签署政府间协议（inter-governmental agreement）以落实《海外账户税收合规法案》。[1] 根据旨在打击逃税（注意，并不是避税）的《海外账户税收合规法案》，外国金融机构被课以一项义务，即向美国通报它们的美国顾客的账户信息，否则

---

〔1〕　参见《中国政府采购》编辑部：《中美就实施 FATCA 达成初步协议》，载《中国政府采购》2014 年第 7 期，第 11 页。

美国将对这些金融机构处以重罚，包括对它们在美国的投资收入征收 30% 的预提税，甚至可能遭到美国资本市场的封杀等。显然，作为美国单边行动的结果，《海外账户税收合规法案》仅仅是美国的一项内国法案，但凭借美国强大的政治、经济权力，其管辖范围却要染指到美国境外的其他国家和地区。也就是说，美国的税务机关将可以直接地对另一国的金融机构发布命令，要求了解美国人的账户信息，美国将在另一个国家行使主权行为。那么，我国可以不签署协议吗？在包括主要经济体在内的全球如此多的国家和地区相继跟美国签署或实质性地达成协议的大背景下，我国实难拒绝，况且我国也难以承受金融机构因受重罚导致在国际市场上经营困难而引起的损失。

当然，我们也不需要为此感到沮丧，因为事实远非如此简单。首先，政府间协议体现了互惠性。在与合作国签署政府间协议时，美国承诺亦会收集合作国居民在美国的账户信息，并根据两国间税收协定关于信息交换的条款向合作国的主管机关报告信息。此外，在承诺取消对合作国金融机构征收预提税之外，还简化金融机构遵从义务。根据政府间协议，金融机构向其所在国税务机关报告信息，由后者再向美国国税局报告信息。为消除来自他国的对执行《海外账户税收合规法案》的阻力，美国承诺互惠性，同时合作国当局对域内金融机构专属管辖。其次，更为重要的是，政府间协议签署还是存在进步意义的：在打击海外逃税领域着实又前进了一步，而这很有可能是决定性的一步。当然，我国目前所拥有的是一个包含信息交换条款的双边国际税收协定模式。此外，在欧盟，以 2005 年《储蓄税指令》（European Union Savings Directive）为基础的地区性信息交换模式也早已形成。而二十国集团一直在致力于发展出一套涉税的银行信息自动交换的全球模式，显然政府间协议的签署与此相契合，可以说美国开启了信息自动交换全球模式形成的进程。据此，经合组织在 2014 年推出用于指导参与国定期对税收居民金融账户信息进行交换的《通用报告准则》（Common Reporting Standard，CRS），该准则就是建立在《海外账户纳税法案》和欧盟储蓄指令等信息共享法规的基础之上，旨在提高税收透明度和打击逃税。我国与新加坡等国家也已经采纳这一准则。

毫无疑问，这一在反海外逃税领域最有意义的进展，需要由美国来促成实现。如果是其他任何一国家颁布类似《海外账户税收合规法案》的法案，其他国家很难会响应，因为他们可以承受起取消在该国投资的损失，而其他国家通常却无法取消对美国的投资。那么其他国家会跟随美国的步伐，出台自己的《海外账户税收合规法案》吗？事实上，在本国资本投资的规模相当可观、牢固的国家更容易采取这样的措施。这样，对于广大的发展中国家而言，构建起双边或多边的信息自动交换合作机制可能是更务实的路径。对于我国而言，亦是如此。2013 年 8 月我国签署了《多边税收征管互助公约》（Multilateral Convention on Mutual Administrative Assistance in Tax Matters），2015 年 7 月该公约得到全国人大常委会批准，我国在多边机制下开展自动情报交换有了法律基础。[1]而在 2015 年 12 月我国签署了《金融账户涉税信息自动交换多边主管当局间协议》（Multilateral Competent Authority Agreement on Automatic Exchange of Financial Account Information），这为我国与其他国家（地区）间相互交换金融账户涉税信息提供了操作层面的依据。此外，在 2017 年 7 月，为了履行金融账户涉税信息自动交换国际义务，作为我国积极推动《通用报告准则》实施的重要举措，规范金融机构对非居民金融账户涉税信息的尽职调查行为，国家税务总局等多部门制定了《非居民金融账户涉税信息尽职调查管理办法》，[2]将国际通用的准则转化成适应我国国情的具体要求，为我国实施准则提供法律依据和操作指引。[3]还需要补充的是，与出台自己的《海外账户税收合规法案》路径不同的是，另外一个可能的路径是扩大美国《海外账户税收合规法案》的适用范围，即不仅仅适用于美国人，还适用于其他所有国家的公民，比如美国要求意大利的银行向其通报它们的中国顾客账户信息，然后告知给中国。当然，该路径实现的一个理想条件是，所有国家都要求美国扩大《海外账户税收合规法案》适用范围，而美国不会对其他国家的信息告知请求觉得烦乱。事实上，任何一种路径的可能性都不应该被质疑。因为，伴随着与信息保护相关的主要法律障碍的消除，即银行

---

〔1〕 参见邱冬梅：《税收情报自动交换的最新发展及我国之应对》，载《法学》2017 年第 6 期，第 46 页。

〔2〕 参见国家税务总局、财政部、人民银行、银监会、证监会、保监会《关于发布〈非居民金融账户涉税信息尽职调查管理办法〉的公告》（国家税务总局、财政部、人民银行、银监会、证监会、保监会公告 2017 年第 14 号）。

〔3〕 参见国家税务总局办公厅：《关于〈国家税务总局 财政部 中国人民银行 中国银行业监督管理委员会 中国证券监督管理委员会 中国保险监督管理委员会关于发布《非居民金融账户涉税信息尽职调查管理办法》的公告〉的解读》，载 https://www.chinatax.gov.cn/n810341/n810760/c2620533/content.html，最后访问日期：2024 年 12 月 22 日。

保密其实不会再存在，《海外账户税收合规法案》的实施以及其推动下的信息自动交换全球模式的形成，不仅仅会使得海外逃税空间被实质性地限制，"避税天堂"的生存空间也被实质性地压缩（其数量正在不断减少），同时对于全球反恐亦是一项必要的措施："双子塔"倒塌之后，所有的主要国家都在致力于使得资金全球流动变得更加透明。此外，一国在获得本国公民美国等境外账户信息的前提下，将非常有利于该国的反腐，因为这将使本国公民利用美国等境外账户受贿和转移违法资产的难度急剧增加。

《海外账户税收合规法案》对于一国，特别是资本输出国，维护税收利益有着特别的作用。作为全球最大的两个经济体，中美两国就政府间协议签署达成实质性的共识，这不仅对全球最大的资本输出国美国而言，有着重要的意义，同时对于作为新兴的资本输出大国的我国而言，也具有很大的意义：从中我国不仅可以在反海外逃税方面获益，同时也必然在新时期下的反恐、反腐方面获益。此外，放远目光，《海外账户税收合规法案》的出台所引起的新一轮全球合作正广泛展开，而信息自动交换全球模式最终形成将给海外逃税以致命一击。逃税对于美国人而言，已不再可能，而对于其他国家的人而言，逃税的不可能性也是可期待的。随着《海外账户税收合规法案》的出台以及双边或多边信息自动交换合作机制的广泛、深入展开，可以看到一张不断扩展的大网正笼罩在海外逃税这一困兽的头上，并在慢慢收拢。海外逃税，一个时代的终结，将不可避免。

（二）BEPS 行动计划与税法国际协调

除了跨境逃税需要国际合作共同应对外，对于跨境避税，各国也需要共同合作予以应对。其中，鉴于避税往往利用的是不同实体税法的差异，国家间的税法协调是应对跨境避税最有效的路径，当然，比国家间的涉税信息交换要更为复杂和困难。不过，随着经济全球化和经济区域一体化的趋势不断加强，税法在不同国家间的协调正在以前所未有的速度发展。从欧盟成员国间的税法协调到经济合作与发展组织国家间的税法协调，再到包括发达国家和主要发展中国家在内的国家间的税法协调，比如税基侵蚀和利润转移（Base Erosion and Profit Shifting，BEPS）行动计划影响下各国在税法领域的协调，税法的国际协调已经成为各国无法回避的一项任务和挑战。

税基侵蚀和利润转移行动计划的核心目标是确保大型跨国企业在全球范围内公平地缴纳税款，防止企业通过滥用税收规则和漏洞来减少或避免纳税。

税基侵蚀和利润转移行动计划由经合组织于 2013 年启动，旨在应对跨国企业利用国际税收体系中的缺陷来转移利润和降低税负的问题。我国在 2017 年签署了《实施税收协定相关措施以防止税基侵蚀和利润转移的多边公约》（Multilateral Convention to Implement Tax Treaty Related Measures to Prevent Base Erosion and Profit Shifting），[1]2022 年 9 月 1 日该公约对我国生效。税基侵蚀和利润转移项目共有 15 项行动计划，上述公约主要内容包括其中的第 2 项行动计划（消除混合错配安排的影响）、第 6 项行动计划（防止协定优惠的不当授予）、第 7 项行动计划（防止人为规避构成常设机构）、第 14 项行动计划（使争议解决机制更有效）的成果建议。[2]显然，对于我国而言，在不断深入实施对外开放和"走出去"战略的背景下，税法必然面临与其他国家协调的问题，特别是为应对表现为税基侵蚀和利润转移的国际避税难题。为此，基于维护我国税收利益的考虑，我国不仅需要积极参与税基侵蚀和利润转移议题的讨论和经济合作与发展组织行动计划的制定，而且还需要及时落实相关成果，尤其是在税法完善方面，比如通过修订《税收征收管理法》和《个人所得税法》、颁布正式的《特别纳税调整实施办法》和《一般反避税管理办法（试行）》以及修改税收协定等，以实现在反避税领域与他国的税法协调。那么，根据税基侵蚀和利润转移行动计划，应当如何来理解反避税立法中需要协调的内容？对此，有如下六个方面：

（1）从避税打击的对象来看，税基侵蚀和利润转移行动计划针对的是跨国集团企业。相比于逃税方案，为取得一项税的节省，纳税人实施避税方案是一种更为高明的选择，因为避税交易本身是合法的，不具有处罚性。不过，这也决定了避税方案通常更为复杂，比如在手段方面，通常是多项交错的法律交易，而不是简单的不申报或少计收入等行为，在实施主体方面，通常涉及多个具有关联关系的企业，而不是单个企业。因此，集团企业或大型企业是避税实施的主要主体，在资本自由流动和数字经济的背景下，只有跨国集团企业才有条件和能力实施国际避税交易。

---

〔1〕 参见国家税务总局办公厅：《深化国际税收合作 促进经济包容发展》，载 https://www.chinatax.gov.cn/chinatax/n810219/n810724/c2663285/content.html，最后访问日期：2024 年 12 月 22 日。

〔2〕 参见国家税务总局办公厅：《关于〈国家税务总局关于《实施税收协定相关措施以防止税基侵蚀和利润转移的多边公约》对我国生效并对部分税收协定开始适用的公告〉的解读》，载 https://www.gov.cn/zhengce/2022-08/14/content_5705306.htm，最后访问日期：2024 年 12 月 22 日。

（2）从反避税作用的税种来看，税基侵蚀和利润转移行动计划主要针对的是所得税领域，对于增值税等间接税领域的避税问题，税基侵蚀和利润转移行动计划尚未给予特别的关注。关于这一点，也可以通过考查我国落实税基侵蚀和利润转移行动计划相关成果的内容得出。除了《税收征收管理法》以外，我国仅仅考虑个人所得税法完善、出台属于企业所得税法规的《特别纳税调整实施办法》和《一般反避税管理办法（试行）》和修改关于所得避免双重征税和防止逃避税的税收协定。事实上，伴随着国际服务贸易不断发展以及自由化程度的日益提高，旨在取得双重不征税利益的跨境增值税避税行为也已经频繁出现。虽然 2024 年我国已经完成增值税立法，《增值税法》第 20 条对销售额的核定不局限于明显偏低的情形，还包括明显偏高的情形，但是对增值税反避税立法的完善还需要更加重视，并关注增值税税收协定的最新动态。

（3）从需要完善的反避税工具来看，税基侵蚀和利润转移行动计划主要针对的是特殊反避税规则和规则修正。反避税工具主要包括规则修正、税法解释、特殊反避税规则和一般反避税规则等。[1]与税法解释和一般反避税规则不同的是，规则修正和特殊反避税规则用于打击一类特定的、已经频繁发生的避税交易，比如混合错配交易、旨在获得常设机构赦免待遇的交易、转移定价交易、关联企业间的债权融资交易、在避税地归集利润等交易，因此两者在打击避税时具有精确性，可以更好地保障纳税人在法律确定性和私人交易自治方面的利益。此外，由于特殊反避税规则建立在相对法律推定（避税）的基础上，在适用上更为简化，税务机关只需查明在反避税规则中明确规定的客观事实，无须查明纳税人为实施交易安排的意图或目的。需要说明的是，针对特定的交易，当无法抽象或概括地区分值得保护的情形和可能的避税情形时，由于特殊反避税规则允许纳税人提出反证来证明交易不构成避税，此时适合采用特殊反避税规则，比如转移定价规则、利息扣除或资本弱化规则、受控外国公司规则等，否则适合采用规则修正，比如对常设机构规则中的"准备性和辅助性"活动界定进行完善、对引起混合错配交易的事项（可转换债券等）在各国税收待遇上进行统一规定等。

---

[1]　参见翁武耀：《欧盟增值税反避税法律问题研究》，中国政法大学出版社 2015 年版，第 88～118 页。

（4）从体现的反避税理论来看，在完善上述反避税工具时，税基侵蚀和利润转移行动计划主要利用的是实质重于形式理论，即当交易的经济实质与法律形式存在不一致时，按照经济实质来确定纳税人税负，强调税收与经营实质相匹配。实质重于形式理论是由英美法系国家通过司法判例创造的反避税理论，与大陆法系国家在立法中确定的法律欺诈或权利滥用反避税理论形成对比。当然，在认定避税构成要件方面，以实质重于形式理论（或商业目的理论）作为基础的反避税规则和以法律欺诈或权利滥用理论作为基础的反避税规则并不存在实质差异，但前者更强调有效经济理由或合理商业目的的缺失，后者更强调法律规则的滥用或立法意图的违背。需要注意的是，在避税认定方面，如果过于强调有效经济理由，将不利于对纳税人合法节税权的确认。

（5）从反避税措施的属性来看，税基侵蚀和利润转移行动计划除立足于完善反避税实体规则（即反避税工具）以外，还引入反避税程序规则以确保有效打击国际避税行为。在这方面，以为增加透明度的要求而引入的强制披露义务制度而典型，根据这一制度，纳税人必须主动披露税收筹划安排方案或更多的相关交易信息，否则将面临处罚。规定纳税人税收筹划方案披露义务有利于税务机关对纳税人实施税务监控，这是因为税务机关可以尽可能早地知晓纳税人的避税方案，以能够采取合适的行动阻止避税方案在未来被实施。不过，不可以忽视的是，对于那些并没有实施避税意图的纳税人而言，这一制度也可以确保法律确定性等纳税人利益，因为纳税人可以事前知晓税务机关是否会否定筹划方案实施下的税收利益。

（6）从反避税利益平衡来看，税基侵蚀和利润转移行动计划侧重于打击国际避税行为以维护国家税收利益，因此对纳税人在跨境交易安排中的合法节税权利的保护没有给予专门的关注。这一点容易造成我国在落实相关成果时片面强调反避税立法与执法，而导致反避税过度或滥用的问题，尤其是考虑到我国尚缺乏相关立法或司法判例对引入和适用反避税措施需要符合比例原则予以确认，或者说尚未明确强调反避税措施的引入和适用不得对纳税人的法律确定性、合法预期、合同自治等私人利益造成过度损害，而从程序规则的角度看，对于确保这些私人利益具有特殊意义的反避税事前裁定制度也尚未广泛建立起来。目前也仅仅是少数地方税务局颁布了税收事前裁定政策。事实上，在限制纳税人滥用交易形式以取得不正当的税收利益的同时，对税务机关可能的滥用反避税权力也需要进行限制。

二、税收犯罪新司法解释的解析

2024 年 3 月 20 日，最高人民法院和最高人民检察院公布了关于《刑法》分则第三章第六节"危害税收征管罪"新的司法解释，即"两高"《解释》，并于当日开始施行。"两高"《解释》是为适应当前新时期下国家社会、经济发展以及税收法治建设给税收刑法适用带来的新挑战和新要求出台的，是我国第一部专门就整个危害税收征管罪立法适用的司法解释，在整合之前相关税收犯罪司法解释的基础上，对逃骗税犯罪、逃骗税预备行为犯罪（如虚开增值税专用发票罪）等税收犯罪立法的适用引入了新的规则，对有力、精准打击税收犯罪行为，保护国家税收利益与纳税人合法权益，以及优化营商环境、促进社会、经济高质量发展和推进中国特色社会主义法治建设，具有重要的意义。[1]

（一）新司法解释的理念与原则

1. 加强国家税收利益维护与兼顾纳税人权益保护

首先，由于征管技术和资源的局限性，在税收征管层面尚不能完全消除税收违法行为的情况下，税收刑法通过严密税收犯罪打击网络，加强对国家税收利益的维护，在当前依然具有必要性。例如，对于逃税罪，"两高"《解释》第 1 条第 1 款第 2 项明确以他人名义分解收入、财产也是一种欺骗、隐瞒手段，同时，在依法纳税不断深入人心的背景下，在不申报行为的界定上引入了兜底条款，即其他明知应当依法申报纳税而不申报纳税的。再如，对于逃避追缴欠税罪，"两高"《解释》第 6 条第 5 项规定不履行税收义务并脱离税务机关监管也是一种采取转移或者隐匿财产的手段。上述规定能够扩大逃税罪、逃避追缴欠税罪的打击范围，有利于将那些目前刑事处罚不明又会严重损害税收利益的行为纳入到刑事处罚之中。

其次，基于税收利益（税源）的维护以及打击严重损害税收利益的行为，税收刑法也需要保护纳税人的合法权益，降低纳税人实施经济活动的刑事涉税风险。例如，对于逃税罪，"两高"《解释》第 3 条规定税务机关追缴税款

---

〔1〕　参见翁武耀：《一部精准打击涉税犯罪的司法解释》，载《中国审判》2024 年第 7 期，第 14~15 页。

是追究刑事责任的前置条件，这有助于保障刑法赋予纳税人逃税初犯免责的权利。再如，对于虚开增值税专用发票罪（以下简称"虚开专票罪"），"两高"《解释》第 10 条限缩了犯罪行为，排除了部分没有造成国家税收利益损害的虚开增值税专用发票行为（以下简称"虚开专票行为"）。又如，"两高"《解释》第 21 条规定"犯罪情节轻微不需要判处刑罚的，可以不起诉或者免予刑事处罚；情节显著轻微危害不大的，不作为犯罪处理"，使任何税收犯罪的相关实施者都有了改过自新、持续经营的机会，从长远的角度，税收利益也得到了更深一层的维护。

最后，对不同的涉税犯罪行为，基于罪责刑相适应原则，"两高"《解释》根据危害性的大小公正、科学地区别定罪以及界定"数额巨大"或"其他特别严重情节"等犯罪情节，以符合《刑法》对不同税收犯罪以及同一税收犯罪不同犯罪情节轻重有别的量刑处罚。例如，相比于逃税罪，虚开专票罪量刑更重，"两高"《解释》明确列举虚抵进项税额为逃税的欺骗、隐瞒手段，纳税人虚开发票用于虚抵进项税额，没有骗取国家税款，与其他逃税行为的危害性是一样的，以逃税罪论处。而对于虚抵的进项税额超过纳税人应纳税额，从而基于留抵退税骗取国家税款，危害性更大，则以虚开增值税专用发票罪论处。再如，对于骗取出口退税罪等若干犯罪，"两高"《解释》对严重和特别严重情节的规定中都加大、细化了累犯这一危害性更大情节的认定。

2. 提升税法与刑法的法际协调

首先，税收犯罪行为本质上是违反税收法规的行为，为此，税收刑法对税收犯罪构成要件的规定及其适用需要以税法为基础。例如，"两高"《解释》第 1 条第 1 款第 3 项在解释逃税的欺骗、隐瞒手段时，明确包括虚报专项附加扣除，是对 2018 年《个人所得税法》修改引入专项附加扣除的特别回应，也强调了对利用专项附加扣除虚假申报逃避缴纳个人所得税行为的刑法惩治。再如，"两高"《解释》在第 4 条第 2 款新增应纳税额的解释，除强调是按照税收法规应当缴纳的税款外，使用了发生应税行为这一税法术语，同时还排除纳税人预缴的税款，遵循了税法对纳税义务产生与确立的规定。

其次，税收刑法打击的是严重损害税收利益的行为，税收刑法在以税法上相关税收违法行为为基础确立税收犯罪时也需要体现独立性，与相关税法有所区别。"两高"《解释》也确立了税收犯罪以税收实害犯为主。例如，

"两高"《解释》第 10 条在解释虚开专票犯罪行为时，就与《发票管理办法》所规定的虚开发票行为作了明确区分，进行了限缩。后者仅仅强调与实际经营业务情况不符，前者则排除低开发票以及不具有骗抵税款目的且税款没有被骗抵的行为，如为虚增业绩、融资、贷款等不以骗抵税款为目的的虚开专票行为。

3. 实现对危害税收征管罪的整体性解释

之前关于税收犯罪的几个主要司法解释是对某个或某几个犯罪的解释，[1]"两高"《解释》从体系上对整个危害税收征管犯罪进行解释，不仅包括逃税、抗税等几个税收实害犯罪，也包括发票类税收犯罪，打破了对各个税收犯罪独立解释的传统做法，便于体系性优化与理解税收犯罪立法适用。对此，最值得一提的是"两高"《解释》明确列举虚抵进项税额为逃税的欺骗、隐瞒手段之后，从体系上解释就可以得出纳税人虚开发票用于自己应纳税额的抵扣，将定逃税罪，不以虚开增值税专用发票罪论处，除非虚抵的进项税额超过其应纳税额。除此以外，例如，"两高"《解释》对于逃税罪、骗取出口退税罪、虚开增值税专用发票罪，入罪门槛以及严重情节和特别严重情节的界定，在涉税金额上都以 10 万元、50 万元、500 万元来区分，体现统一性。此外，对于诸多不同税收犯罪，其他严重情节和特别严重情节的界定方式也体现趋同性。又如，"两高"《解释》第 11 条明确不同税收犯罪竞合时的定罪处罚，以伪造的增值税专用发票进行虚开，定虚开增值税专用发票罪，体现了协调性。再如，"两高"《解释》第 19 条、第 20 条和第 21 条规定了适用于所有税收犯罪的共同性规则。事实上，"两高"《解释》体现了解释方式的创新，有助于对税收犯罪的顶层设计，为未来对税收犯罪体系化变革探索经验。

4. 提高税收犯罪治理的法治水平

通过上述三个方面，尤其是第一方面体现出的宽严相济、张弛有度的刑事政策，"两高"《解释》不仅着眼于税收犯罪的惩治，更是上升到致力于对税收犯罪的治理，且不断提高治理的法治水平。这里还需要补充的是，"两

---

〔1〕　具体包括最高人民法院《关于适用〈全国人民代表大会常务委员会关于惩治虚开、伪造和非法出售增值税专用发票犯罪的决定〉的若干问题的解释》（法发［1996］30 号，已失效），最高人民法院《关于审理骗取出口退税刑事案件具体应用法律若干问题的解释》（法释［2002］30 号，已失效），最高人民法院《关于审理偷税抗税刑事案件具体应用法律若干问题的解释》（法释［2002］33 号，已失效）等。

高"《解释》还推进了税收犯罪领域法定原则的落实，这是因为刑法对于税收犯罪罪状的描述过于简单，如逃税罪、虚开专票罪等这些主要税收犯罪，使得实践中出现的很多行为是否应当定罪处罚或定何种罪存在争议和不明确性，这也导致了司法实践存在裁判差异性、不统一的问题。"两高"《解释》回应了这些争议，例如，虚开专用犯罪行为的认定是否以骗抵税目的和造成税款损失为条件，提高了这些犯罪立法适用的明确性，保障了市场主体的合理预期。

（二）新司法解释新规则的适用

"两高"《解释》引入了不少新规则，为确保正确适用，需作进一步的解析，以下笔者举若干主要税收犯罪相关的新规则为例。

1. 逃税罪（"两高"《解释》第 1 条到第 4 条）

首先，关于虚假纳税申报中欺骗、隐瞒手段的列举，除了明确规定虚抵进项税额，正确处理了逃税罪与虚开增值税专用发票罪的关系，"两高"《解释》还规定了以他人名义分解收入、财富，需要注意这一手段除了可以用于逃税，也可以用于避税。在避税的情形，不应以逃税定罪处罚。换言之，在相关交易真实发生的情况下，以他人名义分解收入、财富可能仅仅是一种避税手段，因此，在适用这一规则时，还需要根据情况作进一步区分。

其次，关于不申报逃税行为的构成，根据"两高"《解释》引入的兜底条款，一方面，这类行为的构成必须以纳税人明知应当申报纳税为条件，明确逃税行为人故意的主观要件，另一方面，这类行为构成的条件不再限于依法办理登记或税务机关已通知申报，其他纳税人已经知道应当申报纳税的情形，也符合这一条件。

再次，关于认定扣缴义务人已扣、已收税款，除了承诺为纳税人代付税款，"两高"《解释》增加了"在其向纳税人支付税后所得时"这一条件，这样，在扣缴义务人尚未支付所得或支付的是税前所得的情况下，就不能认定，弥补了之前的漏洞。

复次，关于追究刑事责任的前置条件，"两高"《解释》规定税务机关要先追缴税款。对于实践中可能出现的税务机关故意不追缴税款的个案，司法机关可以通过监督程序迫使税务机关追缴税款，同时，可以依据《税收征收管理法》以及《刑法》相关规定对税务机关相关人员追究责任，确保对逃税行为追究刑事责任。需要补充一点的是，对于《刑法》第 201 条第 4 款规定的初犯免责除外情形，即五年内因逃避缴纳税款受过刑事处罚或者被税务机关给予二次以上（包括本数[1]）行政处罚，其中，二次以上行政处罚是否包括本次在内，目前最高人民法院的解释是认为不包括。[2]据此，如果纳税人先实施一次构成犯罪的严重逃税行为，被税务机关查处，在满足免责的条件后，不被追究刑事责任，随后短期内再次实施一次构成犯罪的严重逃税行为，被税务机关查处，在满足免责的条件后，还是不被追究刑事责任。显然，这对逃税行为显得有些宽纵，有违《刑法》初犯免责规定的初衷，不利于有效打击逃税行为，促进纳税人税收遵从。为此，五年内但凡实施逃税被查处受过处罚（包括行政处罚），纳税人就不应当再享受初犯免责。相应地，二次以上行政处罚适宜理解为包括本次在内，《刑法》关于初犯免责除外情形也可以修改简化为五年内受过刑事处罚或行政处罚，同时明确不享受初犯免责的逃税行为是指被税务机关查处后纳税人新实施的逃税行为。当然，《刑法》不修改亦可，目前的规定在文字表述上也没有问题。

最后，关于应纳税额的界定，"两高"《解释》规定不包括海关代征的增值税、关税，考虑到纳税人逃避缴纳这些税发生在走私的情形，这意味着逃避缴纳这些税的行为应当按照走私罪定罪处罚，不以逃税罪论处。

2. 逃避追缴欠税罪（"两高"《解释》第 6 条）

"两高"《解释》明确规定放弃到期债权、无偿转让财产、以明显不合理的价格进行交易三种行为为转移或者隐匿财产的手段，可以扩大逃避追缴欠税罪适用范围，具有正当性。但是，《税收征收管理法》赋予税务机关可以行使撤销权撤销这些行为，以保护税收债权，因此，首先税务机关应当积极行使撤销权，在撤销权无法行使或行使依然存在欠税的情况下，再适用这一规则。

3. 骗取出口退税罪（"两高"《解释》第 7 条到第 9 条）

首先，"两高"《解释》明确将"在货物出口后，又转入境内或者将境外同种货物转入境内循环进出口并申报出口退税"新增为一项骗取出口退税的"假报出口或者其他欺骗手段"，有其必要性。但是，考虑到货物出口后转入

---

〔1〕 参见《刑法》第 99 条。

〔2〕 参见滕伟等：《"两高"〈关于办理危害税收征管刑事案件适用法律若干问题的解释〉的理解与适用》，载《法律适用》2024 年第 4 期，第 87 页。

境内再出口或循环进出口并非一定是违法行为，包括可能是避税行为，在适用这一规则时，还需要根据情况作进一步区分。

其次，"两高"《解释》规定中介组织及其人员为他人提供虚假证明文件，用于他人骗取退税的，以提供虚假证明文件罪定罪处罚，是在不构成共犯的情况下。如果构成共犯，应当根据"两高"《解释》第 19 条以骗取出口退税罪的共犯论处。

4. 虚开增值税专用发票罪（"两高"《解释》第 10 条和第 11 条）

首先，"两高"《解释》从以下几个方面限缩了虚开专票犯罪行为的构成：①在客观要件上，对于实际有业务的情况，不再像原来那样，笼统规定为开具与实际数量或金额不实，而是限定于开具超过实际税款，同时，限定实际业务为实际应抵扣业务，换言之，开具低于实际税款或为实际不能抵扣的业务虚开就不属于虚开专票犯罪行为；②在主观要件上，如果行为人不以骗抵税款为目的，且没有因抵扣造成税款被骗损失，将不构成虚开专票犯罪行为；③在客体要件上，基于前面两个方面，虚开专票犯罪行为的界定都是围绕抵扣这一增值税特有的机制，保护的税收利益就限于增值税税收利益。

其次，作为第 3 类和第 4 类虚开专票犯罪行为，在有实际业务下，"两高"《解释》还明确规定通过虚构交易主体开具发票和非法篡改发票电子信息两类行为，这是正确的，因为此时依然存在税款被骗抵的可能。不过，对于这两类虚开专票犯罪行为，还需要分别特别补充一点。关于虚构交易主体开具发票，不仅受票方可以虚构，开票方也可以虚构，即并非真正的交易主体，都可以造成增值税税款损失。[1]关于非法篡改发票电子信息，不能单纯地理解为是与前三类虚开专票犯罪行为并列的行为，而是其他虚开专票犯罪行为的补充，包括手段的补充，即采取电子化手段，以及虚开专票犯罪行为外延的补充，如非法篡改发票中的货物品名信息，也可以致使增值税税款损失。不过，通过虚构交易主体开具和非法篡改发票电子信息也有可能不发生税款被骗抵，此时可以通过"两高"《解释》第 10 条第 2 款的规定予以排除。

---

〔1〕 参见翁武耀：《税收犯罪立法研究——以意大利税收刑法为视角》，法律出版社 2022 年版，第 110、281 页。

5. 虚开普通发票罪（"两高"《解释》第 12 条和第 13 条）、非法出售增值税专用发票罪（"两高"《解释》第 15 条）和非法购买增值税专用发票罪（"两高"《解释》第 16 条）

由于虚开专票犯罪行为的限缩，不再构成虚开专票罪的虚开专票行为（以下简称"相关虚开专票行为"）是否可以构成虚开普通发票罪、非法出售专票罪或非法购买专票罪会产生新的争议。首先，由于虚开普通发票罪目前还是按照行为犯认定犯罪行为，相关虚开专票行为如果不构成该罪，会产生与虚开普通发票行为定罪处罚上的不公平。对此，还是以不构成为宜，毕竟应当优先遵从文义解释，虚开普通发票罪中的发票不包括专票。换言之，虚开普通发票罪的适用应当也作限缩解释，摒弃行为犯立场，来避免上述的不公平问题。其次，同理，为避免使限缩虚开专票罪适用的目标落空或减损，非法出售专票罪和非法购买专票罪的适用也应当作限缩解释，尤其是考虑到非法出售专票罪也是重罪。换言之，如果相关虚开专票行为不会造成增值税税款损失，而发票已经被使用，出售或购买已经被使用（虚开）的发票不会造成额外的增值税税款损失，非法出售专票罪和非法购买专票罪也不应该构成。造成其他增值税以外税款损失的，可以按照逃税罪处理。

第十二章

税收行政执法与刑事司法的衔接

在税收领域，纳税人实施同一行为，在构成税收违法行为的情况下，很有可能同时构成税收犯罪行为。换言之，纳税人的同一违法行为，面临双重的检（调）查和裁决，不仅在税收行政执法层面会面临行政处罚，而且还可能在税收刑事司法层面面临刑事处罚。这样，考虑到税收行政执法（包括后续的行政复议和诉讼）和刑事司法分属两个不同的程序，在牵涉的主体、证据以及处罚等方面，既存在差异也存在关联，便产生了税收行政执法与刑事司法衔接（以下简称"行刑衔接"）的问题。对此，《税收征收管理法》的相关规定不足。同时，尽管《行政处罚法》《行政执法机关移送涉嫌犯罪案件的规定》等相关法律和行政法规对行刑衔接的一般规则已经有所规定，但是，有关税收刑事司法程序是否优先、案件移送司法机关后税收执法程序是否中止、税务机关是否还可以作出行政处罚以及税收行政处罚和刑事处罚是否可以并处并执行等基本问题依然处于立法不明的状态。除此以外，税收行刑衔接立法还存在诸多相关问题，尤其是《税收征收管理法》中的相关规定，例如，衔接规则适用范围不全面，违法行为行刑界定、处罚范围存在不合理的差异等。与此相关，源于税收行刑衔接立法不明的司法争议案件屡有发生，而相关司法判决（即使被最高人民法院纳入指导性案例之中），作为非正式的法律渊源，并不能提供一般化的规则指引，何况相关规则解释还存在一定的模糊性。为此，不仅中共中央办公厅、国务院办公厅 2015 年印发的《深化国税、地税征管体制改革方案》，从严厉打击税收犯罪的角度，提出要实现税收行刑的有机衔接，2021 年印发的《关于进一步深化税收征管改革的意见》，除提出要准确把握税收违法行为和犯罪行为的界限并依法处置、罚当其责外，也还提出进一步畅通行刑衔接工作机制。

据此，为解决税收行刑衔接法律适用上存在的不确定性，研究税收行刑衔接立法完善依然具有重要的理论价值和实践意义。对此，诸多相关研究已经展开，在上述有关基本问题上，已主张刑事程序优先为主，强调移送案件后应中止行政处罚程序。[1]但也有主张源于行政处罚权等征管权的法定，税收行政复议等程序并不中止，认可刑罚与其不相类似的行政处罚并存，[2]为此也有提出行政处罚后再移送，即针对相关特定的行政处罚。[3]不过，相关研究主要围绕现行规则下的适用，难以消除法的不确定性问题，对制度构建的研究多见于畅通行刑衔接的配套机制，例如，有提出建立行政机关和司法机关间的信息共享机制。[4]因此，在税收行刑衔接基本制度构建、立法条文体系化完善以及域外税收行刑衔接立法方面，研究还存在不足。尤其是域外立法研究，仅仅停留在行刑衔接的一般立法上，[5]缺少针对税收领域的行刑衔接专门立法的研究。事实上，相比于其他领域，税法有着特殊性和复杂性，税收行刑衔接需要单独立法。为此，作为规范税收执法的基本法律，《税收征收管理法》无疑是规范税收行刑衔接的理想法律。同时，鉴于《税收征收管理法》正处于修订之中，从税收行刑衔接的角度修改《税收征收管理法》也是当务之急。事实上，2015年国务院法制办公室公布的《税收征收管理法修订草案（征求意见稿）》对行刑衔接相关规则进行了较多修改，这里笔者也将一并评析，并提出完善建议。

一、税收行刑衔接现行立法与实践困境

（一）衔接的基本规则

某一税收违法行为在同时构成税收犯罪行为的情况下，《税收征收管理法》以及在2023年修订过的《发票管理办法》首先在有关具体违法行为界定

---

〔1〕 参见李柯奇：《税务行政处罚与刑罚衔接问题探析》，载《税收经济研究》2017年第2期，第55页。

〔2〕 参见江西省国家税务局课题组：《税收行政执法与刑事司法程序的衔接》，载《税务研究》2006年第10期，第62页。

〔3〕 参见曹福来：《论税务行政处罚与刑事处罚的衔接》，载《江西社会科学》2006年第8期，第208页。

〔4〕 参见张锋学：《行政执法和刑事司法衔接机制研究》，载《山东社会科学》2019年第1期，第126页。

〔5〕 例如，关于行刑衔接模式（并不局限于税收领域），奥地利《行政罚法》第22条确立了并罚模式，而德国《违反秩序法》第21条确立了刑优模式。参见杭州市国家税务局课题组：《税务行政处罚与刑事司法衔接机制研究》，载《国际税收》2016年第1期，第70~71页。

及其行政处罚的条款中肯定了刑事责任的追究。包括《税收征收管理法》第63条规定的偷税（同《刑法》第201条规定的逃税，以下统称"逃税"）、第65条规定的逃避追缴欠税、第66条规定的出口骗税、第67条规定的抗税、第71条规定的非法印制发票，《税收征收管理法实施细则》第91条规定的非法印制、伪造完税凭证，以及《发票管理办法》第35条规定的虚开发票和第36条规定的私自印制、伪造、变造发票。其次，作为一般规则，《税收征收管理法》第77条规定纳税人、扣缴义务人实施的逃税、逃避追缴欠税、出口骗税、抗税、非法印制发票行为涉嫌犯罪的，税务机关应当依法移交司法机关。同时，对于发票类税收违法行为，《发票管理办法实施细则》第42条规定："对违反发票管理法规情节严重构成犯罪的，税务机关应当依法移送司法机关处理。"此外，需要注意的是，虽然《税收征收管理法》没有规定反向移送，[1]但其他法予以了规定。根据《行政处罚法》第27条和《刑事诉讼法》第177条，如果涉嫌犯罪的税收违法行为不需要或免予刑事处罚，但需要行政处罚，司法机关应当移送税务机关。此外，2024年"两高"《解释》第21条也有同样规定，并强调税务机关应当将处理结果及时通知人民检察院、人民法院。至于移送程序的具体步骤和相关要求，则主要规定在《行政执法机关移送涉嫌犯罪案件的规定》以及《关于在行政执法中及时移送涉嫌犯罪案件的意见》（高检会〔2006〕2号）等中央相关部门的解释性文件中。

此外，就税收行政执法和刑事司法的关系，现行立法还明确了以下规则：首先，税务机关税款征收的优先性。对此，针对逃税、抗税、逃避缴纳欠税、出口骗税以及虚开发票5类犯罪行为，《刑法》第212条作了肯定。[2]而《税收征收管理法》仅仅在第67条关于抗税处罚规定税务机关要追缴税款。特别值得一提的是，针对逃税，"两高"《解释》第3条明确规定行政处理前置，即在税务机关依法下达追缴通知前不予追究刑事责任。不过，这并不意味着税务机关尚未进行行政处罚，司法机关就不得启动刑事处罚程序。[3]其次，在可能同时存在行政处罚和刑事处罚的情况下，《行政执法机关移送涉嫌犯罪

---

〔1〕 仅仅在第67条规定抗税不构成犯罪需要受行政处罚。

〔2〕 该条规定："犯本节第二百零一条至第二百零五条规定之罪，被判处罚金、没收财产的，在执行前，应当先由税务机关追缴税款和所骗取的出口退税款。"

〔3〕 参见滕伟等：《"两高"〈关于办理危害税收征管刑事案件适用法律若干问题的解释〉的理解与适用》，载《法律适用》2024年第4期，第88页。

案件的规定》第 11 条规定一些特殊的行政处罚类型，包括警告、责令停产停业、暂扣或者吊销许可证、暂扣或者吊销执照，可以继续执行。不过，对于收缴发票、停止发售发票、停止办理出口退税等税务机关专属的特殊行政处罚类型，[1]《税收征收管理法》和《发票管理办法》并没有作类似规定。而对于罚款这类普通的行政处罚类型，《行政处罚法》第 35 条规定折抵罚金，同时规定行政机关尚未给予罚款的，不再给予罚款。

（二）衔接的其他规则

关于税收行刑衔接的其他规则，涉及证据（包括税务机关的决定或司法机关的裁决）在两程序间的相互影响、两程序间的关系以及移交执行与监督，主要规定在一般法律、法规以及相关司法解释之中。首先，关于证据和两程序间关系问题，根据《刑事诉讼法》第 54 条第 2 款的规定，税务机关在税收行政执法过程中收集的物证、书证、视听资料、电子数据等涉税证据材料，在税收司法程序（刑事诉讼）中可以作为证据使用。与此相关，《行政处罚法》第 27 条同时也规定了加强证据材料移交、接收衔接，《行政执法机关移送涉嫌犯罪案件的规定》第 6 条还规定了案件移送应当一并移送相关证据材料。不过，反向的证据问题，即司法机关在税收司法过程中收集的涉税证据材料，能否在税收执法程序中使用，缺乏类似的明确规定。当然，在后续的税收行政诉讼中，根据最高人民法院《关于行政诉讼证据若干问题的规定》第 70 条的规定，除非有重大问题，法院关于税收犯罪裁决确认的事实，可以作为定案依据。根据最高人民法院《关于执行〈中华人民共和国行政诉讼法〉若干问题的解释》（已失效）第 51 条的规定，税收行政诉讼案件如果以尚未审结的刑事案件审理结果为依据，需要中止诉讼。此外，《税务行政复议规则》第 79 条关于中止行政复议也规定了类似情形。但是，反过来，税收刑事诉讼没有类似的中止诉讼事由规定。其次，关于移交执行与监督，《税收征收管理法》第 77 条同时规定了对依法不移交的税务人员追究法律责任，《行政执法机关移送涉嫌犯罪案件的规定》第 11 条禁止以行政处罚代替移送，而第 14 条还规定了人民检察院和监察机关对移送执行的监督权。

（三）衔接立法的不足与实践困境

通过上述对我国现行税收行刑衔接相关立法的梳理，不难发现，即使

---

〔1〕 这几类处罚的适用，分别参见《税收征收管理法》第 72 条和第 66 条的规定。

《行政处罚法》和《行政执法机关移送涉嫌犯罪案件的规定》分别在 2021 年和在 2020 年刚刚修订过，现行立法基本制度和主要规则一直未曾变化，依然存在诸多不完善与不明确之处，从而导致了税收行刑衔接实践中的一些困境，包括以下三大方面：

1. 有案难移、以罚代刑

税收行政执法过程中存在的涉嫌税收犯罪案件难移，甚至税务机关以罚代刑，[1]一方面与部分税务人员故意不移有关，对此，上文提到的有关对税务人员追究法律责任以及移交执行监督的现行规定便是针对性的措施。另一方面，作为客观的原因，与税收行刑衔接相关立法的不足也有很大关联，尤其是部分规则增加了税务机关对罪与非罪区分的难度，对此，尚存在改进、完善空间，具体包括如下三个方面：（1）行刑处罚范围不一致、衔接规则适用范围不全面。目前，《刑法》第 201 条至第 210 条共规定了 14 类税收犯罪行为，同时加上《刑法》关于伪造、变造、买卖国家机关公文、证件、印章罪的第 280 条、《刑法》关于隐匿或销毁会计资料罪的第 162 条之一等规定的涉税犯罪行为，[2]税务机关需要移交的犯罪案件种类数量不少。对于涉嫌构成涉税犯罪的违法行为，税务机关需要根据《行政处罚法》第 27 条的规定移送司法机关。而《税收征收管理法》及其实施细则以及《发票管理办法》采取依附性的分散型立法方式，正如前文指出的，仅明确规定 8 类税收违法行为在构成犯罪的情况下需要追究刑事责任。同时《税收征收管理法》第 77 条也仅明确规定五类税收违法行为涉嫌犯罪需要移交，《发票管理办法实施细则》第 42 条也是笼统地规定违反发票管理法规情节严重构成犯罪的需要移送。这样，对于非法购买增值税专用发票、出售伪造的增值税专用发票罪等上述八类税收违法行为以外的少数税收违法行为，源于《税收征收管理法》和《发票管理办法》没有明确纳入行刑衔接规则的适用范围，甚至针对其中一些违法行为没有明确的行政处罚规定，但这些税收违法行为在相关情节超

---

〔1〕 参见中共中央办公厅、国务院办公厅 2015 年印发的《深化国税、地税征管体制改革方案》。

〔2〕 例如，纳税人实施伪造完税凭证或销毁或隐匿会计资料就可以构成相关涉税犯罪。其中，关于纳税人为实施逃骗税或掩盖逃骗税行为而销毁、隐匿会计资料如何定罪处罚，参见本书第十三章。

过一定门槛之后将构成《刑法》规定的犯罪行为，[1]客观上会造成税务机关对能否构成犯罪以及是否移交认识的不足，进而导致移交不及时或未移交。此外，考虑到一些税收犯罪行为的实施主体并不限于纳税人和扣缴义务人，例如非法印制发票，再如逃税事实上也并不限于狭义的纳税人，《税收征收管理法》第 77 条关于移交的案件规定限于纳税人、扣缴义务人的相关违法行为，也客观上限制了案件的移交。（2）行刑界定差异不合理。具体而言，即使在税法和刑法对同一类违法行为都规定处罚并明确移送要求的情况下，由于税法和刑法对这一类违法行为的界定存在不合理差异，也会导致税务机关对是否涉嫌犯罪以及是否移送认识的不足。例如，关于逃税，《税收征收管理法》第 63 条界定为"纳税人伪造、变造、隐匿、擅自销毁帐簿、记帐凭证，或者在帐簿上多列支出或者不列、少列收入，或者经税务机关通知申报而拒不申报或者进行虚假的纳税申报"，《刑法》第 201 条界定为"纳税人采取欺骗、隐瞒手段进行虚假纳税申报或者不申报"，存在差异。需要特别注意的是，对于不申报行为，逃税行政违法行为的构成要求通知申报而拒不申报，而逃税犯罪行为没有此要求，同时考虑到《税收征收管理法》第 64 条专门规定单纯的不申报行为仅受行政处罚，没有规定行刑衔接，更加大了税务机关准确认识罪与非罪的难度。（3）逃税罪"初犯"的移送问题。根据《刑法》第 201 条第 4 款的规定，在五年内未因逃税受过刑事处罚或者受二次以上行政处罚，实施逃税犯罪行为的纳税人如果补缴应纳税款，缴纳滞纳金，并已受行政处罚的，不予追究刑事责任。对此，税务机关如果认为纳税人逃税属于所谓逃税罪"初犯"，而不移交司法机关，[2]存在商榷之处。首先，纳税人毕竟实施了《刑法》第 201 条第 1 款规定的逃税行为，且很多所谓"初犯"涉及逃税金额巨大，从有利于监督的角度，也应由司法机关来审核是否满足不予追究刑事责任的条件并作出决定。其次，税务机关在查实纳税人逃税行为并作出行政处罚之后，纳税人实际缴纳罚款还需要一定时间。这样，在实

---

〔1〕　例如，根据"两高"《解释》第 16 条的规定，如果非法购买增值税专用发票票面税额 20 万元以上，或者 20 份以上且票面税额 10 万元以上，就构成《刑法》第 208 条规定的非法购买增值税专用发票罪。

〔2〕　例如，2021 年郑爽逃税案，源于《刑法》第 201 条第 4 款的规定，税务机关最后没有移送公安机关。参见《郑爽偷逃税案 罚款及追缴税款等共 2.99 亿元》，载 http://news.cctv.com/2021/08/28/ARTIovYq2O6HNlSBcXE9P4Fm210828.shtml，最后访问日期：2024 年 7 月 1 日。

际缴纳前，案件已经符合涉嫌犯罪这一移交标准。

2. 存在"刑事优先"抑或"先行后刑"的争议

当税务机关查实税收违法行为涉嫌犯罪时，在移交司法机关之后，产生了目前争议依然很大的一个问题，即还能否继续作出行政处罚。换言之，现行税收行刑衔接基本规则对案件移交后，征税以外的税收执法程序（包括行政处罚以及后续的行政复议、诉讼程序）是否应当继续还是中止没有明确规定。对此，如果主张"刑事优先"，即税务机关不应继续作出行政处罚或中止行政处罚程序，相关理由可以包括如下五个方面：（1）《税收征收管理法》第 77 条规定的移交义务，其中"移交"一词，考虑到"移交"通常的含义为把所管的事务交给有关方面或交给接替工作的人，[1]从文义的解释，适合得出税务机关不再负责相关涉税违法行为查处的结论。不过，《行政处罚法》第 27 条使用"移送"一词，则中性一些，很难得出不再负责的结论。（2）为避免同一违法行为同时受行政和刑事两重处罚，[2]而考虑到刑事处罚更为严厉，这不仅体现为作为刑罚主刑的自由罚要比行政处罚通常采取的财产罚严厉，还体现为逃税等部分税收违法行为的行政处罚仅仅针对纳税人，而与之对应的逃税等部分税收犯罪行为，刑事处罚不仅针对纳税人，在纳税人是单位的时候，还针对纳税人的直接责任人（自然人）。[3]（3）《行政处罚法》第 35 条的折抵规定是对行政机关执法中的先罚后移交的补救，不能成为税务机关案件移交司法机关后继续对违法行为处罚的法律依据。[4]（4）关于税务机关移交案件需要附送的资料，原先《税务稽查工作规程》第 60 条规定包括税务行政处罚决定书，不过，该规程目前已经失效，而取而代之的 2021 年《税务稽查案件办理程序规定》第 48 条删除了税务行政处罚决定书。这样，至少"先行后刑"的观点少了一项依据。（5）相关中央文件、司法判决以及学者观点多有支持。例如，《关于加强行政执法与刑事司法衔接工作的意见》（中办发〔2011〕8 号）第 1 条第 3 款规定，行政机关移送案件，未作出行政处

〔1〕 参见中国社会科学院语言研究所词典编辑室编：《现代汉语词典》，商务印书馆 2000 年版，第 1484 页。

〔2〕 参见杭州市国家税务局课题组：《税务行政处罚与刑事司法衔接机制研究》，载《国际税收》2016 年第 1 期，第 71 页。

〔3〕 参见《刑法》第 211 条。

〔4〕 参见曹福来：《论税务行政处罚与刑事处罚的衔接》，载《江西社会科学》2006 年第 8 期，第 207 页。

罚决定的，原则上应当在公安机关决定不予立案或者撤销案件、人民检察院作出不起诉决定、人民法院作出无罪判决或者免予刑事处罚后，再决定是否给予行政处罚。又如，最高人民法院通过《中国行政审判指导案例》第 14 号案例，[1]对"行政机关对被追究刑事责任的当事人能否再予处罚的问题"作出了指导性意见，即"行政机关将案件移送司法机关追究刑事责任后，不宜再就当事人的同一违法事实作出与刑事处理性质相同的行政处罚"，[2]否则税务机关将因程序违法而承担败诉风险。再如，刑法学者多有主张"刑事优先"，作为一般行刑衔接的首要环节或基本原则。[3]

不过，如果主张"先行后刑"，即税务机关应继续作出行政处罚，也存在相关理由，包括如下五个方面：（1）源于《行政执法机关移送涉嫌犯罪案件的规定》第 11 条规定一些特殊的行政处罚在移送后可以继续执行，允许这类行政处罚与刑事处罚并存，至少税务机关可以继续作出收缴发票、停止发售发票、停止办理出口退税等特殊行政处罚。具体而言，这类行政处罚人民法院不能也无法实施，但为防止违法行为的继续和危害后果的扩大，税务机关需要及时作出，这样这类行政处罚就与刑罚互补。[4]（2）源于所谓逃税罪"初犯"不予追究刑事责任的条件包括已受行政处罚，司法机关在审核是否满足不追究刑事责任的条件时，客观上就要求税务机关已经作出行政处罚。（3）客观上存在税务机关在移交之前已经作出行政处罚的情况，例如，源于检查或信息获取手段有限、对犯罪构成要件认定出现偏差等原因。同时，现行税收行刑衔接立法也没有规定税务机关应当撤回行政处罚决定或停止执行。这样，如果移交之后不能继续作出行政处罚，鉴于罚款和罚金仅仅是折抵，就会出现针对同类违法行为的差别对待，导致不公平，尤其是不同地区之间，税务机关的执法差异会更多。（4）《税务稽查案件办理程序规定》第 34 条规定税务机关可以中止检查的情形中，不包括案件已经移交司法机关、刑事司法程序已经启动及需

---

〔1〕　即枣庄永帮橡胶有限公司诉山东省枣庄市国家税务局税务行政处罚案。

〔2〕　参见最高人民法院办公厅《关于印发〈行政审判办案指南（一）〉的通知》（法办〔2014〕17 号）。

〔3〕　参见周佑勇、刘艳红：《行政执法与刑事司法相接的程序机制研究》，载《东南大学学报（哲学社会科学版）》2008 年第 1 期，第 48 页；张锋学：《行政执法和刑事司法衔接机制研究》，载《山东社会科学》2019 年第 1 期，第 121～123 页。

〔4〕　参见曹福来：《论税务行政处罚与刑事处罚的衔接》，载《江西社会科学》2006 年第 8 期，第 207 页。

要等候刑事司法活动的结论。与此相关，有观点指出，如同追缴税款、滞纳金，作出行政处罚也是税务机关依法享有的行政职权，纳税人据此享有提出行政复议的权利，同时，为避免行政复议、诉讼裁决与刑事裁决相冲突，刑事诉讼程序应当中止。[1] (5) 相关中央文件、司法判决观点的模糊性。具体而言，上述关于支持"刑事优先"的《关于加强行政执法与刑事司法衔接工作的意见》和最高人民法院关于第 14 号指导案例的指导性意见，使用的是"原则上""不宜"这类模糊性的表述，留下了继续作出行政处罚的空间。

3. 一事二罚

在现行税收行刑衔接立法下，客观上存在同一税收违法行为受行刑两重处罚的情形。例如，在移交之前，已经作出行政处罚的，或者移交后又继续作出行政处罚的，考虑到之后作为刑事处罚的罚金数额通常会小于罚款数额，[2] 折抵规则补救效果也有限，一事二罚并不能完全避免。再如，关于一些特殊的行政处罚类型，考虑到不管移交与否，都可以作出，更会产生行刑两重处罚的情形。这样，对于行刑两重处罚是否背离一事不二罚的原则进而应当禁止，尤其是上述第一种情形，就存在一定的争议，而争议也是源于现行相关立法缺乏明确的规定。首先，《行政处罚法》第 29 条虽然引入了一事不二罚原则，但仅仅规定同一行为不得受两次以上罚款，即仅仅禁止两次行政处罚的禁止，同时也局限于禁止罚款的重复，没有包含其他行政处罚类型。即使最高人民法院曾解释一事不二罚指同一违法行为不能给予两次以上相同或类似性质的行政处罚，[3] 范围依然局限于行政处罚内部。其次，在刑事处罚内部，《刑法》没有像《行政处罚法》那样明确规定刑罚上一事不二罚原则，不过可以依据《刑法》第 3 条和第 5 条规定的罪刑法定原则和罪责刑相适应原则，取得类似的刑罚适用效果，但是范围也只能局限于刑事处罚内部。据此，现行立法没有规定一事不二罚原则是否可以适用于行政处罚和刑事处罚的情形。对此，有观点提出基于双重违法性以及行刑处罚类型及功能上的差

---

〔1〕 参见江西省国家税务局课题组：《税收行政执法与刑事司法程序的衔接》，载《税务研究》2006 年第 10 期，第 62 页。

〔2〕 例如，根据北京市第三中级人民法院刑事裁定书（［2020］京 03 刑终 496 号），涉案公司犯逃税罪，少缴税款 453 万元，处罚金 50 万元（远低于逃税处少缴税款 50% 以上的罚款标准），对公司直接责任人处 4 年有期徒刑并处 4 万元罚金。

〔3〕 即最高人民法院 2017 年的最高法行申 1242 号行政裁定书。参见侯卓：《论"一事不二罚"在税收征管中的适用》，载《税务研究》2022 年第 6 期，第 64 页。

异，行刑处罚可以双重适用。[1]当然，也有观点提出基于"刑事优先"，行刑相抵未能覆盖的罚款不能继续执行。[2]

二、税收行刑衔接困境破解

（一）税收行政执法与刑事司法关系的厘清

基于前文所述，我国现行税收行刑衔接中的主要困境源于立法对税收行政执法与刑事司法两项程序的关系尚未厘清，不管是主张"刑事优先"还是主张"先行后刑"，都是合理性与局限性并存，据此对税收行刑衔接立法进行修改，修改后的立法也将会错综复杂，缺乏系统性。因此，需要从根基上对两项程序的关系进行立法上的确定，进而解决衔接困境。对此，不管是"刑事优先"，还是"先行后刑"，至少从表述上来看，实质上体现的都是统一性、单轨制的思维，即两项程序间存在谁优先于谁的先后关系。与此相对应的是体现相互独立关系的双轨制，即对同一税收违法行为，税务机关与司法机关的检（调）查和裁决（包括行为认定与处罚）是相互独立的，一方程序不影响另一方程序的开展。据此，我国需要另辟蹊径，税收行刑衔接立法首先需要确立行刑两项程序的双轨制，相关理由包括如下两大方面：

1. 两项程序相互独立的必要性：程序间的差异

两项程序之间存在差异是两者相互独立的基础，也是必要性所在，相关差异包括如下六个方面：（1）目的。税收行政执法程序主要旨在监控纳税义务的及时履行和确保税款征收职能的实施，而税收刑事司法程序主要旨在查实税收犯罪的存在并给以惩处。（2）处罚的理由和种类。基于上述目的的差异，正如前文所指出的，税收行政执法程序下行政处罚源于理由的多样化，种类也更为多样化，例如，为防止税款继续流失，税务机关采取的一些专属的特殊行政处罚。相反，自由罚仅在税收刑事司法程序下可以采用。（3）查处的违法行为构成条件。就同一违法行为，税收行政违法行为与税收犯罪行为构成条件的差异主要体现在量上，这主要源于《税收征收管理法》和《刑法》就相关税收违法行为的界定是一样的，例如逃避追缴欠税、骗取出口退

---

[1]　参见陈兴良：《论行政处罚与刑罚处罚的关系》，载《中国法学》1992年第4期，第31页。
[2]　参见李柯奇：《税务行政处罚与刑罚衔接问题探析》，载《税收经济研究》2017年第2期，第56页。

税等，前者数额达到 1 万元以上，后者数额达到 10 万元以上，[1]违法行为的性质就将发生变化。当然，差异也有既体现在量上又体现在质上的，例如虚开增值税专用发票，除了虚开数额达到 10 万以上，[2]根据越来越多的司法判决，为了构成犯罪，还需要行为人以逃骗税为目的并造成国家税款损失。[3]

（4）证据。两项程序在证据规则、证据证明标准等方面存在差异，使得一项程序对事实的认定和裁决并不必然作为另一项程序认定和裁决的依据。首先，鉴于受主观因素影响，具有不确定性，证人证言、行为人供述和辩解等证据需要由司法机关另行取证，税务机关获取的不能作为证据使用，为此，《刑事诉讼法》第 54 条第 2 款未规定这类证据。当然，对于税务机关获取的物证等证据材料，司法机关认为存在问题的，也可以重新调查，并不必然在税收刑事司法程序中使用。其次，税收刑事司法程序遵循"确实、充分，应能够排除合理怀疑"证明标准，[4]税收行政执法程序遵循的证明标准要低，即"通常"的证明标准。再次，在税收刑事司法程序中纳税人没有协力义务，不会因拒绝履行而承担不利后果，而在税收行政执法程序中纳税人则有协力义务，在不履行的情况下税务机关可以实施税收核定。[5]为此，税收核定的结果自然不能在税收刑事司法程序中作为证据使用。最后，在税收刑事司法程序中，存在通过法律推定上对特殊事实的认定，例如，最高人民法院《关于审理偷税抗税刑事案件具体应用法律若干问题的解释》（法释［2002］33 号，已失效）第 1 条第 2 款规定，扣缴义务人书面承诺代纳税人支付税款的，应当认定扣缴义务人"已扣、已收税款"。[6]这样的事实认定能否应用于税收行政执法程序存在很大争议，从遵循正式法律渊源的角度，答案是否定的。

（5）行为认定的结果。税务机关和司法机关对同一违法行为的认定结果，可能是一致的，也可能存在差异。具体而言，在纳税人实施税收违法行为的情况下，源于违法行为构成条件和证据要求的差异，一方面，可能在税收刑事

---

〔1〕 参见最高人民检察院、公安部《关于公安机关管辖的刑事案件立案追诉标准的规定（二）》。

〔2〕 参见"两高"《解释》第 11 条。

〔3〕 相关案例，参见天津市和平区人民法院刑事判决书（［2016］津 0101 刑初 288 号）、四川省宜宾市中级人民法院刑事裁定书（［2016］川 15 刑终 113 号）。

〔4〕 参见《刑事诉讼法》第 55 条。

〔5〕 参见《税收征收征管法》第 35 条。

〔6〕 对此，"两高"《解释》第 1 条第 3 款已经修改，增加了"在其向纳税人支付税后所得时"这一条件。

司法程序下没有认定为逃税犯罪行为或虚开发票犯罪行为，但在税收行政执法程序下认定为逃税或虚开发票违法行为。[1]另一方面，还可能出现在税收行政执法程序下认定为虚开发票违法行为，在税收刑事司法程序下认定为逃税或非法购买发票犯罪行为。[2]（6）纳税人的救济权。例如，税务机关作出的一些特殊行政处罚，由于可以与刑事处罚并存，如果刑事司法程序吸收行政复议、诉讼程序，关于这些特殊行政处罚，纳税人就无法寻求救济。再如，对于逃税犯罪的初犯免责，由于缴纳滞纳金、已受行政处罚是条件，如果刑事司法程序吸收行政复议、诉讼程序，纳税人为不受刑事处罚，事实上就要放弃相关司法救济权。换言之，在刑事处罚层面，纳税人为满足初犯免责的条件，可以先行补缴税款、缴纳滞纳金和罚款，但不能妨碍纳税人通过行政复议和诉讼寻求司法救济。[3]毕竟，在任何情况下，税务机关的征税、处罚决定都应当是合法、适当的。

2. 两项程序相互独立的可行性

两项程序相互独立不仅具有必要性，还具有可行性。首先，平衡"刑事优先"和"先行后刑"冲突立场的选择。需要先行指出的是，单方面执行某一种立场，都会产生较多的问题。一方面，如果执行"刑事优先"，至少会产生部分违法行为的继续和危害后果的扩大不能及时遏止、逃税罪"初犯"不究制度实施会遇到障碍、已作出的行政处罚决定合法性存疑或同类违法行为会受到差别对待等问题。另一方面，如果执行"先行后刑"，至少会产生一事二罚、税收刑事司法程序的完结会非常缓慢和耗时、不能及时打击税收犯罪活动等问题。事实上，在税收领域，严格执行"先行后刑"，往往存在于司法机关对税法专业知识较缺乏的时期，即源于税的特殊复杂性、专业性，司法机关对税收犯罪行为的查实需要依赖税务机关以及税务法院或专业的行政审判机构。当前我国并不处于这样的时期，经过这么多年积累下来的税收法治建设和教育成果，司法机关办案人员，尤其是刑事法官，已经掌握足够的税法专业知识，能够独立审判税收违法案件。综上，选择双轨制，能够最大化避免上述两方面的问题，尤其是可以避免"刑事优先"下相关的问题，而无

---

〔1〕　相关案例，参见河南省信阳市中级人民法院行政判决书（〔2019〕豫15行终184号）。

〔2〕　相关案例，参见安徽省亳州市中级人民法院刑事判决书（〔2019〕皖16刑初27号）、四川省广元市利州区人民法院刑事判决书（〔2019〕川0802刑初4号）。

〔3〕　参见张明楷：《逃税罪的处罚阻却事由》，载《法律适用》2011年第8期，第40页。

法避免的一事二罚问题则可以通过引入专门的衔接规则来解决。事实上，前文阐述的主张"先行后刑"一些理由并不要求刑事司法程序的中止，与实施双轨制的主张契合度也较高。

其次，对现行税收行刑衔接相关规则的包容性。（1）确立税款征收优先的规则，双轨制并不阻碍税务机关对违法行为追缴税款，相反，考虑到税法从国库利益维护的角度赋予税务机关的诸多基于稽征便利、效率的征管权，双轨制能够保障这一规则的实施。此外，2024 年"两高"《解释》对逃税的刑事处罚规定的行政处理前置规则，可以视为对双轨制的修正，且仅仅局限于逃税领域，同时，行政处罚等后续行政执法程序与刑事司法程序依然可以独立展开。（2）一方程序中的证据向另一方程序移送，在另一方程序中使用的规则，在双轨制下依然适用，证据如果存在问题，还是可以重新调查或作为线索对待。与此相关，在双轨制下，会存在一方程序裁决与另一方程序裁决最终结果冲突的情形，例如，纳税人同一行为，在税收行政执法程序中被认定为逃税，但在税收刑事司法程序中被认定为避税。此时，纳税人认为逃税认定有错误可以通过行政复议、诉讼（包括上诉）以及申请再审寻求救济，同样地，检察院认为避税认定有错误可以提出抗诉（再审）予以纠正。（3）基于案件审理需要以相关案件审理结果为依据的行政复议、诉讼中止规则，双轨制确立的税收行政执法程序独立性主要是针对行政处罚程序，同时，上述两类行政救济程序的中止也仅仅是基于个案。

最后，意大利立法的域外经验支持。意大利在税收行政执法与刑事司法关系立法方面曾经历了从"先行后刑"到双轨制的改变。意大利在 20 世纪 30 年代到 80 年代初，施行"先行后刑"，原因在于税收的专业性和复杂性，即主张税收特殊主义。1982 年之后改变为双轨制，在这一年有关税收领域中"先行后刑"的规定全部失效或被废除，[1]主要原因在于"先行后刑"下税收刑事案件数量极少，使得税收刑事处罚的惩处、震慑功能严重不足。[2]目

---

〔1〕 包括意大利 1929 年法（Legge 7 giugno 1929, n. 4）第 21 条第 3 款，该款规定"对于有关直接税的法律所规定的犯罪而言，刑事行动在税和相关的附加税的查定行为成为最终性以后发生"，以及规定类似内容的《1972 年增值税法》第 58 条和《1973 年所得税查定法》（Decreto del Presidente della Repubblica 29 settembre 1973, n. 600）第 56 条。关于本书提到的意大利《1973 年所得税查定法》，法源出处都为"Decreto del Presidente della Repubblica 29 settembre 1973, n. 600"，下文不再赘述。

〔2〕 参见翁武耀：《税收犯罪立法研究——以意大利税收刑法为视角》，法律出版社 2022 年版，第 3~8 页。

前，双轨制被明确规定在意大利2000年3月10日颁布的关于新所得税和增值税犯罪惩罚的第74号立法令（作为税收单行刑法，以下简称《2000年税收犯罪惩罚法》）之中。[1]该法第20条规定："税收查定程序和税务诉讼程序不因以同一事实或以特定的事实（该事实的查定决定相关的裁决）为客体的刑事程序尚未终结而中止。"这样，对于税收行政执法程序，刑事裁判没有任何的威权性，即使在刑事司法程序调查的事实是同一事实，即基于这一事实税务机关实施了税收查定，同时就税务机关某项税收具体行政行为的效力，税务（行政）法官也不再需要援引一项涉及税收犯罪的刑事裁判。与此相关，《2000年税收犯罪惩罚法》第21条第1款规定："就犯罪消息中的税收违法行为，主管税务机关无论如何要作出行政处罚。"换言之，根据程序的独立性，即使需要受行政处罚的税收违法行为同时涉及刑事违法性，税务机关也应当处以行政处罚。至于税收刑事司法程序中止的排除，一方面源于意大利相关法律没有规定刑事司法程序需要因行政执法程序未终结而中止的一般规则，包括在税收领域。另一方面，即使意大利《刑事诉讼法典》第479条也规定了刑事法院基于个案可以在犯罪存在与否的决定取决于民事或行政争端的解决的情形中止审理，但条件是相关法律对民事或行政争端解决过程中的证据没有特殊的规定，[2]这一条件排除了税收刑事案件审理中止的可能性。[3]因为在意大利税收行政程序中，存在一些举证上的限制，例如禁止证人证言，以及可以适用推定。[4]总体而言，意大利在税收行刑衔接领域实施双轨制已经40多年，两项程序相互独立又紧密关联（涉及下文将提到的报告义务与一事不二罚），《2000年税收犯罪惩罚法》上的相关规定也较完善，已经有效适用了24年，一直未修改过。

（二）双轨制下税收行刑衔接问题的处理

在确立税收行政执法与刑事司法两项程序双轨制之后，就需要处理好两项程序相互独立后产生的一些衔接问题，主要包括三项，分别是一方向另一

---

〔1〕　Cfr. Decreto Legislativo 10 marzo 2000, n. 74. 关于本书提到的意大利《2000年税收犯罪惩罚法》，法源出处都为"Decreto Legislativo 10 marzo 2000, n. 74"，下文不再赘述。

〔2〕　Cfr. l' art. 479 del Codice di Procedura Penale.

〔3〕　Cfr. Paolo Corvi, *I rapporti tra accertamento tributario e accertamento penale*, in AA. VV., *La nuova giustizia penale tributaria*, Collana diretta da C. Conti etc., CEDAM, 2016, p.467.

〔4〕　Cfr. Maurizio Villani, *Cenni di diritto penale tributario*, in *Legali.com*, il 26 luglio 2011, disponibile nel seguente sito: https://www. legali. com/spip. php? article1526.

方程序启动的报告义务、一事二罚的避免以及避免行政裁决和刑事裁决"打架"局面的出现。

1. 报告义务

两项程序的相互独立并不意味着税务机关与司法机关之间就没有合作。事实上，一方面，为及时打击税收犯罪活动，税务机关应当将涉嫌犯罪的税收违法行为告知给司法机关，另一方面，为确保国家税款尽快征缴、及时遏止部分税收违法行为的继续和危害后果的扩大以及实施逃税罪"初犯"不究制度，司法机关也应当将税收违法行为告知给税务机关。对此，关于前者，我国《税收征收管理法》第77条和《行政处罚法》第27条分别规定了税务机关的移交和移送义务，关于后者，除了针对不需要或免予刑事处罚的税收违法行为，我国相关法律没有再规定司法机关的反向移送义务。正如前文所指出的移交义务可能存在着的问题，在双轨制下移交义务的合理性就存在疑问了，同时，需要考虑的是，在双轨制下简单地改为移送义务是否为唯一的选择？或者是否有更合适的选择？对此，意大利相关立法规定的是报告义务。关于税务机关的报告义务，法律依据是意大利《刑事诉讼法典》第331条，该条第1款规定："公职人员和负责公共服务执行的人员在履行职责或服务过程中或因其职责或服务而知道可起诉的罪行时，应以书面形式报告，即使该罪行归于的人的身份还不明。"第2款规定："报告应毫不迟延地提交给检察官或司法警官。"[1] 其中，报告需要说明证据来源。关于司法机关的报告义务，法律依据是意大利《1973年所得税查定法》第36条，该条的核心内容是：在被任命实施检查或监督活动的公共机构以及司法机构，在履行职责过程中或因其职责而知道可能构成税收违法行为的事实，应当将这些事实告知给发现地点的主管财政警察，并提供任何可以证明这些事实的文件。财政警察再将相关资料、信息和文件移送给税务机关。

2. 一事不二罚

在双轨制下，程序的一事二罚无法避免，即同一税收违法行为分别置于行政执法程序和刑事司法程序受检（调）查并被分别处以行政和刑事处罚，需要避免的只能是实体的一事二罚，即避免两个程序下作为结果的处罚的适用重复。对此，正如前文所述的，鉴于行政处罚类型的多样性以及行政处罚

---

[1] Cfr. l' art. 331 del Codice di Procedura Penale.

对刑事责任追究的影响，避免二罚并不能简单地根据重罚吸收轻罚原则处理。换言之，基于比例原则的考虑，在通常情况下应当仅适用刑事处罚，但是，存在一些特殊情况，需要适用行政处罚。这样，相关规则的设计就变得复杂。对此，意大利的经验值得研究。意大利《2000年税收犯罪惩罚法》首先在第19条引入了特殊性原则，其第1款规定："当同一事实既需要根据（本法）第二章规定的某一条款受处罚，也需要根据某一规范行政处罚的条款受处罚，在这两项条款之间仅适用那项特殊的条款。"根据这一规定，面对刑事处罚，行政处罚并不意味着不适用，不过，鉴于刑事处罚规则的适用条件要更为苛刻，例如关于税收犯罪的构成要件，通常情况下实际执行的是体现特殊性的刑事处罚。为落实特殊性原则，《2000年税收犯罪惩罚法》第21条第2款规定："除非刑事程序以不予受理裁决或者以不可撤销的免诉或无罪判决而终结，即除非事实的刑事意义被排除，上述处罚（第1款规定的行政处罚）不具有执行性。"根据这一规定，当税收刑事司法程序为终结时，行政处罚应当中止执行，只有当最终裁决了无罪、驳回起诉或不予受理，即不需要刑事处罚的时候，行政处罚才可以执行。[1]当然，当最终判决给予刑事处罚时，根据特殊性原则，就排除行政处罚的适用。不难得出，意大利上述规则的引入主要是为了避免实体的一事二罚，不过，中止执行并最终不适用的行政处罚范围似乎包括了所有类型的处罚。这与意大利税收违法行为的行政处罚类型明确规定仅限于罚款和辅助罚有关。[2]其中，辅助罚就是资格罚，与针对税收犯罪行为的辅助罚（资格刑）是同类的，且严厉程度低于后者。[3]此外，意大利《2000年税收犯罪惩罚法》第13条及其附加第1条规定了刑事处罚减免规则，减免的前提条件是纳税人已经缴纳税收债务以及相关的行政处罚和利息，这意味着第21条第2款规定的行政处罚中止执行存在例外，即纳税人

---

〔1〕　Cfr. Bruno Sechi, *Riforma dei reati tributari: più pregi che difetti*, in *Penale. it*, il 3 febbraio 2001, disponibile nel sito seguente: http://www. penale. it/document/sechi_ 01. htm.

〔2〕　Cfr. l' art. 2 del Decreto Legislativo 18 dicembre 1997, n. 472 - Disposizioni generali in materia di sanzioni amministrative per le violazioni di norme tributarie.

〔3〕　例如，都是禁止在公司和其他法人组织担任管理人、审查员、监事等职务，在税收行政处罚下仅限于6个月以内，而在税收刑事处罚下为6个月至3年。Cfr. l' art. 21 del Decreto Legislativo 18 dicembre 1997, n. 472 - Disposizioni generali in materia di sanzioni amministrative per le violazioni di norme tributarie e l' art. 12 del Decreto Legislativo 10 marzo 2000, n. 74 - Nuova disciplina dei reati in materia di imposte sui redditi e sul valore aggiunto.

主动承担行政处罚，以享受刑事处罚减免的待遇。[1]

3. 集中管辖

纳税人实施逃税等税收违法行为，在一些情况下，根据目前《行政诉讼法》和《刑事诉讼法》关于案件管辖地的规定，可能会出现管辖纳税人提起的税收行政诉讼案件的法院与管辖纳税人税收刑事案件的法院不一致的情况。根据《行政诉讼法》第18条第1款的规定："行政案件由最初作出行政行为的行政机关所在地人民法院管辖……"为此，税务行政案件通常由在税务稽查局所在地的法院管辖。而目前税务稽查局存在跨区管辖的情形，例如，发生在余姚市的税收违法行为由不在余姚市的宁波市税务局第二稽查局负责查处。[2]相反，《刑事诉讼法》第25条规定："刑事案件由犯罪地的人民法院管辖，如果由被告人居住地的人民法院审判更为适宜的，可以由被告人居住地的人民法院管辖。"为此，上述税收违法行为如果由登记注册地在余姚的企业纳税人实施，管辖税收行政诉讼案件的法院和管辖税收刑事案件的法院就不是同一法院。此外，即使是在大多数情况下，管辖这两类案件的法院是同一法院，也存在审理法庭不一致的情况。此时，在双轨制下，可能会出现不同法院或法庭针对同一税收违法行为的两项裁决在定性、定量等方面不一致的情况。当然，行政裁决和刑事裁决存在不一致有正当的一面，但是如果是"打架"的一面，从司法全局考虑，还是需要避免。对此，可以通过税收案件的法院管辖制度改革予以解决，包括跨行政区域案件的法院集中管辖改革，即在一个市（包括直辖市或地级市）内的所有税收案件都由一个法院集中管辖，以及税收案件合议庭"三审合一"集中管辖改革，即由一个审判庭集中审理税收民事、行政、刑事案件。如此，就可以很好地防止上述不同法院、法庭裁决"打架"影响司法全局的问题的出现。事实上，关于前项改革，根据《行政诉讼法》第18条第2款的规定，2024年上海市高级人民法院已经作出了非常有意义的改革，即由上海铁路运输法院、上海市第三中级人民法院

---

〔1〕 参见翁武耀：《税收犯罪立法研究——以意大利税收刑法为视角》，法律出版社2022年版，第31页。

〔2〕 参见国家税务总局宁波市税务局《关于明确各跨区稽查局管辖范围的公告》（国家税务总局宁波市税务局公告2022年第6号）。

集中管辖上海市以税务部门为当事人的行政案件。[1]随后，吉林省高级人民法院也作出了相关改革。[2]不过，上述法院集中管辖的案件不包括税收刑事案件。当然，税收刑事案件的集中管辖以及也归属于上述集中管辖税收行政案件的法院也是可期的。[3]关于后项改革，2023年厦门市思明区人民法院成立全国首个涉税案件合议庭，集中管辖一审涉税刑事、民事、行政案件。[4]综上，未来在税收行刑衔接领域实施双轨制，可以伴随上述法院管辖制度改革逐步推进。

三、《税收征收管理法》行刑衔接立法完善

我国现行税收行刑衔接立法存在诸多不完善与不明确之处，使得有案难移、以罚代刑、"刑事优先"与"先行后刑"争议以及一事二罚等衔接实践中的困境依然存在。考虑到税收行政执法和刑事司法两项程序在目的、处罚的理由和种类、行政和犯罪违法行为构成条件、证据、违法行为认定的结果方面存在差异，确立明确两项程序相互独立的双轨制有着必要性。同时，作为平衡"刑事优先"和"先行后刑"冲突立场的选择、对现行税收行刑衔接相关规则具有包容性以及来自意大利税收行刑衔接相关立法的支持，双轨制也有着可行性。为此，我国税收行刑衔接立法完善的基本路径是确立税收行政执法与刑事司法程序的双轨制，并处理好两者之间的一些关联，例如，报告义务、实体的一事不二罚、案件的集中管辖等。此外，完善的内容还包括一些衔接相关立法，例如，税收衔接规则的适用范围，部分税收违法行为行刑界定、处罚范围的一致等。显然，这涉及税收征管中一项重要的共同规则以及相关征税规则的引入和修改，因此，有必要在税收领域寻求专门的法律进行完善。对此，结合《税收征收管理法》上已有规则存在不足，目前在《税收征收管理法》中对税收行刑衔接相关立法进行完善是最佳选择。据此，

---

〔1〕　参见2024年《上海市高级人民法院关于本市以税务部门为当事人的行政案件集中管辖的规定》。

〔2〕　参见吉林省高级人民法院：《成立涉税务合议庭　建立府院联动机制　协同履职维护国家税收征管秩序》，载 https://mp.weixin.qq.com/s/zFnULP-iSVtem2JkAqp4OA，最后访问日期：2024年12月25日。

〔3〕　目前，在一些领域刑事案件集中管辖也存在。参见熊秋红、余鹏文：《我国刑事诉讼管辖体系之完善》，载《法学杂志》2022年第4期，第60~61页。

〔4〕　参见雷晴：《首个涉税案件合议庭在厦门揭牌成立》，载《中国税务报》2023年12月5日。

为实现法律的确定性和明确性，确保执法的统一性，《税收征收管理法》关于行刑衔接的相关条款可作如下修改。

（一）行刑界定、处罚范围的协调

提高税收违法行为行刑界定、处罚范围在必要方面的一致性。对此，首先需要肯定的是，《税收征收管理法修订草案（征求意见稿）》对逃税等违法行为界定和处罚的修改符合这一要求。例如，《税收征收管理法修订草案（征求意见稿）》第97条将逃税行为的界定与《刑法》第201条逃税犯罪行为的界定在方式方面保持了一致，即也规定为"采取欺骗、隐瞒手段进行虚假纳税申报或者不申报"。又如，《税收征收管理法修订草案（征求意见稿）》第107条新增非法买卖发票违法行为并处罚，与《刑法》规定的相关非法买卖发票犯罪在处罚范围上保持了一致。再如，《税收征收管理法修订草案（征求意见稿）》第107条和第108条将《发票管理办法》规定的虚开发票和伪造、变造发票违法行为纳入《税收征收管理法》之中，提高了行刑衔接相关立法的法源层级并实现了集中化，更有利于衔接工作的开展。其次，还存在有待完善之处。例如，关于逃税的界定，在主体上，建议《税收征收管理法》和《刑法》不要限制于纳税人和扣缴义务人，应当修改为任何具有纳（缴）税申报义务的人。又如，还有个别税收违法行为没有明确纳入到行政处罚的范围，例如非法购买增值税专用发票，建议《税收征收管理法》纳入进来，并规定"构成犯罪的，依法追究刑事责任"，与《刑法》非法购买增值税专用发票罪保持一致。再如，为提高法源层级和集中化，建议将《税收征收管理法实施细则》规定的非法印制、伪造完税凭证及其处罚也纳入到《税收征收管理法》中规定。

（二）双轨制的确立

确定税收行政执法程序与刑事司法程序双轨制。对此，首先，需要指出2015年《税收征收管理法修订草案（征求意见稿）》对目前税收行刑衔接中的基本问题未作立法修改上的回应。其次，对双轨制的确立，《税收征收管理法》在引入相关规则时需要注意几个问题：（1）这一规则适合与两程序间的报告义务结合起来，统一规定在一条之中。（2）规定税收行政执法程序不中止即可，不用同时规定税收刑事司法程序的不中止。这是因为"刑事优先"更为强势，相关政策依据更多，我国《刑事诉讼法》也没有关于刑事诉讼程序在涉及其他程序中的有关案件尚未审结的情况下需要中止的规定，同时，

《税收征收管理法》也不适合来规定。（3）强调针对的是同一税收违法行为。据此，结合《税收征收管理法修订草案（征求意见稿）》对税收执法程序的重新划分，建议《税收征收管理法》引入以下条款："……税额确认、税款追征、税务检查、行政处罚、税务行政复议和诉讼等程序不因以同一税收违法行为为处理对象的刑事司法程序尚未终结而中止。"

（三）报告义务对移交义务的替换

优先考虑以报告义务对移交义务的替换。对此，首先，《税收征收管理法修订草案（征求意见稿）》删除了《税收征收管理法》第77条关于税务机关移交司法机关的一般规则，但是在每一条针对每一项税收违法行为的处罚规定中都补充了"涉嫌犯罪的，移送司法机关依法处理"内容，并删除了"构成犯罪的，依法追究刑事责任"内容。[1]这一修改需要避免，一方面，不管是移交义务还是报告义务，一般规则的保留还是更有必要，这是因为一般规则立法更简练，避免重复，同时可以发挥兜底的功能，毕竟《税收征收管理法》很难确保每一项税收违法行为的处罚都有规定。另一方面，不同于"涉嫌犯罪的……"规定，"构成犯罪的……"规定明确相关违法行为还存在刑事责任的可能，更符合所处《税收征收管理法》"法律责任"这一章的定位，且在一般规则完善的情况下对行刑衔接没有不利影响，也应当保留。其次，需要肯定的是，《税收征收管理法修订草案（征求意见稿）》在文字上将税务机关对司法机关的移交改为移送是合适的，也与《行政处罚法》的规定保持一致。事实上，在双轨制下，改为报告义务更符合两程序相关独立的关系，但是将移交改为移送也并非不可以，可以作为一种保守的替换选择。再次，在规定税务机关的报告义务时，确保要报告的税收违法行为的全面性，不能像《税收征收管理法》第77条那样仅明确规定5项违法行为并对违法行为的实施主体作限定，即需要有兜底的规定。最后，关于司法机关的报告义务，《税收征收管理法》规定报告义务的主体可不限于司法机关。综合以上各点，关于报告义务的规定，建议《税收征收管理法》修改第77条，其中，第1款规定："税务机关发现纳税人、扣缴义务人等主体实施的逃税、逃避追缴

---

[1]《税收征收管理法修订草案（征求意见稿）》第97条第1款规定："纳税人采取欺骗、隐瞒手段进行虚假纳税申报或者不申报，逃避缴纳税款的，由税务机关追缴其不缴或者少缴的税款，并处不缴或者少缴的税款百分之五十以上三倍以下的罚款；涉嫌犯罪的，移送司法机关依法处理。"

欠税……税收违法行为涉嫌犯罪的，应当及时向司法机关报告，并附带证据或说明证据来源，但税额确认……程序不……中止。"第2款规定："司法机关以及其他政府有关部门在履行职责的过程中发现可能构成税收违法行为的事实，应当及时向税务机关报告，并附带证据或说明证据来源。"

（四）一事不二罚和行刑并罚

实现实体的一事不二罚和特殊情况下适用行刑并罚。对此，首先，为确保实体的一事不二罚，事实上，不管是按照重罚吸收轻罚原则还是按照特殊性原则，结果还是仅适用刑事处罚，即行政处罚只有当不需要追究刑事责任或者免予刑事处罚才适用。为此，为更加明确，可以直接规定仅执行刑事处罚或不执行行政处罚。其次，在规定行政处罚不得执行的同时，应当明确规定例外的情形，例如，与刑事处罚性质不同的行政处罚，被处罚主体主动履行的行政处罚。据此，《税收征收管理法》第77条的修改，需再规定三款，其中，第3款规定："同一税收违法行为，在可能同时受行政处罚和刑事处罚的情况下，行政处罚不得执行，但性质与刑事处罚不同的行政处罚除外。"第4款规定："为不被追究刑事责任或减免刑事处罚，纳税人、扣缴义务人等主体主动履行行政处罚决定的，不受第三款规定的限制。"第5款规定："税收违法行为依法不需要追究刑事责任或者免予刑事处罚的，司法机关在作出决定后应当及时通知税务机关，在存在行政处罚的情况下，执行行政处罚。"

第十三章

隐匿或销毁会计资料罪立法的完善

从 1999 年《刑法修正案》在《刑法》第 162 条之一引入隐匿或销毁会计资料罪以来，该罪立法至今未进行过修改。作为经济犯罪，在当前我国社会、经济、法治等领域快速发展、变化的背景下，隐匿或销毁会计资料罪刑事立法无疑需要重新进行一番检视，以符合新时期的需求。不过，比较遗憾的是，不管是法学界还是会计学界，较少关注本罪的刑事立法问题与完善，相关研究也并不多见，尤其是从打击税收犯罪的角度，毕竟隐匿或销毁会计资料会严重妨碍税收的有效征管。此外，国外隐匿或销毁会计资料罪刑事立法更是鲜有研究。意大利被称为"刑法之乡"，不仅在其《刑法典》中规定了废除、销毁和隐匿真实文书罪，还在税收单行刑法《2000 年税收犯罪惩罚法》中专门规定了隐匿或销毁会计资料罪，同时有关该罪适用的司法判决亦非常丰富。[1] 为此，本章以我国问题为导向，比较中意两国立法的异同，结合相关司法裁判，为完善我国隐匿或销毁会计资料罪刑事立法探究可参考之经验，包括从更有效打击税收犯罪的角度，并提出立法完善建议。

一、现行立法解构与适用

我国《刑法》第 162 条之一规定的隐匿或销毁会计资料罪是由 1999 年《刑法修正案》所引入，规定于《刑法》第三章"破坏社会主义市场经济秩序罪"第三节"妨害对公司、企业的管理秩序罪"下，共两款。其中，第 1 款规定："隐匿或者故意销毁依法应当保存的会计凭证、会计账簿、财务会计

---

[1] 关于意大利隐匿或销毁会计资料罪立法解析，详见翁武耀：《论我国隐匿或销毁会计资料罪刑事立法的完善——基于意大利隐匿或销毁会计资料罪立法的启示》，载《经贸法律评论》2024 年第 5 期，第 117 页。

报告，情节严重的，处五年以下有期徒刑或者拘役，并处或者单处二万元以上二十万元以下罚金。"第 2 款则规定了单位犯罪的处罚。相比于意大利《2000 年税收犯罪惩罚法》规定的隐匿或销毁会计资料罪，虽然都旨在刑事处罚隐匿或销毁会计资料行为，有诸多相同的方面，但是两国刑事立法也存在诸多差异。

（一）保护的法益

不同于意大利隐匿或销毁会计资料罪纳入税收犯罪体系之中，刑事立法专门旨在保护税收查定活动的正常开展以及税款完整、及时地入库，我国隐匿或销毁会计资料罪并未规定于《刑法》第三章第六节"危害税收征管罪"之中，即并非一项专门的税收犯罪。因此，本罪保护的法益与税收征管和国库利益并不直接相关。我国《会计法》第 23 条（第一句）规定，"各单位对会计凭证、会计帐簿、财务会计报告和其他会计资料应当建立档案，妥善保管"。根据该规定，我国刑法引入隐匿或销毁会计资料罪旨在打击违反会计资料强制性保管义务的行为，进而保护国家会计核算制度，这是因为会计核算能够将相关主体的经济活动及成果进行连续、系统、全面、真实地反映。[1]事实上，通过会计资料完整性、真实性的保存，相关主体的活动信息和经营状况可以被国家有效掌握、监督，有助于国家维护市场经济管理秩序。相反，相关主体隐匿、销毁会计资料，也往往出于隐匿、销毁证据和线索的目的，以掩盖其其他违法行为，这些违法行为并不局限于逃税等税收违法行为。不过，需要特别强调的是，虽然本罪被规定于"妨害对公司、企业的管理秩序罪"下，但是保护的法益并非仅限于公司、企业的会计核算制度，而是还包括国家机关、社会团体、事业单位和其他组织等所有应依法进行会计核算的组织的会计核算制度。比如，根据相关案例的判决，[2]包括学校、村组织的会计核算制度。这是因为《会计法》并没有仅对公司、企业规定会计资料保管义务，[3]同时，1999 年《刑法修正案》在引入本罪时也没有规定仅针对公

---

[1] 参见罗朝辉：《论隐匿、销毁会计资料罪》，载《湖南大学学报（社会科学版）》2002 年第 1 期，第 91 页。

[2] 参见河南省濮阳县人民法院刑事判决书（［2010］濮刑初字第 21 号）、北京市第二中级人民法院刑事判决书（［2012］二中刑终字第 285 号）。

[3] 《会计法》第 2 条第 2 款规定："国家机关、社会团体、公司、企业、事业单位和其他组织（以下统称单位）必须依照本法办理会计事务。"同时，《会计法》第 3 条规定："各单位必须依法设置会计账簿，并保证其真实、完整。"

司、企业的会计资料保管，而第 162 条之一显然也并不隶属于第 162 条，[1]后者明确规定是针对公司、企业的妨害清算违法行为。因此，如果说意大利隐匿或销毁会计资料罪保护的是以会计资料作为工具、手段的税收征管制度，目前我国隐匿或销毁会计资料罪保护的则是国家强制要求的会计资料保管本身，根据相关案例的裁决，[2]也可以说是国家财务会计管理秩序，尽管也间接地保护了税收征管制度等其他一些犯罪所保护的法益。

（二）犯罪主体和主观要件

首先，本罪犯罪主体属于一般主体，与意大利隐匿或销毁会计资料罪属于大众犯是一致的，即所有具有会计资料保管义务的国家机关、社会团体、公司、企业、事业单位等组织和个人都可以成为本罪的主体。其中，自然人犯罪主体，主要是相关组织内部的会计人员、有关主管人员和直接责任人员。[3]此外，参考意大利经验，对会计资料有着支配作用的任何主体（事实上的保管者）也可以成为本罪的主体。其次，本罪作为故意犯，这一点也与意大利隐匿或销毁会计资料罪是一致的，即犯罪主体知晓并想要隐匿或者销毁依法应当保存的会计凭证、会计账簿、财务会计报告，因过失或没有过错而导致会计资料被毁或遗失，则不构成本罪。对此，我国立法中还明确规定了"故意"两字，更是强调了这一点。不过，与意大利立法不同的是，我国隐匿或销毁会计资料罪并不属于特定目的犯，如逃税目的犯，现行立法没有规定本罪的构成需要行为人基于特定的目的。不过，在司法实践中，已经有相关案例的裁决认定行为人隐匿或销毁会计资料需要为了逃避有关监督检查部门依法实施的监督检查，才构成本罪，如果不是，比如因所在单位内部的矛盾出于泄愤等个人目的，就构成破坏生产经营罪。[4]

（三）客观要件

1. 会计资料的范围

根据《刑法》第 162 条之一的规定，纳入本罪处罚范围的会计资料包括

---

〔1〕 参见齐文远、刘代华：《关于〈中华人民共和国刑法修正案〉第 1 条的研讨》，载《法商研究（中南政法学院学报）》2001 年第 2 期，第 86 页。

〔2〕 参见上海市第二中级人民法院刑事裁定书（［2021］沪 02 刑终 595 号）。

〔3〕 参见王秀梅、杜澎：《论隐匿、销毁财会凭证罪》，载《中国刑事法杂志》2000 年第 4 期，第 47 页。

〔4〕 参见上海市第二中级人民法院刑事裁定书（［2021］沪 02 刑终 595 号）。

会计凭证、会计账簿、财务会计报告。其中，根据《会计法》第 14 条和第 15 条的规定，会计凭证包括原始凭证（如发票、收据等）和记账凭证，会计账簿包括总账、明细账、日记账和其他辅助性账簿。此外，根据 2016 年《会计档案管理办法》第 6 条的规定，会计账簿还包括固定资产卡片，财务会计报告包括月度、季度、半年度、年度财务会计报告。不过，《刑法》关于本罪客体会计资料范围的规定，与《会计法》第 23 条规定的应当妥善保管的会计资料范围存在差异，后者除了规定上述三类会计资料以外，还规定了第四类，即"其他会计资料"。根据《会计档案管理办法》第 6 条的规定，其他会计资料包括银行存款余额调节表、银行对账单、纳税申报表、会计档案移交清册、会计档案保管清册、会计档案销毁清册、会计档案鉴定意见书及其他具有保存价值的会计资料。显然，因为缺乏兜底条款，我国《刑法》保护的会计资料范围小于《会计法》所规定的应当保管的会计资料范围，这样，无疑也小于意大利立法所规定的需要强制性保存的会计资料范围。比如，不同于意大利，关于每一项交易事项的书信集、电报、相关合同等资料并不属于我国隐匿或销毁会计资料罪处罚范围的会计资料。具体而言，不属于我国《会计法》所规定的原始凭证，因为不构成能够证明经济业务发生或完成情况的单证，当然，也不属于记账凭证、会计账簿和财务会计报告。不过，需要特别一提的是，作为主流的观点，根据相关案例的裁决，[1]企业账外资金的会计资料、非企业单位私设"小金库"的账目，即使是有关违法活动的收支凭证，只要反映实际发生的经济业务事项或资金往来情况，也被认为属于应当妥善保管的会计资料。

2. 客观行为

与意大利立法一样，我国立法关于本罪客观行为也简单地规定为隐匿或者销毁会计资料。其中，隐匿是指针对财政、审计、税务、人民银行、证券监管、保险监管等机关的依法检查监督，应当交出会计资料而不交出或加以藏匿的行为。[2]而销毁则是通过各种途径毁灭会计资料的行为。显然，隐匿、销毁的实质都在于造成查定机关对会计资料的不可支配性。不过，相比于意

---

[1] 参见广州铁路运输中级法院刑事裁定书（[2013] 广铁中法刑终字第 19 号）、云南省文山市人民法院刑事判决书（[2017] 云 2601 刑初 57 号）。

[2] 参见罗朝辉：《论隐匿、销毁会计资料罪》，载《湖南大学学报（社会科学版）》2002 年第 1 期，第 92 页。

大利立法，我国立法存在两方面的差异：首先，关于会计资料保管的期限，《会计档案管理办法》第 14 条第 1 款规定："会计档案的保管期限分为永久、定期两类。定期保管期限一般分为 10 年和 30 年。"保管期限届满后，除了特殊的情况外，[1]行为人即销毁会计资料，并不够构成本罪，此时当然也不存在隐匿的问题。总体而言，我国关于会计资料保管的期限要长于意大利的规定。其次，我国立法没有像意大利立法关于隐匿或者销毁会计资料数量的规定，即没有隐匿或销毁"全部或部分"会计资料的规定。当然，这种差异并不具有实质性的意义，隐匿或销毁会计资料的表述包含隐匿或销毁全部会计资料和部分会计资料的情况。

3. 严重情节

根据刑法谦抑性原则，隐匿或销毁会计资料本身并不足以构成犯罪。为构成犯罪，与意大利立法还规定要产生所得或交易额无法重构的结果一样，我国立法也规定还需要满足情节严重这一构成要件。当然，源于中意隐匿或销毁会计资料罪保护的法益的不同，并与保护的法益相对应，我国立法中的情节严重显然不会局限于税收领域的问题。对此，相关司法解释进行了明确规定。根据最高人民检察院、公安部 2022 年修订后的《关于公安机关管辖的刑事案件立案追诉标准的规定（二）》（公通字［2022］12 号，以下简称《追诉标准的规定（二）》）第 8 条的规定："隐匿或者故意销毁依法应当保存的会计凭证、会计帐簿、财务会计报告，涉嫌下列情形之一的，应予立案追诉：（一）隐匿、故意销毁的会计凭证、会计帐簿、财务会计报告涉及金额在五十万元以上；（二）依法应当向监察机关、司法机关、行政机关、有关主管部门等提供而隐匿、故意销毁或者拒不交出会计凭证、会计帐簿、财务会计报告的；[2]（三）其他情节严重的情形。"比如，有学者认为，其他严重情节包括多次隐匿、销毁会计资料，隐匿、销毁重要会计资料，或者隐匿、销

---

〔1〕 比如，保管期限届满但未结清的债权债务原始凭证和涉及其他未了事项的原始凭证；再如，正在项目建设期间的建设单位保管期限已满的会计档案。

〔2〕 根据公安部经济犯罪侦查局《关于对隐匿销毁会计资料罪有关问题请示的答复》（公经［2002］1605 号），下列单位（人员）在执行公务中有权要求会计机构或会计人员提供会计资料：①依法实施监督检查的财政、审计、税务、人民银行、证券监管、保险监管、监察、党的纪律检查机关等监督检查机关（部门）；②办理相关刑事案件的公安、司法机关；③上级主管部门、人民政府及其授权机构；④股东（大）会、董事会、监事会、职能监督部门或单位领导人、会计主管人员等；⑤法律法规规定的其他部门。

毁会计资料导致公司、企业遭受重大经济损失。[1]根据以上关于严重情节的认定，由于上述司法解释规定的第 2 种、第 3 种严重情节，应当说我国隐匿或销毁会计资料罪也没有入罪门槛的规定。尤其是第 2 种严重情节，在很多情况下，行为人为掩盖违法行为，如针对纳税人逃税，税务机关实施税务检查，或者公安机关实施案件调查，要求纳税人提供相关会计资料，该情节本身就内涵于《刑法》第 162 条之一规定的隐匿、销毁会计资料行为中。事实上，基于保护的法益是会计资料保管本身，本罪属于典型的行为犯，行为人实施隐匿或销毁会计资料行为即可构成本罪，相关案例的判决也确认了这一点。[2]正如虚开增值税专用发票罪，如果将该罪保护的法益理解为是发票管理秩序本身，该罪就属于行为犯。也正是基于这一点，从作为犯罪构成限制条件的严重情节的角度，我国隐匿或销毁会计资料罪构成所受到的限制要小于意大利隐匿或销毁会计资料罪，毕竟在上述举例中，在意大利还需要满足所得或交易额无法重构这一结果。

（四）与其他相关犯罪的关系

首先，在我国隐匿或销毁会计资料罪并不属于某项罪名的特殊犯罪。从某种意义上，鉴于我国隐匿或销毁会计资料罪构成要件的宽松性，比如，不要求特定犯罪目的和特定损害结果，我国隐匿或销毁会计资料罪与意大利废除、销毁和隐匿真实文书罪处于同一层面。这样，寻求和补充我国隐匿或销毁会计资料罪的特殊犯罪或特别条款是存在空间的。此外，我国现行刑事立法也不存在一项与隐匿或销毁会计资料罪构成法条竞合的罪名，当然也无须规定依照重罪处理的原则。从中可以认为，我国对隐匿或销毁会计资料违法行为的刑事立法相对简单、清晰。

其次，与逃税罪、骗税罪、贪污罪等犯罪的关系。这里需要先行指出的是，在 1999 年《刑法修正案》之前，隐匿、销毁会计资料等一些严重破坏会计秩序的违法行为，"没有作为单独犯罪加以规定，而只是在其已经造成严重后果后，作为犯罪情节、手段，分别以偷税罪、逃避追缴欠税罪、骗取出口

---

〔1〕参见王秀梅、杜澎：《论隐匿、销毁财会凭证罪》，载《中国刑事法杂志》2000 年第 4 期，第 46 页。

〔2〕参见江苏省泰州市中级人民法院刑事判决书（〔2018〕苏 12 刑终 66 号）。

退税罪、贷款诈骗罪、贪污罪、挪用公款罪等追究刑事责任"。[1]比如，在2009年《刑法修正案（七）》对《刑法》第201条逃税罪进行修改之前，该条对偷税行为的界定为："纳税人采取伪造、变造、隐匿、擅自销毁账簿、记账凭证，在账簿上多列支出或者不列、少列收入，经税务机关通知申报而拒不申报或者进行虚假的纳税申报的手段，不缴或者少缴应纳税款。"在《刑法修正案（七）》之后，逃税行为已经被界定为"纳税人采取欺骗、隐瞒手段进行虚假纳税申报或者不申报"，当然，其中的欺骗、隐瞒手段也包括隐匿、销毁会计资料。[2]那么，在目前隐匿、销毁会计资料行为被独立定罪的情况下，如果行为人以隐匿、销毁会计资料行为实施以逃税、骗税、贪污等为目的的其他犯罪时，应当如何定罪？处一罪还是数罪并罚？对此，一方面，有相关案例的判决指出，[3]隐匿会计资料行为与逃税行为之间存在手段与目的的牵连关系，二者属于牵连犯，应以一重罪处罚，即应以逃税罪处罚。另一方面，有不少相关案例的判决指出，[4]为掩盖虚开增值税专用发票罪、逃税罪等罪行销毁会计资料，除构成虚开增值税专用发票罪、逃税罪等罪行外，还构成销毁会计凭证、会计账簿罪，应数罪并罚。此外，我国学界持有不同的观点。一种观点认为，隐匿、销毁会计资料行为与上述其他犯罪行为之间不存在手段和目的的关系，也不存在前行为是后行为发展的所经阶段、后行为是前行为发展的当然结果的关系，不管行为人实施隐匿、销毁会计资料行为是在其他犯罪行为之前还是之后，都是为掩盖后行为的败露，因此不存在牵连关系或吸收关系，应数罪并罚。[5]对此，相关案例的判决也确认了这一点。[6]另一种观点认为，需要根据不同的情形分别确定：（1）行为人采用隐匿、销毁会计资料的手段进行逃税，属于法条竞合，根据特别法条以逃税罪

---

〔1〕 项怀诚:《关于〈关于惩治违反会计法犯罪的决定（草案）〉的说明》，载 https://www.nlaw.org/a/lifacaoan/ 2014/0106/78997.html，最后访问日期: 2024 年 12 月 24 日。

〔2〕 对此，可以从以下这一点得到印证:2015 年《税收征收管理法修订草案（征求意见稿）》第 97 条第 1 款在对逃税行为按照刑法对逃税行为界定的方式进行界定之后，第 3 款列举了具体的欺骗、隐瞒手段，其中就包括伪造、变造、转移、藏匿、毁灭账簿凭证或者其他相关资料。

〔3〕 参见广西壮族自治区平果市人民法院刑事判决书（［2015］平刑初字第 177 号）。

〔4〕 参见云南省高级人民法院刑事判决书（［2017］云刑终 665 号）、湖北省高级人民法院刑事判决书（［2010］鄂刑三终字第 48 号）。

〔5〕 参见齐文远、刘代华:《关于〈中华人民共和国刑法修正案〉第 1 条的研讨》，载《法商研究（中南政法学院学报）》2001 年第 2 期，第 88 页。

〔6〕 参见安徽省广德市人民法院刑事判决书（［2018］皖 1822 刑初 200 号）。

加以认定；（2）行为人在实施骗税、贪污等其他犯罪行为前隐匿、销毁会计资料，后行为与前行为之间有牵连关系，应当从一重罪处罚；（3）行为人在实施逃税、骗税、贪污等其他犯罪行为后隐匿、销毁会计资料，应当数罪并罚。[1]对于这两种观点，需要先排除法条竞合的情况，这是因为隐匿、销毁会计资料一项行为并不会构成逃税罪，逃税罪的构成有待纳税人实施虚假申报或拒不申报行为。余下，在第一种观点和第二种观点之间，显然第一种观点更具有说服力，这是因为严格意义上来讲隐匿、销毁会计资料并不能被视为逃税等犯罪行为的实行方法、手段。以逃税为例，行为人必须实施虚假申报或不申报行为才可以构成逃税，隐匿、销毁会计资料是为掩盖这一违法行为，不管是在该违法行为实施之前还是之后。

（五）处罚

关于处罚，除了罚金基本持平以外，我国立法的量刑要轻于意大利。比如，关于作为主刑的自由刑，我国立法规定的最高刑是 5 年，低于意大利 7 年的规定，同时我国也没有最低刑期（意大利规定为 3 年）限制的规定。此外，相比于我国《刑法》规定的税收犯罪，我国隐匿或销毁会计资料罪的处罚也要轻于逃税罪等绝大多数税收犯罪，这些税收犯罪最高自由刑都在 7 年或 7 年以上。当然，由于目前我国隐匿或销毁会计资料罪构成要件相对更为宽松，犯罪打击面也更大，处罚更轻也具有一定的合理性。

二、新时期下的立法改造

从我国《刑法》引入隐匿或销毁会计资料罪至今已有 25 年，但对第 162 条之一的规定并未有过修改。事实上，随着我国社会、经济、法治等领域的不断发展、变化，一部分犯罪刑事立法修正需要及时跟进，以满足时代变化的要求，尤其是经济犯罪刑事立法，如隐匿或销毁会计资料罪。尤其是在大数据应用和信息时代下，为掌握公司、企业等组织的经济活动及成果信息，除通过这些组织所保存的会计资料以外，相关机关可以从外部渠道获取信息，比如，其他行政部门以及金融机构、数字平台等第三方提供信息，会计资料强制性保存的重要性在下降。例如，《电子商务法》第 28 条已经规定了平台

---

[1] 参见罗朝辉：《论隐匿、销毁会计资料罪》，载《湖南大学学报（社会科学版）》2002 年第 1 期，第 93 页。

的涉税信息报送义务。同时,《互联网平台企业涉税信息报送规定》旨在进一步规范互联网平台企业向主管税务机关报送平台内经营者和从业人员的涉税信息,对平台需要报送的涉税信息具体范围和内容、报送的时间和程序等要求作了细致规定,能很好地贯彻《电子商务法》第28条。为此,我国隐匿或销毁会计资料罪保护的法益不能再局限于会计资料保管本身,应当理解为会计资料保管所要保护的国家利益,即国家有效掌握、监督企业等组织的活动信息和经营状况,用以维护市场经济管理秩序,这就包括了国家税收的有效征管。因此,有必要对现行隐匿或销毁会计资料罪刑事立法问题进行一番检视,并予以完善。都是针对隐匿或销毁会计资料这一违法行为,意大利刑法关于隐匿或销毁会计资料罪的规定,尽管与我国立法存在诸多差异,但是也正是由于存在其中的一些差异,给我国隐匿或销毁会计资料罪立法问题检视和完善提供了诸多有价值的启示。总体而言,作为立法修正的指导原则,我国隐匿或销毁会计资料罪应当明确限于打击那些为取得不正当利益或损害他人利益的隐匿或销毁行为,并提高犯罪构成要件满足标准、限缩该罪的打击范围,以符合刑法谦抑性原则。

(一)特别考量逃骗税目的

会计与征税存在紧密的特别关联,在此不再赘述。需要特别强调的是,为贯彻量能课税原则,具体而言,为遵循根据纳税人真实负税能力课税的原则,税务机关必须准确掌握纳税人净所得、交易额等税基的实际数额,而这无疑有赖于税务机关的会计分析查定,即我国通常所说的查账征收。对此,纳税人建立健全会计核算制度并按照《会计法》规定妥善保管会计资料至关重要。事实上,不仅是为贯彻量能课税原则的需要,当前我国《税收征收管理法》修订内容所代表的征税趋势也预示着纳税人妥善保管会计资料对征税的特别意义。《税收征收管理法》修订以加强税收征管确定为目标之一,将完善自主纳税申报制度、健全税收确定(查定)制度、以建立纳税评定制度为重点,并将加强税收征管信息化建设、健全涉税信息提供制度。[1]这样,税款的会计分析查定不仅将有明确的法律依据,还将有坚实的保障,进一步而言,会计分析查定作为税收查定的基本原则将在我国得到巩固。在这样的背

---

[1]　参见施正文:《论〈税收征管法〉修订需要重点解决的立法问题》,载《税务研究》2012年第10期,第58页。

景下，隐匿或销毁会计资料行为无疑将对我国量能课税原则的贯彻、税收征管的正常开展造成侵害，也将严重阻碍税务机关、司法机关对逃骗税等税收违法行为的查处。因此，我国刑法可以像意大利税收刑法那样从税收犯罪的角度特别考量隐匿或销毁会计资料行为。当然，这并不是指在逃税等税收犯罪中将该行为作为特定的手段予以考量，而是指对隐匿或销毁会计资料行为单独定罪处罚的基础上，对行为人以税收犯罪为目的所实施的这类行为给予特别的考量，如处更重的刑罚。据此，由于我国刑法并不存在像意大利《刑法典》第 490 条规定的废除、销毁和隐匿真实文书罪，应当保留《刑法》第 162 条之一规定的隐匿或销毁会计资料罪，作为一般犯罪，在此基础上，可考虑增加一款，即规定为（自己或他人）逃骗税的目的实施隐匿或销毁会计资料的，并单独规定刑罚，作为特殊条款。事实上，相比于单独定罪处罚的虚开发票违法行为，同样都属于逃骗税的预备行为，从基于保护税收利益进行单独定罪处罚的需求来看，隐匿或销毁会计资料行为不亚于前者。

（二）明确为目的犯

关于主观要件，首先，本罪属于故意犯，不过，不管是隐匿还是销毁，从文义上来理解都是故意行为，不存在有过失之嫌，无须在条文中仅就销毁行为特别强调"故意"的主观内容。[1]因此，参考意大利税收刑法关于隐匿或销毁会计资料罪的规定，我国《刑法》第 162 条之一第 1 款亦应简化为："隐匿或者销毁……"即去掉"故意"二字。其次，行为人实施隐匿或销毁会计资料，往往出于一定的违法目的，比如，逃避监督检查（掩盖罪行）、清算，或逃避债务、损害其他人的利益等。[2]不过，我国现行立法并没有就行为人实施隐匿或销毁会计资料行为的目的进行特别规定，这也容易造成我国隐匿或销毁会计资料罪的打击面过宽，有违刑法的谦抑性。事实上，在意大利，不仅隐匿或销毁会计资料罪的构成需要考虑行为人的犯罪目的，废除、销毁和隐匿真实文书罪也规定了犯罪目的，即"为了使自己或他人获利或损害他人"。当然，如果仅仅要求逃避监督检查的目的，则其规范内容稍显狭窄，同时，逃避监督检查也仅仅是手段，背后还存在行为人真正的目的。因此，我

---

〔1〕 参见齐文远、刘代华：《关于〈中华人民共和国刑法修正案〉第 1 条的研讨》，载《法商研究（中南政法学院学报）》2001 年第 2 期，第 87 页。

〔2〕 参见罗朝辉：《论隐匿、销毁会计资料罪》，载《湖南大学学报（社会科学版）》2002 年第 1 期，第 92 页。

国有必要将本罪也明确为目的犯，即增加"为了使自己或者他人获得不正当利益或使他人利益受损"。一方面，这与上述增加"逃骗税目的实施隐匿或销毁会计资料的"特殊条款相契合，另一方面，这也与《追诉标准的规定（二）》第8条第3项规定的"情节严重"相契合，即行为人依法应当向监察机关、司法机关、行政机关、有关主管部门等提供而隐匿、故意销毁或者拒不交出会计资料，就是为逃避监督检查，背后往往就出于某种违法目的。

（三）扩大会计资料范围、限制要件构成情形

关于客观要件，首先，关于作为本罪客体的会计资料范围，我国现行立法仅规定包括会计凭证、会计账簿、财务会计报告，正如上文已经指出的那样，该范围偏小。这是因为对于本罪保护的法益而言，其他会计资料的妥善保管同样有着重要意义，同时《会计法》也规定了其他会计资料的保存义务，需要与《会计法》的规定保持一致。此外，在本罪将来也成为目的犯以后，一方面，对于相关犯罪目的的实现，显然隐匿或销毁其他会计资料也有着作用，另一方面，在通过转变本罪为目的犯限制本罪的构成的情况下，即使扩大作为本罪客体的会计资料范围，本罪的入刑处罚也能够得到有效控制。当然，增加"其他会计资料"这一兜底性的条款，更为重要的是，可以及时跟进社会经济的发展变化。对此，一方面是因为"其他会计资料"在公司、企业等组织会计核算制度中的重要性在逐步提高；另一方面通过解释"其他会计资料"的外延，不管是在会计相关法规层面，还是司法解释的途径，可以将一些最新出现的重要资料纳入本罪保护的范围。根据意大利经验，尤其是其中一些对特定企业而言，在反映其特殊经济活动及成果方面具有重要意义的资料，比如，针对跨国集团企业（实施转移定价）而言，邮件、开会记录等一些特殊资料，再如，房地产企业签订的预售合同，如果能够证明定金等款项支付的话。

其次，关于隐匿或者销毁行为的认定，意大利立法及相关司法判决对我国有着诸多重要启示，尤其是在严格限制具有刑事处罚意义的隐匿或销毁行为构成方面，相关内容在我国可以通过司法解释的方式予以明确：（1）隐匿或销毁会计资料以公司、企业等组织已经对会计资料进行建账、建档为前提，公司、企业等组织未对会计资料进行建账、建档，不管是出于故意还是过失，都不属于本罪旨在打击的隐匿或销毁会计资料行为，不构成本罪。（2）不管是隐匿还是销毁会计资料，实质在于导致相关监督、检察机关对会计资料的

不可支配性或不可查寻性。因此，尤其是对隐匿行为的认定，必须要强调相关会计资料实际上无法被相关机关取得或查寻到。相反，如果行为人仅仅是拒不交出会计资料，但是相关机关凭借通常的检查手段依然可以从行为人处取得或查寻到，就不应当认定为隐匿行为。除非公安等特定机关只能凭借住宅、人身搜查、检查的特殊手段才能取得或查寻到相关资料，此时可以认定为构成隐匿行为。对此，上文提到的《追诉标准的规定（二）》规定，即依法应当向监察机关、司法机关、行政机关、有关主管部门等提供而隐匿、故意销毁或者拒不交出会计资料，存在不妥之处。具体而言，不应当把拒不交出行为与隐匿、销毁行为并列，有必要删除"拒不交出"行为。同样，行为人未将会计资料放置、保存在一个应当保管的地点本身也不构成隐匿，除非保管的地点是一个不能被相关机关发现的地点，才能构成隐匿。此外，对于销毁行为而言，除了物质上资料的毁灭，还应当包括通过涂改和删去、划掉相关内容，使得资料无法阅读的情形。（3）对于电子形式的会计资料或以电子形式保存的会计资料，用于保存该资料的硬盘或软盘被毁坏且无法修复，可以认定为本罪的销毁行为，而就隐匿行为的构成，可以特定考虑这样一种情形，即行为人将这类资料保存于国外，但该国与我国没有签署行政互助协议。

最后，关于严重情节的界定，需要说明以下几点：（1）与意大利隐匿或销毁会计资料罪立法规定"所得或交易额无法重构"作为犯罪构成要件一致，我国现行立法用"严重情节"这一更为宽泛、抽象的结果作为犯罪构成要件，本身是要肯定和保留的。（2）关于《追诉标准的规定（二）》具体列举的两项严重情节，应当说已经不再具有合理性了。一方面，单纯以隐匿、销毁的会计资料涉及的金额大小为标准，而完全不考虑隐匿、销毁行为可能带来的危害结果，在新时期下，本罪的入刑处罚将显得过于严厉、打击面也会过宽；另一方面，关于依法应当向监察机关、司法机关、行政机关、有关主管部门等提供而隐匿、销毁会计资料，应当认为何为隐匿、销毁会计资料行为的解释就应在该情节下进行理解，这是因为行为人实施隐匿或销毁行为往往旨在掩盖其相关违法行为，即通过无法重构其经济活动及成果情况，以逃避监察机关、司法机关、行政机关、有关主管部门等的查（询）处。因此，这一情节不能作为严重情节而存在，应当予以删除。（3）与主观要件增加"为了使自己或者他人获得不正当利益或使他人利益受损"这一犯罪目的相对应，摒弃行为犯的认定，严重情节应当界定为：隐匿、销毁的会计资料涉及一定金额（目前50万元的规定可以保留）以上，并致使相关经济活动及成果情况无法重构。其中，增加"致使相关经济活动及成果情况无法重构"这一结果，使得本罪按照具体危险犯来认定，是因为本罪保护的法益只有在无法通过会计核算反映相关主体的经济活动及成果时才被侵害，并符合刑法的谦抑性原则。此外，从罪刑法定原则的角度，这一严重情节的规定宜直接规定在《刑法》第162条之一中。

（四）适当提高刑事处罚力度、明确相关适用问题

首先，在隐匿或销毁会计资料罪刑事立法修正为目的犯以及客观要件构成情形限缩后，本罪的犯罪构成将变得更为严格、受限。因此，目前规定的最高刑5年有期徒刑将使得量刑上稍显过轻，本着罪刑相适应原则，可以将最高刑适当提高，如与逃税罪最高刑持平，保持在7年有期徒刑以下。如果就为逃骗税的目的实施隐匿或销毁会计资料行为增加一款以单独规定刑罚的话，至少对这一行为应当将刑罚提高到7年有期徒刑以下。其次，在追诉时效的起算上，区分销毁和隐匿两种犯罪行为。具体而言，在构成犯罪的前提下，销毁行为从会计资料毁灭之时开始起算，因为此时犯罪行为即为完成，而隐匿行为因为存在不法状态的持续，在相关机关或部门实施查处之时开始起算。最后，在犯罪次数的认定上，对于多次实施隐匿或销毁会计资料的行为，如果是基于同一犯意，即为掩盖某一违法行为，如逃避缴纳某一纳税年度的税款，当属一罪，否则应当认定为数罪。

后 记

　　十年时光转瞬即逝。从 2015 年出版第一本学术专著《欧盟增值税反避税法律问题研究》以来，本书是我独立出版的第六部学术专著。其他四部专著按照出版时间先后分别是《意大利税法要义》《税收犯罪立法研究》《意大利税法研究》《增值税应税行为理论与立法研究》。这六部专著是我近二十年财税法主要研究成果的集中体现，共计 160 万字左右，研究重心也从域外经验转移至国内本土问题。本书的出版对我而言具有特殊的意义，可以说是我学术研究之路的一个里程碑。再次感谢恩师施正文教授和阿德里亚诺·迪·皮耶特罗（Adriano Di Pietro）教授。

　　感谢中国政法大学出版社丁春晖主任对本书出版的辛苦付出。

　　此外，感谢唐灿明、潘杰军和孙雪峰三位挚友，距今已相伴彼此二十六年之久，情谊始终坚如金石。

翁武耀

2025 年 1 月于北京蓟门桥